Marketing de Incentivo Uma Visão Legal

CB014586

Marketing de Incentivo Uma Visão Legal

Elidie P. Bifano

Luciana Aguiar

Luiz Gonzaga de Mello Belluzzo

Nelson Mannrich

Paulo de Barros Carvalho

Wagner Balera

MinhaEditora

AMPRO
Associação de Marketing Promocional

O∧BSP

Manole

Copyright © 2008 Editora Manole Ltda., por meio de contrato de co-edição com os autores.

Projeto gráfico e editoração eletrônica: Know-How Editorial Ltda.
Capa: Evandro Amidani
Copyright: Logotipos: © Associação de Marketing Profissional (AMPRO)
  © Ordem dos Advogados do Brasil – Seção de São Paulo (OAB-SP)

DADOS INTERNACIONAIS DE CATALOGAÇÃO NA PUBLICAÇÃO (CIP)
(CÂMARA BRASILEIRA DO LIVRO, SP, BRASIL)

Marketing de incentivo : uma visão legal / Elidie P. Bifano...
[et al.]. -- Barueri, SP : Manole, 2008.

Outros autores: Paulo de Barros Carvalho, Wagner
Balera, Nelson Mannrich, Luiz Gonzaga de Mello Belluzzo,
Luciana Aguiar.
Bibliografia
ISBN 978-85-98416-49-6

1. Incentivos 2. Marketing I. Bifano, Elidie P. II. Carvalho,
Paulo de Barros. III. Balera, Wagner. IV. Mannrich, Nelson.
V. Belluzzo, Luiz Gonzaga de Mello. VI. Aguiar, Luciana.

07-4842   CDU-34:658.8(81)(094)

Índices para catálogo sistemático:
1. Brasil : Marketing de incentivos :
Inferências legais : Administração de
empresas : Direito   34:658.8(81)(094)

1ª edição – 2008

Editora Manole Ltda.
Avenida Ceci, 672 – Tamboré
06460-120 – Barueri – SP – Brasil
Tel.: (11) 4196-6000 – Fax: (11) 4196-6021
www.manole.com.br
info@manole.com.br

Impresso no Brasil
Printed in Brazil

Sobre os autores

Elidie P. Bifano

Mestre e Doutora em Direito Tributário pela Pontifícia Universidade Católica de São Paulo (PUC-SP). Professora dos cursos de Pós-graduação da Escola de Direito da Fundação Getúlio Vargas (FGV) e do Instituto Brasileiro de Direito Tributário. Diretora de Consultoria da PricewaterhouseCoopers.

Luciana Aguiar

Bacharel em Ciências Econômicas pela Pontifícia Universidade Católica de Campinas (PUC-Camp) e em Direito pela Universidade Paulista (Unip). Professora dos cursos de formação de PricewaterhouseCoopers. Gerente Senior de Consultoria da PricewaterhouseCoopers.

Luiz Gonzaga de Mello Belluzzo

Professor Titular de Teoria Econômica da Universidade Estadual de Campinas (Unicamp) e das Faculdades de Campinas (Facamp).

Nelson Mannrich

Advogado.

Paulo de Barros Carvalho

Professor Titular da Disciplina de Direito Tributário da Pontifícia Universidade Católica de São Paulo (PUC-SP) e da Universidade de São Paulo (USP). Advogado.

Wagner Balera

Professor Titular da Faculdade de Direito e Coordenador da Sub-área de Direito Previdenciário da Pontifícia Universidade Católica de São Paulo (PUC-SP).

Apresentação

Desde o nascimento, o ser humano é estimulado a aprender e alçar horizontes. Cada meta alcançada e cada obstáculo superado lhe dão o prazer da superação dos seus limites, motivando-o a alcançar novos objetivos.

Com o passar do tempo, o ser humano aprendeu que os objetivos são atingidos com maior facilidade quando superados em grupo. Percebeu a necessidade de construir relacionamentos e de trabalhar de forma organizada para atingir o fim comum.

O marketing de incentivo é uma atividade relativamente nova. Surgiu no mundo há um século e no Brasil há trinta anos. Vem motivando profissionais a trabalharem por amor às suas organizações e a serem reconhecidos pelo seu talento.

Incremento de vendas, otimização de serviços, redução de custos administrativos, melhoria no processo produtivo, idéias e invenções são exemplos dos resultados alcançados pelos grupos de profissionais participantes de programas motivacionais.

O marketing de incentivo é uma realidade no mundo empresarial. As campanhas de incentivo, assim como os prêmios atribuídos àqueles que superam metas e objetivos, constituem ferramentas eficazes para reconhecimento e recompensa dos participantes.

Hoje, a contribuição do marketing de incentivo como força propulsora da produtividade é tão importante que não só a iniciativa privada, mas também as empresas e órgãos públicos utilizam seus princípios e métodos como incentivo à meritocracia. Pesquisas recentes demonstram que o marketing de incentivo tem elevado potencial de crescimento nacional e mundial, mas para que isto ocorra deve estar inserido no mundo jurídico de forma clara, proporcionando a segurança necessária para a sua utilização. Com esta importante obra, iniciamos a construção da doutrina jurídica e econômica da atividade.

Temos certeza de que os ensinamentos dos grandes pensadores do direito e da economia, ora reunidos, em muito contribuirão com a doutrina e a jurisprudência sobre a matéria. Estamos convictos de que suas idéias e conclusões iluminarão nossos legisladores na criação de lei específica do segmento, proporcionando motivação com segurança e aumento da produtividade nacional.

A leitura atenta dos pareceres e estudos que compõem esta obra leva-nos a refletir sobre as conclusões jurídicas e econômicas dos autores em cada especialidade e a fazermos o contraponto das opiniões, de modo que a inteligência crítica necessária para o advento da normatização e regulamentação sistemáticas do marketing de incentivo ocorra com equilíbrio e harmonia entre empresários, agentes públicos e sociais envolvidos.

Ricardo Albregard
Advogado e coordenador da obra

Prefácio

Fui convidado pela Associação de Marketing Promocional (AMPRO), coordenadora da obra, para redigir este prefácio *Marketing de Incentivo. Uma visão legal*. A obra reúne cinco estudos sobre "Marketing Promocional e incentivos motivacionais", temas incomuns nas esferas acadêmicas.

Trata-se de tarefa assaz delicada, pois estamos frente a um livro cujos objetivos são esclarecer o significado de fenômenos pouco conhecidos e raramente debatidos e analisar os efeitos que geram e as reações que provocam ao interagir com leis tributárias, trabalhistas e previdenciárias.

Participam deste compêndio os conhecidos escritórios Felsberg e Associados, mediante parecer elaborado pelo Prof. Dr. Nelson Mannrich e PricewaterhouseCoopers, com trabalho subscrito pelos professores Elidie P. Bifano e Luciana Aguiar. Estão presentes, também, os eminentes juristas Wagner Balera e Paulo de Barros Carvalho, catedráticos, respectivamente, de Direito Previdenciário e Direito Tributário, bem como o professor de Teoria Econômica, Dr. Luiz Gonzaga de Mello Belluzzo.

A convocação de ilustres personalidades do mundo universitário basta para evidenciar a preocupação de que estão tomados a AMPRO e suas empresas associadas em lançar luz sobre assuntos modernos, complexos e, de certo modo, inéditos.

Recolho, do parecer elaborado pelo Prof. Dr. Nelson Mannrich, as seguintes linhas, contidas na parte inicial referente à Consulta dirigida ao renomado catedrático de Direito do Trabalho:

> ... a referida atividade tem por objeto a motivação de empregados e terceiros sem vínculo empregatício com o cliente, bem como o reconhecimento daquele que se destaca, mediante pagamento de prêmio. Para tanto, os clientes contratam empresas de marketing de incentivo que, tendo em vista seu 'know-how', planejam, criam, organizam e desenvolvem campanhas motivacionais e eventos para esse fim. Por outro lado, as campanhas também podem ser concebidas pelo próprio cliente. Neste caso, as empresas de 'marketing de incentivo' são contratadas somente para organizar a premiação.

Fica esclarecido, no mesmo local, que o empregado, ou terceiro sem vínculo empregatício, que se destaque na campanha de incentivo poderá receber troféu simbólico ou prêmios ofertados pelos clientes, como cartões de crédito para aquisição de bens ou serviços, saque em dinheiro em agências de bancos credenciados; cartões de crédito para compras em redes de lojas que vendem bens ou serviços, *vouchers* com valores expressos em moeda nacional, bens ou serviços diretamente em acúmulo de pontos para futura troca por bens anunciados em catálogos (fls. 3 e 4).

A leitura atenta do material em meu poder revela estarmos diante de uma relação multilateral que, em prol do desenvolvimento do negócio, é gerada entre empregador, empregado ou prestador de serviços autônomos e empresa especializada em "marketing promocional", incumbida de pôr em prática modernas técnicas para incrementar vendas de bens e serviços.

Vou me cingir às questões de natureza trabalhista por entender que, salvo melhor juízo, da solução que se lhes dermos é que nos serviremos para chegar a conclusões de natureza previdenciária e tributária, e não o contrário.

Para tal, não conheço melhor método senão o do exame da legislação vigente.

Fixado que da relação participam, obrigatoriamente, empregadores e empregados, e aceito que o "marketing de incentivo" poderá "ser direcionado tanto para funcionários de uma empresa, por exemplo, como para pessoas com outros tipos de vinculação, como revendedores de bens, prestadores de serviços, franqueados ou colaboradores alocados em pontos de vendas de terceiros (canais de distribuição), dentre incontáveis outras hipóteses que podem ser apontadas", passo a analisar o sistema jurídico trabalhista perante o trabalho executado por prestador autônomo.

Deixarei de lado considerações a respeito do envelhecimento da CLT, pois a obra-prima do primeiro Governo Vargas permanece em vigor, constantemente revigorada por numerosas leis ordinárias, decretos-leis, decretos, resoluções e portarias, além da farta jurisprudência dos Tribunais.

Fundamentos da Legislação Trabalhista

O vasto arsenal legislativo, a serviço das classes trabalhadoras brasileiras, repousa sobre três inabaláveis fundamentos: (1) a hipossuficiência de todos os assalariados, (2) a auto-suficiência das classes patronais e (3) o contrato realidade, presente no texto do art. 9º, segundo o qual: "Serão nulos de pleno direito os atos praticados com o objetivo de desvirtuar, impedir ou fraudar a aplicação dos preceitos contidos na presente Consolidação".

Este dispositivo, que permanece intocado desde 1943, está entre os mais solicitados e os mais aplicados pela Justiça do Trabalho em milhões de feitos, como instrumento de defesa do empregado contra atos verdadeira ou supostamente cometidos em prejuízo da proteção que lhe dispensa a laboral.

Ao comentar o célebre art. 9º, já escrevia Alonso Caldas Brandão, na conhecida e clássica obra "Consolidação das Leis do Trabalho Interpretada", editada em 1962 pela Comissão Técnica de Orientação Sindical do Ministério do Trabalho[1]:

> Os atos praticados com o objetivo de desvirtuar, impedir ou fraudar a aplicação dos preceitos legais e o cumprimento das obrigações trabalhistas são nulos de pleno direito, não podendo produzir qualquer efeito, *ainda que revestidos das formalidades legais.* (o destaque é meu)

Tendo diante de si alegada infração ao art. 9º, quando entre as partes não houver sido formalizada relação de emprego, mas de mera prestação de serviços, o Juiz deverá investigar se o presumido trabalhador autônomo, revendedor de bens, franqueado ou colaborador alocado em ponto de vendas ou de prestação de serviços se encaixa na moldura do art. 3º da CLT, e se o tomador de serviços corresponde à figura desenhada no art. 2º.

Para a Consolidação, empregador é "a empresa, individual ou coletiva, que, assumindo os riscos da atividade econômica, admite, assalaria e dirige a prestação

---

[1] Comissão Técnica de Orientação Sindical do Ministério do Trabalho, Indústria e Comércio, Rio de Janeiro, p. 43.

pessoal de serviço". Empregado, por sua vez, é "toda pessoa física que presta serviços de natureza não eventual a empregador, sob a dependência deste e mediante salário".

O Código de 1916 dispunha sobre "locação de serviços", definida no art. 1.216 como: "toda espécie de serviço ou trabalho lícito, material ou imaterial, contratada mediante retribuição". O Código atual converteu locação em contrato de prestação de serviços, respeitando, contudo, a primazia da Consolidação das Leis do Trabalho, como se infere do texto do art. 593: "A prestação de serviços, que não estiver sujeita às leis trabalhistas ou a lei especial, reger-se-á pelas disposições deste Capítulo".

A diferença reside na relação de dependência, característica da relação de emprego. Onde houver subordinação ou dependência há contrato de trabalho, o que exclui a prestação autônoma de serviços regida pelo Código Civil.

Destarte, e para ser breve, o fato de alguém ser contratado formalmente como prestador autônomo de serviços, ou celebrar contrato de franquia, de revenda, de representação comercial, ou na condição de colaborador alocado em pontos favoráveis à comercialização de serviços ou produtos não imuniza o tomador de serviços contra ações trabalhistas, da fiscalização do Ministério do Trabalho ou do Ministério Público do Trabalho, como revelam incontáveis autos de infração, termos de ajuste de conduta e ações civis públicas.

Provocada a decidir entre contrato de trabalho ou simples prestação de serviços, caberá à Justiça do Trabalho julgar, diante do conjunto probatório, se a relação é de caráter autônomo ou se há contrato de trabalho ao qual as partes ou o empregador, por má-fé ou desconhecimento, imprimiu denominação equivocada. Lembremo-nos da lição de Mario de La Cueva, expoente do Direito Laboral e autor do monumental tratado *Derecho Mexicano del Trabajo*:

> La relación de trabajo es el conjunto de derechos y obligaciones que derivan, para trabajadores y patrones, del simple hecho de la prestación de servicio. Esta idea de la relación de trabajo produce la plena autonomia del derecho del trabajo: Em efecto, el derecho civil de las obligaciones y de los contratos está subordinado em su aplicación a la voluntad de los particulares, em tanto la aplicación del derecho del trabajo depende de un hecho, cualquiera haya sido la voluntad de trabajadores y patrono[2].

---

[2]   *Tratado del derecho del trabajo*. 7. ed. México, Porrua, 1966, v. I, p. 457.

Dentro da mesma linha de raciocínio, o Professor Cesarino Júnior, mestre de várias gerações na Faculdade de Direito do Largo São Francisco, tratou da distinção entre relações obrigacionais, civis e trabalhistas:

> A oportunidade desta distinção resultaria de que a maioria das normas do direito do trabalho se refere à prestação do trabalho, dependendo sua aplicabilidade mais das modalidades concretas desta prestação que do teor das cláusulas contratuais e a que, em certos casos, tais normas prescindem até mesmo da existência e validade de um contrato, sendo aplicáveis mesmo no caso de que seja considerado nulo como acontece quanto ao direito à justa retribuição e quanto às leis relativas ao trabalho das mulheres e dos menores.[3]

Não se acusem as citações por antigas e desatualizadas, eis que se referem a princípios fundamentais da CLT, que resistem inalterados desde quando foi aprovada pelo Decreto-lei n. 5.452, de 1º de maio de 1943.

De forma resumida, a contratação de pessoa física para prestar serviços autônomos, não-eventuais, mediante alguma forma de remuneração pode atrair a atenção dos auditores fiscais do Ministério do Trabalho, investidos da prerrogativa de declarar, de imediato e à luz dos fatos, a existência de contrato de trabalho informal.

Lembre-se que a CLT prevê ação específica para o caso de recusa de anotação, na Seção V do Capítulo I do Título II, que trata "Das Normas Gerais de Tutela do Trabalho".

No caso do prestador de serviços autônomo, a investigação inicial deve dirigir-se ao quesito "dependência", contido na definição dada pelo art. 3º à figura do empregado. Quando o magistrado se convence de que o imaginário autônomo trabalha, de maneira não-eventual, em regime de dependência ou subordinação, mediante pagamento, concluirá que tem diante de si contrato informal de trabalho, travestido de contrato de representação, franquia ou prestação de serviços, o que faz credor de ampla proteção das leis trabalhistas e previdenciárias.

Na hipótese de empregado com contrato registrado em Carteira, a quem o empregador proporciona benefícios diversos, não-salariais, condicionados ao cumprimento de metas planejadas e desenvolvidas em campanhas de motivação e eventos organizados pelo próprio empregador ou por empresas de marketing de incentivo, as soluções vêm dos dispositivos expressos que, na CLT e na Lei de Benefícios previdenciários, tratam do salário e da remuneração.

---

[3] CESARINO JÚNIOR. *Direito social brasileiro*. 4. ed. Rio de Janeiro, Freitas Bastos, 1957, v. II, p. 36.

Apenas depois de consultá-los poderemos tirar conclusões acerca da delicada e intrincada matéria.

Irrenunciabilidade do Direito à Proteção

A Constituição e a Lei não autorizam o trabalhador a abrir mão de direitos fundamentais. Se o fizer, o seu ato não terá validade jurídica, pois o terá cometido, segundo a nossa legislação, doutrina e jurisprudência, sob pressão da hipossuficiência.

Nesse sentido, a lição de Sussekind:

> A renúncia do momento da celebração do contrato de trabalho é nula de pleno direito, salvo se a própria lei a admite, o que só se verifica em casos excepcionalíssimos. Rigorosamente, não se pode falar em renúncia antecipada de direitos, eis que, antes de o trabalhador se tornar titular do mesmo, possui apenas uma expectativa de direito. Se, previamente, renuncia a direito instituído em seu favor por preceito de ordem pública que lhe seja aplicável, configura-se a nosso ver, uma presunção 'juris et de jure' de que foi coagido a essa atitude para ingressar ou permanecer na respectiva empresa. Por isto mesmo, em face do disposto nos artigos 9º e 444 da CLT, tal renúncia deve ser considerada inexistente. Outrossim, em se tratando de direito que nasce apenas do livre ajuste das partes contratantes, não previsto, portanto, pelo 'jus cogens', é evidente que se não pode falar em renúncia prévia, visto que, se inexistir estipulação expressa ou tácita a respeito, não haverá, igualmente, o direito. Aliás, a doutrina é, praticamente, uníssona no que tange à invalidade da renúncia antecipada, quer se trate de direito decorrente de lei, de convenção coletiva ou de decisões administrativas ou judiciárias, conforme se expressa Sinzheimer, a renúncia é nula quando previamente acordada, pois deriva do receio do trabalhador de ser prejudicado pelo empregador; 'prima facie', é de supor-se, nestes casos, que a renúncia se destine a fins contrários à norma jurídica pertinente.[4]

Contrato de Trabalho

O contrato de trabalho é, por definição, oneroso. A Consolidação prescreve:

> Art. 457. Compreendem-se na remuneração do empregado, para todos os efeitos legais, além do salário devido e pago diretamente pelo empregador, como contraprestação do serviço, as gorjetas que receber.

---

[4]   SUSSEKIND, MARANHÃO e VIANNA. *Instituições de Direito do Trabalho*. 3. ed. Rio de Janeiro, Freitas Bastos, 1963, v. I, p. 245.

§ 1º Integram o salário, não só a importância fixa estipulada, como também as comissões, porcentagens, gratificações ajustadas, diárias para viagens e abonos pagos pelo empregador.

§ 2º Não se incluem nos salários as ajudas de custo, assim como as diárias para viagem que não excedam de cinqüenta por cento do salário percebido pelo empregado.

§ 3º Considera-se gorjeta não só a importância espontaneamente dada pelo cliente ao empregado, como também aquela que for cobrada pela empresa ao cliente, como adicional nas contas, a qualquer título, e destinada à distribuição aos empregados.

A parte inicial do artigo posterior, por sua vez, determina:

Art. 458. Além do pagamento em dinheiro, compreende-se no salário, para todos os efeitos legais, a alimentação, habitação, vestuário ou outras prestações *in natura* que a empresa, por força do contrato ou costume, fornecer habitualmente ao empregado. Em caso algum será permitido o pagamento com bebidas alcoólicas ou drogas nocivas.

(...)

O § 1º do art. 457 traduz, com nitidez, o interesse da lei em alargar o conceito de salário, para permitir que abarque, a esse título, ou como remuneração, tudo aquilo que o empregador pagar em razão do ajuste celebrado com o empregado, o qual poderá ser tácito ou expresso, verbal ou por escrito, a teor das definições constantes dos arts. 442 e 443.

Habitual – Eventual – Aleatório

Problema sutil desperta a palavra "habitualmente" utilizada no art. 458, que corresponde à expressão "de natureza não eventual" do art. 3º.

Não eventual, conforme o *Dicionário Aurélio*, é o que ocorre de maneira habitual, comum, freqüente, ainda que de maneira espaçada. É desnecessário que o fato se dê periódica e ininterruptamente, como ocorre com o pagamento mensal de salário. A prestação de serviços não necessita da permanência, desde que não seja meramente eventual, como prescreve o art. 3º da CLT.

Eventual, de acordo com mesmo léxico, é algo que depende de acontecimento incerto, casual, fortuito, acidental. Habitual é "o que se faz, ou que sucede por hábito, comum, vulgar, freqüente, usual".

Quando a Lei subordina determinado direito à cláusula da permanência, ela o faz de maneira expressa, como se observa no art. 193, que trata do pagamento de salário adicional pela execução de trabalho em condições de periculosidade:

São considerados atividades ou operações perigosas, na forma da regulamentação aprovada pelo Ministério do Trabalho, aquelas que, por sua natureza ou métodos de trabalho, impliquem o contato permanente com inflamáveis ou explosivos em condições de risco acentuado.

Quando exclui determinados benefícios do conceito de salário ou de remuneração, a CLT o faz de maneira expressa, conforme dispõe o § 2º do art. 458, em seus incisos:

§ 2º Para os efeitos previstos neste artigo, não serão consideradas como salário as seguintes utilidades concedidas pelo empregador:

I – vestuário, equipamentos e outros acessórios fornecidos aos empregados e utilizados no local de trabalho para prestação do serviço;

II – educação em estabelecimento de ensino próprio ou de terceiros, compreendendo os valores relativos à matrícula, mensalidade, anuidade, livros e material didático;

III – transporte destinado ao deslocamento para o trabalho e retorno, em percurso servido ou não por transporte público;

IV – assistência médica, hospitalar e odontológica, prestada diretamente ou mediante seguro-saúde;

V – seguros de vida e de acidentes pessoais;

VI – previdência privada.

A Lei n. 8.212, de 24 de julho de 1991, que "Dispõe sobre a organização da Seguridade Social, institui Plano de Custeio, e dá outras providências", alargou o conceito de remuneração ao estatuir no art. 22:

Art. 22. A contribuição a cargo da empresa, destinada à Seguridade Social, além do disposto no art. 23, é de:

I – 20% (vinte por cento) sobre o total das remunerações pagas, devidas ou creditadas a qualquer título, durante o mês, aos segurados empregados e trabalhadores avulsos que lhe prestem serviços, destinadas a retribuir o trabalho, qualquer que seja a sua forma, inclusive as gorjetas, os ganhos habituais sob a forma de utilidades e os adiantamentos decorrentes de reajuste salarial, quer pelos serviços efetivamente prestados, quer pelo tempo à disposição do empregador ou tomador de serviços, nos termos da lei ou do contrato ou, ainda, de convenção ou acordo coletivo de trabalho ou sentença normativa.

(...)

O art. 201, do Decreto n. 6.042, de 12 de fevereiro de 2007, que altera o Regulamento da Previdência Social, aprovado pelo Decreto n. 3.048, de 6 de maio de 1999, prescreve, com a mesma falta de objetividade e precisão, no art. 201, parte inicial:

Art. 201. A contribuição a cargo da empresa, destinada à seguridade social, é de:
I – vinte por cento sobre o total das remunerações pagas, devidas ou creditadas, a qualquer título, no decorrer do mês, aos segurados empregado e trabalhador avulso, além das contribuições previstas nos arts. 202 e 204.
(...)

Para efeitos previdenciários, portanto, tudo quanto for pago, devido ou creditado ao empregado, a qualquer título, desde que destinado a retribuir trabalho, qualquer que seja sua forma, inclusive gorjetas e ganhos habituais sob a forma de utilidades, bem como adiantamentos salariais, integra a remuneração como base de cálculo da contribuição previdenciária a cargo do empregador.

Apenas as parcelas relacionadas no art. 28, § 9º, da Lei de Custeio, não participam da remuneração para cálculo da contribuição a cargo da empresa. Entre elas, estão as recebidas a título de ganhos eventuais e os abonos expressamente desvinculados dos salários.

Além de pagamentos contratuais, dos benefícios eventuais, podem-se ter presentes benefícios aleatórios. Por aleatório entende-se aquilo que depender de fatores incertos, sujeitos ao acaso, ao fortuito, ao acidental.

É óbvio que o aleatório não integra a remuneração. Para que tenha tal característica, todavia, o pagamento ou benefício não deve subordinar-se à condição prévia. Como leciona De Plácido e Silva,

> Consoante sua própria origem etimológica, o termo *aleatório,* do latim *aleatorius,* foi incorporado à linguagem jurídica, no mesmo sentido do vocabulário latino, designa tudo o que se pretende ao acaso, ou ao jogo da sorte. Desse modo, a qualificação indica sempre a condição imposta ou admitida em um contrato, mediante a qual o seu cumprimento, ou a exigibilidade da obrigação decorrente, depende sempre da realização de evento futuro ou incerto. Sendo assim, subordinado que está a acontecimento futuro ou incerto, se este não se realiza, ou não chega, a obrigação se resolve sem adimplemento ou a entrega da prestação não se impõe[5].

Quando determinada empresa fixa metas e impõe requisitos para que empregados aufiram resultados financeiros ou de outra natureza, não se está diante de situação dependente do acaso, ou do jogo da sorte. Para alcançar os objetivos traçados, os trabalhadores deverão desenvolver esforços adicionais, e disto se extrai

---

[5] SILVA. *Vocabulário jurídico.* 11. ed. Rio de Janeiro, Forense, 1989, v. I, p. 129.

que o ganho ou benefício tem caráter remuneratório. A dúvida que talvez se coloque é se o que o empregado recebe é bonificação propriamente dita ou se está diante da hipótese contemplada no Enunciado n. 152 do TST:

"O fato de constar do recibo de pagamento de gratificação o caráter de liberalidade, não basta, por si só, para excluir a existência de um ajuste tácito".

Mais uma vez, se a questão for submetida a julgamento, a decisão será adotada de conformidade com a realidade fática.

Conclusão

Nas relações individuais de trabalho é necessário cautela com as palavras, pois nem sempre traduzem o significado que o vernáculo se lhes dá.

O Senador Rui Barbosa, na revisão do projeto do anterior Código Civil de 1916, elaborado por Clóvis Beviláqua, empenhou-se para que cada vocábulo fosse usado para exprimir o seu exato significado. Veja-se, a propósito, o insuperável trabalho a que deu o título de "Réplica", por tratar-se de resposta que lhe foi dirigida pelo professor Carneiro Ribeiro às críticas que apresentara na Comissão Especial Revisora.

Os autores da Consolidação das Leis do Trabalho procuraram dar-lhe redação esmerada e o conseguiram. Os problemas que apresenta resultam, como é sabido, das definições e do esteio central, que confere prevalência ao contrato real, em nome da proteção ao hipossuficiente, bem como na diminuta margem de flexibilização concedida a empregadores e empregados, quer nos ajustes individuais, quer nos acordos e convenções coletivas.

Os cinco eruditos pareceres de que se compõe esta obra representam os pontos mais altos possíveis de se alcançar em cada especialidade. Examiná-los com vagar resulta em esforço agradável e em considerável ganho de conhecimento, pois iluminam temas candentes das esferas tributária, civil, previdenciária e trabalhista.

Almir Pazzianotto Pinto

Sumário

O marketing promocional e de incentivos motivacionais aplicado na empresa: inferências legais

Elidie P. Bifano
Luciana Aguiar

1. A globalização e o trabalho

1.1 A globalização e as empresas

Na atualidade nenhum tema relevante do ponto de vista social e econômico pode ser avaliado sem uma necessária referência ao fenômeno da globalização. A conjugação do capital e da tecnologia permitiu que os homens se aproximassem, trocassem experiências, uniformizassem comportamentos e anseios, criassem valores comuns. As empresas transnacionais são as grandes responsáveis pelas mudanças observadas no mundo a partir da metade do século XX, de tal sorte que a presença de um país em outro e de um padrão cultural idêntico em mais de um país não nasce mais da força de um exército conquistador, senão da globalização, ou seja, do capital e da tecnologia caminhando juntos e a uma incrível velocidade. Joseph E. Stiglitz define globalização como fenômeno caracterizado pela integração mais estreita dos países e dos povos do mundo, que tem sido ocasionada pela enorme redução de custos de transporte e de comunicações e pela derrubada de barreiras artificiais aos fluxos de produtos, serviços, capital, conhecimento e (em menor escala) de pessoas através das fronteiras[1].

Da mesma forma que os padrões culturais, em geral, caminham pelas fronteiras, a atividade econômica cria e adapta situações e condições para otimizar seus frutos. É certo que o administrador

---

[1] *A globalização e seus malefícios:* a promessa não cumprida de instituições globais, p. 35.

de um negócio procura oportunidades para maximizar seus lucros, especialmente buscando a adesão de pessoas que, integrando-se aos propósitos negociais, com eles e para eles colaborem. Na atualidade, aqueles que administram as empresas estão voltados aos modelos de negócios que se praticam com o fito de adotar os mais convenientes e com isso se tornarem mais competitivos e vencerem a concorrência. A globalização sob esse aspecto é terrível e devastadora, pois expõe todos à concorrência, que não mais é local, sem limites ou benevolência, mas ao mesmo tempo multiplica oportunidades e vantagens. É, pois, tarefa do bom administrador buscar os instrumentos que lhe permitam realizar seu objetivo de aumentar ganhos.

1.2 A globalização e as novas possibilidades de desenvolver trabalho

Na gestão de uma empresa o administrador necessita tomar trabalho a quem o oferece; as formas de contratar trabalho, na atualidade, por força da já referida globalização, assumem contornos cada vez mais diferentes e devem ser, também, analisadas sob esses novos modelos. O administrador busca, antes de mais nada, alguém que trabalhe como parceiro, associando-se ao bom sucesso de um empreendimento, pois que o insucesso também trará reflexos para essa pessoa. Desenvolvem-se, atualmente programas de retenção e remuneração de pessoas, qualquer que seja o vínculo contratual que elas mantenham com o negócio, de modo a torná-las cada vez mais comprometidas com esse negócio. Toda essa estratégia para transformar pessoas em fiéis colaboradores é modelada com a finalidade de vencer os concorrentes, agora em nível global, e maximizar oportunidades. A contratação de trabalho, hoje, como se observa é complexa.

A palavra trabalho[2] origina-se de palavra latina *tripallum,* que designava um instrumento de suplício; do trabalho identificado como sofrimento ao moderno significado de atividade desenvolvida com uma certa finalidade, muito se passou. Atualmente nenhuma dúvida existe de que o trabalho feito pelo homem é sempre o conjunto de ações desenvolvidas para produzir, invariavelmente, um agregado material ou intelectual. Do ponto de vista estritamente econômico, há duas formas de desenvolver as ações que em seu conjunto constituem o trabalho, para outrem: (i) sem ônus ou contrapartida por parte de quem recebe a tarefa (é o trabalho gratuito, sem remuneração, voluntário ou prestado por mera liberalidade) e (ii) com ônus

---

[2] *Dicionário Houaiss da língua portuguesa,* p. 2.743.

ou contrapartida de quem recebe a tarefa; é o trabalho remunerado. O administrador vale-se do trabalho remunerado e pode contratá-lo, no Direito Brasileiro, de diversas formas: (a) sob as normas da Consolidação das Leis do Trabalho (CLT), designando-se o trabalhador como empregado e o tomador do trabalho com empregador. Os contratos firmados sob a CLT têm regime e reflexos jurídicos próprios; (b) sob as normas do contrato de prestação de serviços regulado pelo Código Civil (CC); (c) sob outros modelos previstos no CC (mandato, agência, distribuição, comissão etc.) inclusive contratos atípicos[3], não descritos em lei mas criados a partir de regras[4] ou modelos tipificados no sistema.

As trocas internacionais decorrentes da globalização têm permitido que, além dos citados, novos modelos sejam introduzidos no sistema nacional orientando-se tal ingresso pela ausência de vedação legal e pela observância dos requisitos mínimos exigidos pela lei para validade de contratos. Cabe ao operador do Direito ter consciência das mudanças que ocorrem na sociedade, especialmente dos novos valores que se inserem sobre a atividade humana conhecida como trabalho, pois esses serão os novos padrões que os administradores terão para desenvolver seus negócios.

1.3 Globalização, trabalho, marketing promocional e de incentivos motivacionais no Brasil

A tarefa a ser desenvolvida nesta análise diz respeito à atividade de marketing promocional e de incentivos aplicada na empresa e suas inferências legais, portanto, é essencial examinar o conteúdo dos fenômenos e institutos, nesse contexto, envolvidos. De forma simples, porém abrangente, marketing é técnica voltada à divulgação e venda de um certo produto, entendido de forma genérica. O marketing promocional especificamente propõe-se a construir ou vender algo, no caso da empresa onde se analisa sua utilização, produto, marca, processo ou similar. O marketing de incentivos, quando associado a uma empresa, visa atingir certas metas, mediante premiação. Sua análise considera os seguintes objetivos:

(i) fundamentos econômicos da atividade de marketing promocional e de incentivos motivacionais e correspondente natureza jurídica;

---

3   Vide art. 425 do CC.
4   Vide arts. 104-14, 166-84 e 186-88 do CC.

(ii) descrição e caracterização, jurídica, dos produtos[5] derivados do exercício dessa atividade;

(iii) avaliação das decorrências tributárias da venda e aquisição desses produtos;

(iv) análise das possibilidades de regulamentação dessa atividade.

2. Conceito da atividade e mapeamento dos serviços oferecidos pelas empresas que desenvolvem a atividade sob análise

2.1 Breve histórico e conceito de marketing em geral

A expressão anglo-saxônica "marketing",[6] criada nos Estados Unidos da América no século passado, a partir da necessidade verificada de estimular o consumo, deriva do termo latino *mercare,* o qual designava o ato de comercializar produtos na Roma antiga. Apesar de sua origem ser encontrada na própria história do comércio, o marketing é um campo de estudo relativamente novo; o estudo do mercado surgiu da necessidade dos industriais de administrarem a nova realidade oriunda da Revolução Industrial, que causou a transformação de um mercado de vendedores em um mercado de compradores. Nesse estágio o marketing ainda era incipiente e inseria-se nos campos da economia e da administração, com foco em logística e produtividade e com o objetivo de maximizar lucros, uma vez que a concorrência era praticamente inexistente.

Essa realidade foi sensivelmente alterada no pós-guerra (Segunda Guerra Mundial) a partir da marcante alteração da realidade econômica quando, então, com o objetivo de reagir ao crescimento da concorrência, especialistas em marketing (mercadologia), conhecidos como mercadólogos, começaram a teorizar sobre como atrair e lidar com seus consumidores, utilizando ainda técnicas rudimentares que evoluíram e se aperfeiçoaram ao longo do tempo. O conceito contemporâneo de marketing engloba o processo de construção de relacionamento, em longo prazo,

---

[5]   A expressão "produto" é aqui utilizada de forma própria, como a língua a considera, como resultado de produção, fruto de trabalho ou de atividade. *Dicionário Houaiss da língua portuguesa,* p. 2.305.

[6]   O *Dicionário Houaiss da língua portuguesa,* p. 1.856 e 1.897, registra a palavra mercadologia como forma portuguesa da palavra inglesa marketing, que deve ser adotada pela reiterada prática observada há quase cem anos de uso (1920).

envolvendo o conhecimento profundo de comportamentos, no qual indivíduos e grupos tomam ações para satisfazerem necessidades e desejos. Muitos estudiosos definiram essa atividade. Dentre as diversas definições, duas merecem destaque:

> Marketing é a análise, o planejamento, a implementação e o controle de programas e projetos formulados com o objetivo explícito de propiciar trocas voluntárias de valores com o mercado-alvo, com o propósito de atingir objetivos operacionais concretos[7].

> Marketing é o processo de planejar e executar a concepção, a determinação de preço, a promoção e a distribuição de idéias, bens e serviços para criar negociações que satisfaçam metas individuais e organizacionais[8].

O marketing se originou do propósito de atender as necessidades do mercado voltado aos bens de consumo, mas a ele não se limitou, sendo um mecanismo amplamente utilizado para "vender" idéias e programas de todos os tipos (sociais, políticos etc.). Por essa razão, técnicas de marketing passaram a ser aplicadas em muitos aspectos da vida e a partir dessa evolução, novos ramos do marketing foram desenvolvidos. Um dos mais recentes é o marketing promocional, inicialmente apenas voltado ao público externo (consumidor) e, posteriormente, aplicado também para o público diretamente envolvido com as organizações (funcionários, fornecedores, prestadores de serviço, acionistas, revendedores, franqueados etc.), com objetivo de gerar clima propício ao melhor desempenho, qualidade e produtividade, como será visto nos conceitos a seguir desenvolvidos.

2.2 Conceito da atividade

(a) Marketing promocional

Marketing promocional, conforme definição adotada pela Associação de Marketing Promocional (AMPRO)[9], pode ser entendido como a atividade de marketing

---

7 KOTLER, Philip. *Marketing*, p. 42.

8 Definição de acordo com a, American Marketing Association (AMA) transcrita na obra de Marcos Cobra, *Administração de marketing no Brasil*, p. 25.

9 Entidade criada em 1993, cuja finalidade é congregar e representar empresas e agências voltadas ao marketing promocional. Veja-se estatutos, atividades e similares em <http://www.ampro.com.br>.

aplicada a produtos, serviços ou marcas visando, por meio da interação junto ao seu público-alvo, alcançar os objetivos estratégicos de construção de marcas, vendas e fidelização.

(b) Marketing de relacionamento e incentivos motivacionais

Para Kotler[10], marketing de relacionamento é o processo de criação, manutenção e forte intensificação de relacionamentos de valor agregado com clientes e outros parceiros, sendo o seu resultado final a construção de um patrimônio corporativo singular, denominado rede de marketing, a qual consiste na empresa e naqueles que a apóiam: clientes, funcionários, fornecedores, distribuidores, revendedores, agências de propaganda[11].

Atividade abrangida no conceito de marketing de relacionamento e promocional, o marketing de incentivos[12] pode ser definido como atividade aplicada a estimular o público-alvo para alcançar e/ou superar metas de naturezas diversas, as quais podem estar relacionadas a vendas, qualidade, produção e outros intangíveis, inclusive integração de equipes. Essa atividade é sustentada pelo trinômio motivação, reconhecimento e recompensa. Motivação traduz o entusiasmo e engajamento que o participante deve ter como impulso interior, primeiramente para aderir ao programa e depois para atingir determinado objetivo proposto no referido programa. O reconhecimento é o elemento buscado por aqueles que, se motivam a participar de um programa dessa natureza e se concretiza por meio de sinais e símbolos como divulgação interna, placas, troféus e outros. A recompensa é o elemento objetivado por aqueles que, motivados são prestigiados pelo reconhecimento; é representada pela possibilidade de aquisição de bens ou dinheiro como justa contrapartida por seu desempenho.

O marketing promocional, de relacionamento ou motivacional, tal qual a publicidade e a propaganda, é atividade que se desenvolve por meio de campanhas ou programas especialmente criados para cada comprador de tais serviços, designado também como cliente ou encomendante[13], terminologia que daqui para frente será

---

[10] KOTLER, P.; ARMSTRONG, G. *Princípios de marketing.* p. 28.

[11] Explicação contida na obra *Administração de marketing* (Prentice Hall, 2001).

[12] Veja-se, para informações mais detalhadas sobre a atividade, a obra de Silvana Torres, *Marketing de incentivos.*

[13] A palavra "encomendante" não está registrada no dicionário da língua portuguesa nem tampouco no dicionário jurídico, mas será adotada por evitar qualquer tipo de confusão com outras figuras que aparecerão ao longo deste estudo.

adotada, de acordo com suas necessidades e respeitando sua cultura corporativa. Essas campanhas, elaboradas por encomenda, não obstante possam ter formatos semelhantes, já que são criadas a partir de uma estrutura básica, serão sempre moldadas para as necessidades do público que se pretende atingir e são, antes de tudo, soluções que visam treinar e capacitar pessoas e engajá-las a objetivos determinados. As agências que atuam nesse ramo desenvolvem soluções que podem compreender todas as etapas de uma campanha dita motivacional, ou apenas parte dela como, por exemplo, a implementação e o gerenciamento do sistema de premiação, tudo a depender das necessidades dos encomendantes. É importante ressaltar que uma campanha dessa natureza, envolvendo promoção, motivação e relacionamento, não pode, por essência, ser impositiva para os participantes, tendo sempre tom convidativo e caracterizando-se, portanto, como um programa de adesão voluntária, no qual quanto maior o número de participantes interessados, maior será a capacidade da campanha de atingir os objetivos propostos.

O marketing de incentivos, como se infere de sua natureza, pode ser direcionado tanto para funcionários de uma empresa, por exemplo, como para pessoas que com ela tenha outros tipos de vinculação, como revendedores de bens, prestadores de serviços, franqueados ou colaboradores alocados em pontos de vendas de terceiros (canais de distribuição), dentre incontáveis outras hipóteses que podem ser apontadas. Do ponto de vista prático, na atualidade, a aplicação do marketing de incentivos motivacionais é feita nos mais diversos segmentos da economia desde a indústria de bens de consumo até ramos da indústria de base, passando pela atividade financeira e de prestação de serviços, situação que, certamente, será incrementada pelas novas relações que se estabelecem no mundo dos negócios e pelas mudanças que se incorporam nas formas de desenvolver relações de trabalho. Esse panorama será, a seguir, analisado.

2.3 Serviços/produtos enquadráveis no conceito de marketing promocional e/ou de incentivo motivacional

Uma verificação ampla dos serviços e produtos ofertados pelas empresas dedicadas à atividade de marketing de incentivos permite segmentar os projetos desenvolvidos, também designados como campanhas ou programas de marketing, pelos seguintes objetivos:

(i)   soluções para reconhecimento de pessoas e equipes, na melhoria de performance;

(ii) valorização das pessoas e comprometimento com os objetivos de determinados empreendimentos;

(iii) ampliação dos potenciais e competências individuais e coletivas;

(iv) promoção da integração de equipes, melhoria de clima empresarial e similares;

(v)   aumento da produtividade, melhoria de qualidade e estímulo à performance na busca por resultados pontuais e objetivos;

(vi) fidelização de marcas junto a revendas (funcionários das empresas, canais de distribuição), redução do nível de desvio de preço em relação à política comercial, melhoria de *mix* de vendas e similares.

Os serviços de marketing promocional e motivacional mais comumente oferecidos podem ser assim relacionados[14]:

(i)   ação de vendas: elaboração de estratégias voltadas aos canais diretos e indiretos (revendas, fornecedores e distribuidores) para estimular aumento de resultados em vendas;

(ii) ação dirigida: elaboração de estratégias voltadas a um indivíduo ou a um grupo específico de profissionais (equipes) que podem ter como finalidade: melhoria de qualidade, aumento de sinergia e produtividade, redução de custos, acidentes, entre outros objetivos definidos pelo encomendante da ação;

(iii) endomarketing: conjunto de ações a serem implementadas em uma organização que visam motivação, integração da equipe, aumento de sua produtividade ou melhoria de determinado fator ou indicador relevante para determinada empreitada ou empreendimento (conforme definido pelo encomendante).

Os serviços de marketing, acima relacionados, normalmente contemplam e desenvolvem as seguintes etapas de execução: planejamento, criação da campanha motivacional e estratégia de premiação, lançamento, mecânica de funcionamento,

---

[14] Observe-se que os objetivos acima relacionados são os mais freqüentemente, hoje, observados, o que não significa que outros não sejam, ou não venham a ser, encontrados no mercado.

apuração de resultados, serviço de atendimento aos participantes das campanhas (beneficiários), administração das ferramentas de distribuição dos prêmios e encerramento. É relevante salientar, como se observa da descrição da atividade e de seus produtos, que ela está voltada, apenas e exclusivamente, à obtenção de frutos e resultados em certo empreendimento, o que significa não estar ela, necessariamente, vinculada à geração de lucros em sociedades. O lucro sempre é fruto da aplicação de capital e trabalho e não tem qualquer tipo de relação direta com o desempenho individual. Esse dado é relevante para que se possa identificar a real natureza do incentivo quando comparado com outros institutos de direito.

2.3.1 Da campanha ou programa de incentivos

Programa de incentivos pode ser definido como ação planejada e orientada para motivar toda e qualquer pessoa ou grupo de pessoas, de uma empresa ou não, oferecendo reconhecimento e recompensa por meio de premiação. Os beneficiários podem estar compreendidos em equipes de vendas, distribuidores, revendedores, serviços pós-vendas, assistência técnica, controle de qualidade, atendimento ao cliente e similares. Toda campanha dessa natureza tem seu início no planejamento e na criação, quando se determinam os objetivos e metas que a campanha pretende atingir, o público-alvo, a marca da campanha (logotema), o universo de ambientação e as formas de premiação. Após essas fases, faz-se o lançamento da campanha que será o marco inicial decisivo para atrair o interesse e conseqüente adesão do público-alvo.

Os programas de incentivo são instrumentalizados e documentados por regulamentos claros e objetivos, com explicação detalhada sobre a mecânica de avaliação e de premiação, o que lhes atribui transparência e credibilidade, potencializando as adesões e aumentando o número de participantes. Cabe às agências de marketing acompanhar e apurar os resultados, identificando os participantes que tenham atingido condições para serem premiados. Também é tarefa da agência administrar as ferramentas de premiação, efetuar os controles relacionados a essa distribuição e conceder as informações requeridas por todos os agentes interessados (tanto beneficiários da recompensa, quanto encomendante da campanha).

Observe-se que existem muitas mecânicas de premiação, as quais podem privilegiar performances individuais ou coletivas, quantitativas ou qualitativas, a depender dos objetivos que se pretende atingir sendo, porém, da essência do programa premiar apenas aquele que atingir ou superar as metas previstas no correspondente regulamento, não havendo, em nenhuma hipótese, a atribuição de prêmios por meio de sorteios ou qualquer outro mecanismo que decorra estritamente de sorte ou azar. Esse dado é relevante na medida em que o sistema de premiação afasta-se da figura da aposta, definida pela doutrina como contrato pelo qual duas ou mais pessoas, cujas opiniões divergem sobre algum assunto, se obrigam a pagar uma certa soma àquela, dentre as contratantes, cujo ponto de vista se verifique como verdadeiro, e do jogo, também definido pela doutrina como contrato em que uma ou mais pessoas se obrigam a entregar certa soma àquela, dentre as contratantes, que resulte vencedora na prática de algum ato, ambas figuras contidas no Código Civil (art. 814 e segs.)[15]. Em algumas particulares situações observa-se, ainda, que é possível haver premiações intermediárias (durante o curso da campanha), com a finalidade de estimular os participantes a continuarem motivados na busca pelos objetivos desejados, além das premiações finais.

Por fim, é característica desse tipo de programa o prazo pré-determinado de duração, portanto as campanhas costumam ter um marco de encerramento (normalmente, por meio de eventos).

2.3.2 Sistemas e ferramentas de premiação (recompensa)

Diversas ferramentas, técnicas, meios e instrumentos vêm sendo utilizados para atribuição de premiações, observando-se intenso movimento no sentido de inovar, nessa matéria, na medida em que as relações entre vendedores e consumidores se intensifiquem ou se modifiquem. A premiação vem sendo implementada, atualmente, mediante uso de bens que assim se classificam:

(i)   de consumo (se destroem ao simples uso);

(ii) duráveis (incorporados ao patrimônio, não se consomem ou destroem, imediatamente, pelo simples uso);

(iii) monetários ou pecuniários (valores em dinheiro ou que nele se expressam);

(iv) intangíveis (reconhecimento, não expresso em valor monetário)[16].

---

[15] PONTES DE MIRANDA. *Tratado de direito privado*. v. 45, p. 226.

[16] Divulgação interna de determinado colaborador como o melhor naquela tarefa, recompensa por meio de placa de homenagem, entre outros. Observe-se que, juridicamente, todo bem, tangível ou intangível, tem natureza patrimonial podendo ser traduzido em valores monetários a qualquer tempo.

As ferramentas[17] de premiação atualmente mais adotadas são a seguir listadas:

(i) viagens;

(ii) brindes personalizados;

(iii) bolsas de estudo;

(iv) produtos personalizados;

(v) *vouchers*[18] de compras;

(vi) catálogo de prêmios on-line (portal de prêmios na internet), por meio do qual os premiados podem escolher seus prêmios entre os itens disponíveis em um catálogo eletrônico disponibilizado na WEB;

(vii) catálogo de prêmios tradicional (off-line), por meio do qual os premiados podem escolher seus prêmios entre os itens relacionados em catálogo disponibilizado por meios convencionais (em papel);

(viii) vale presente, equivalente a um *voucher*, passível de ser trocado por um rol de opções de prêmios disponíveis em catálogos que podem ser acessados por meio de telefone ou WEB e resgatáveis em lojas credenciadas;

(ix) pontos que se acumulam e podem ser trocados por bens disponibilizados também em catálogos;

(x) cartões[19] eletrônicos de compra, administrados em associação com administradoras de cartões, podendo ser utilizados para compras em ampla rede de estabelecimentos comerciais (meio de pagamento eletrônico);

(xi) cartões eletrônicos de saque ou de premiação que permitem retiradas de dinheiro na rede bancária, bem como utilização na modalidade "meio de pagamento eletrônico" em estabelecimentos comerciais.

---

[17] Ferramenta é, de forma sintética, instrumento ou apetrecho, conjunto de instrumentos ou de apetrechos usados na prática de profissão ou arte, podendo ser, também, meio ou conjunto de meios para alcançar um certo fim. *Dicionário Houaiss da língua portuguesa*. p. 1.329.

[18] *Voucher* é palavra de origem inglesa, incorporada na linguagem empresarial corrente no Brasil e significa, de forma abrangente, vale, comprovante ou documento.

[19] Cartões, no direito brasileiro, são sempre de crédito, pois que baseados na confiança (alguém honrará o compromisso) embora possam apresentar-se como de crédito e de débito. Os cartões de crédito podem ser bancários, sempre administrados, direta ou indiretamente, por entidade vinculada ao sistema financeiro; os cartões não bancários são administrados por entidades sem qualquer vínculo com o sistema financeiro. Vide DINIZ, Maria Helena. *Tratado teórico e prático dos contratos*. p. 83-111.

A última ferramenta citada, o cartão de saque e/ou compras, doravante denominado simplesmente "cartão de premiação", vem sendo utilizada para as três formas de premiação anteriormente citadas (bens de consumo, duráveis e monetários), razão pela qual será comentada em maiores detalhes nos itens a seguir, especialmente no item (3.2).

2.4 Conclusão quanto ao conceito da atividade e dos serviços oferecidos pelas empresas de marketing de incentivos

(i)   A atividade de marketing promocional e de incentivos vem sendo desenvolvida no Brasil há mais de vinte anos;

(ii) Atividade de marketing promocional e de incentivos é atividade aplicada a marcas, produtos ou serviços visando objetivos estratégicos de construção de marcas, vendas e fidelização;

(iii) A atividade de marketing promocional e de incentivos volta-se ao desenvolvimento de campanhas as quais englobam: planejamento, criação e estratégia de premiação, lançamento, mecânica de funcionamento e apuração de resultados, atendimento aos participantes, administração das ferramentas de distribuição dos prêmios e encerramento;

(iv) A atividade de marketing promocional e de incentivos não se confunde com os sistemas e ferramentas utilizados na premiação àqueles que, motivados para certas ações, tiveram o seu mérito reconhecido e são recompensados. Este tópico de conclusão será de extrema relevância na análise da regulação da atividade[20].

3.   Natureza jurídica da atividade e das ferramentas utilizadas

3.1 Da sociedade de marketing promocional e de incentivos

A atividade desenvolvida pelas agências de marketing promocional enquadra-se no conceito de prestação de serviço, que é rigorosamente constitucional. Tanto na doutrina quanto na jurisprudência formou-se um consenso de que serviço é qualquer obrigação de fazer e nenhuma outra; "prestação é resultado de esforço

---

[20] É possível encontrar no mercado a oferta da ferramenta desassociada do serviço de marketing promocional e de incentivos, quando a atividade, certamente, não estará configurada.

humano a terceiros, com conteúdo econômico, em caráter negocial, sob regime de direito privado, tendente à obtenção de um bem material ou imaterial"[21]. A prestação de serviço abrange toda a espécie de serviço ou trabalho lícito, material ou imaterial, contratado mediante retribuição, conforme conceitua o art. 594, inserido no capítulo VII do Código Civil. Maria Helena Diniz, nesse sentido, ensina que "o objeto da prestação de serviço é uma obrigação de fazer, ou seja, a prestação de uma atividade lícita, não vedada pela lei e pelos bons costumes, oriunda da energia humana aproveitada por outrem e que pode ser material ou imaterial"[22].

Nesse tipo de atividade há o concurso de três pessoas: o prestador de serviços (no caso, a sociedade de marketing), o encomendante da campanha (no caso, o cliente da sociedade de marketing) e o terceiro (no caso, o beneficiário da campanha). A partir desses elementos, pode-se identificar duas relações que são importantes para o bom entendimento do tema sob análise: (i) relação interna, formalizada por meio de contrato de prestação de serviços, que vincula a sociedade aos encomendantes e que delimita as obrigações e os direitos de ambas as partes; (ii) relação externa que diz respeito aos atos praticados pela sociedade junto a terceiros (beneficiários das campanhas e outros envolvidos). A atividade da sociedade corresponde, como já se descreveu, a um conjunto de ações sendo que algumas delas são desenvolvidas por conta da encomendante como o gerenciamento e funcionamento da campanha, a apuração de resultados, o atendimento aos participantes, a administração das ferramentas de distribuição dos prêmios e outros. O desenvolvimento de tarefas, em nome e por conta de outrem, caracteriza a representação, tratada, em conceito, pelo Código Civil, arts. 115 a 120 e que obriga o representado, em decorrência da manifestação do representante.

A representação, sob exame, voltada a permitir o desenvolvimento da atividade de marketing de incentivos, por razões que se demonstrarão, também se insere no instituto denominado, pelo Código Civil, como "agência", razão pela qual muitas das sociedades que a desempenham se auto denominam "agências de marketing". O Código Civil, no Título VI, das várias espécies de contrato, tipifica e regula em seu art. 710 e seguintes[23], de forma expressa, o instituto da agência. O contrato

---

[21] Como ensina Aires F. Barreto em *RT* 64. p. 220.
[22] *Tratado teórico e prático dos contratos*. v. 2, p. 155-60.
[23] Aplicando, no que couber, as regras concernentes à comissão e ao mandato.

de agência é aquele pelo qual uma pessoa se obriga, em caráter não eventual e sem vínculos de dependência, a promover, à conta de outra mediante retribuição, a realização de certos negócios, em zona determinada. Entende-se por agenciador aquele que agencia ou encaminha negócios para outras pessoas. Orlando Gomes[24], ao analisar o contrato de agência, considera que os seguintes elementos nele devem estar presentes: (i) a obrigação do agente de promover a conclusão de contratos por conta do proponente, (ii) a habitualidade do serviço, (iii) a delimitação da zona na qual o serviço deve ser prestado, (iv) o direito à contraprestação pelo serviço. A inclusão da empresas dedicadas ao marketing de incentivos, como agências, decorre do fato de, muitas vezes, em virtude de seu papel de representantes, incorrerem em despesas, efetuarem pagamentos, bem como outras atividades, todas por conta e ordem do encomendante, objetivando promoverem os negócios a que se propõem[25].

Como contraprestação pelos serviços prestados, as auto designadas, com muito acerto, agências de marketing são remuneradas por meio de honorários pagos pelos encomendantes das campanhas.

Definido que a sociedade que opera marketing promocional e de incentivos também é um agente, no conceito da lei civil, ela passará, daqui para diante, também, a ser designada neste trabalho como agência de marketing ou simplesmente agência. Um dos objetivos dessa estratégia é firmar e confirmar que somente uma agência de marketing desenvolve a tarefa sob análise em sua plenitude.

3.2 Das ferramentas de premiação

Ferramenta, como já definido, é, na presente análise, o instrumento ou conjunto de instrumentos usado para alcançar os fins de recompensa e premiação decorrentes do reconhecimento do esforço desenvolvido pelos que, voluntariamente, aderiram a uma campanha. As ferramentas usualmente utilizadas na atividade foram descritas em 2.3.2 e agora serão analisadas com maior profundidade.

---

[24] GOMES, Orlando. *Contratos.* p. 365 e s.

[25] Na década de 1960 foi regulada, por lei, a atividade de publicidade e de agenciamento de propaganda, desenvolvida por agências de publicidade e propaganda que, da mesma forma já comentada, desenvolvem serviços de publicidade (serviços de natureza técnica dessa especialidade) e de agenciamento de propaganda junto aos veículos de divulgação, agindo nesse caso por conta de terceiro, o cliente, para levar a cabo sua tarefa. Vide Lei n. 4.680/65.

(a) Cartão de premiação

Como comentado, o cartão de premiação (saque e/ou compra) é a única ferramenta possível de ser aplicada a qualquer forma de premiação com expressão pecuniária (compra de bens ou pagamento em dinheiro). O cartão de premiação insere-se em categoria jurídica, genericamente denominada de cartão de crédito[26], pois é baseado na confiança, de vez que alguém (agência de marteking) aceita pagar compras ou cobrir saques de dinheiro efetuados pelo beneficiário do cartão, observados os termos ajustados.

O cartão de crédito assume diferentes formas, dependendo de seu uso: (i) cartão de credenciamento, emitido por entidade não financeira, que permite o pagamento de aquisições de bens e serviços fornecidos pelo próprio emitente que, após, faturará o usuário do cartão; (ii) cartão de crédito, em sentido estrito, emitido por instituições financeiras, ou por elas garantido e que permite ao beneficiário adquirir bens e serviços em redes autorizadas, inclusive sacar dinheiro em caixas autorizados, cabendo ao emitente pagar a fatura ou bancar a retirada, mediante concessão de crédito ao beneficiário; (iii) cartão de crédito, também em sentido estrito, porém emitido por instituição não financeira que se responsabiliza pelo pagamento do valor das compras efetuadas pelo beneficiário.

O cartão de premiação permite a seu portador sacar dinheiro ou efetuar compras, a título de pagamentos efetivados por pessoas jurídicas a pessoas físicas, em virtude de negócios anteriores variados, razão pela qual, dada a forma de sua utilização, o cartão insere-se no conceito genérico de cartão de crédito: moeda para pagamento de compras ou moeda para troca por dinheiro, tudo garantido pelo emitente do cartão. Para uso dessa moeda é necessário, contudo, que sejam observadas as condições de emissão, validade, limites, finalidade e âmbito de utilização, previstas contratualmente.

A natureza do benefício contido no referido cartão, ou sua essência, está vinculada à razão ou justificativa pela qual foi ele concedido, o que inclui a pessoa que o concedeu (encomendante), ainda que ele seja emitido com a logomarca da empresa que desenvolveu o produto "cartão de premiação" (agência de marketing). Dessa forma, como é possível utilizar o cartão para pagar ou remunerar pessoas por razões variadas, conforme acima referido, é essencial conhecer o fundamento

---

[26] DINIZ, Maria Helena. *Tratado teórico e prático dos contratos,* p. 83-111.

e as razões de ter sido concedido para determinar as conseqüências jurídicas de seu uso. Neste estudo, alerta-se que a ferramenta "cartão de premiação" é examinada somente na hipótese em que o beneficiário pode utilizá-la se atingir os níveis de comprometimento exigidos pelo encomendante para fazer *jus* a esse benefício. Assim, a utilização do cartão, do ponto de vista operacional, depende sempre de autorização do emitente de comum acordo com o encomendante, de tal sorte que nenhum detentor se torna, automaticamente, beneficiário se não tiver preenchido as condições para tanto.

Para fins dessa análise é relevante frisar as seguintes premissas: (i) beneficiário não mantém vínculos com a agência de marketing que desenha a campanha motivacional e (ii) pode ter ou não vínculos com o encomendante. No caso de não manter quaisquer vínculos com o encomendante, o beneficiário enquadra-se na situação, portanto, de estar trabalhando para terceiro, que distribui ou revende mercadoria ou presta serviços ao encomendante. Para análise dos reflexos legais da concessão do cartão, tanto para o encomendante quanto para o beneficiário, é fundamental definir a causa do negócio jurídico que determinou, ao encomendante, solicitar a emissão do cartão a ser entregue ao beneficiário. Descarta-se a análise da relação do emitente (agência de marketing) com o beneficiário, pois o emitente apenas age em nome e por conta do encomendante, como comentado no item 3.1, acima.

(b) Demais ferramentas de premiação

As demais ferramentas de premiação como viagens, brindes, *vouchers* de compras, catálogos de prêmios (on-line ou off-line) e vale-presente não geram outras implicações, sendo utilizadas para os mesmos propósitos que o cartão de premiação e tendo funcionamento similar. Assim, todas as ferramentas de premiação citadas (item 2.3.2), da mesma forma, só serão disponibilizadas aos beneficiários no caso de se atingir metas previstas nos programas motivacionais sendo, igualmente fundamental para análise de seus reflexos legais e outras inferências, a definição da motivação do encomendante ao solicitar a emissão de determinado meio de pagamento. Em outras palavras, as inferências legais, como não poderia deixar de ser, serão colhidas em decorrência da natureza do que se pretende pagar, independentemente do meio de pagamento para tanto utilizado.

(c) Outros comentários acerca das ferramentas de premiação

Os usos e costumes do segmento permitem confirmar que as ferramentas utilizadas nas campanhas motivacionais são, em essência, meios de pagamento e, portanto, podem ser utilizadas como tal para outras finalidades que não a premiação. Algumas situações podem evidenciar estar o usuário do cartão, ou de outras ferramentas, recebendo bem ou produto que, legalmente, não cabe no conceito de vantagem advinda do negócio jurídico de premiação, portanto, com reflexos legais diferentes. Não obstante, essas hipóteses sejam legais e concretamente possíveis, dada a essência (meio de pagamento) das ferramentas usualmente utilizadas nas referidas campanhas, essas situações não estão incluídas no objeto deste estudo, restrito a avaliar a atividade de marketing de incentivos.

3.3 Conclusão: natureza jurídica da atividade e das ferramentas utilizadas

(i) A atividade das agências de marketing promocional e de incentivos envolve um conjunto de ações, algumas voltadas puramente à criação de campanhas de incentivos e outras desenvolvidas por conta de encomendante do produto marketing;

(ii) a atividade desenvolvida por conta e ordem de outrem denomina-se contrato de agência, razão pela qual a sociedade que atua nessa atividade se autodenomina agência de marketing;

(iii) são partes envolvidas na atividade de marketing de incentivos: agência, encomendante da campanha e o beneficiário da campanha, terceiro ou empregado do encomendante;

(iv) a atividade de marketing promocional vale-se de diversas ferramentas para premiar sendo a mais importante, atualmente, o cartão de premiação, que permite pagar prêmios variados em qualquer tipo de bem;

(v) o exame da causa jurídica do negócio denominado cartão de premiação é essencial para analisar sua natureza e definir o adequado tratamento jurídico do mesmo;

(vi) as demais ferramentas de premiação não geram outras implicações, pois as inferências legais são colhidas em decorrência da natureza do que se pretende pagar, independentemente do meio de pagamento para tanto utilizado.

4. Da relação jurídica entre o encomendante e o beneficiário

A definição da natureza do que é oferecido aos beneficiários, participantes de uma campanha de marketing de incentivos, é essencial na análise do tema. Para determinar a natureza dessa relação deve-se ter em vista, como já foi dito, as partes envolvidas nesse tipo de contrato: o beneficiário, o encomendante e a agência. A primeira análise que se faz, a seguir, diz respeito à relação entre beneficiário e encomendante, ressaltando-se que nessa relação pode o beneficiário ter ou não vínculo, tipificado em lei como de natureza trabalhista com o encomendante. Nelson Mannrich[27] esclarece que a relação de trabalho pode desenvolver-se sob o modelo de relação de emprego protegida pela legislação trabalhista ou sob relação de prestação de serviços desenvolvida nos moldes do Código Civil, matéria que passa a ser examinada.

4.1 Relação contratual de natureza trabalhista

(a) Contrato de trabalho e salário

O vínculo empregatício ou trabalhista é aquele que se estabelece entre empregado e empregador, na forma determinada pela CLT, ficando o empregado submetido à prestação de trabalho na forma contratada. A contrapartida do trabalho desenvolvido pelo empregado corresponde ao salário, que é pago pelo empregador, inferência essa extraída do art. 458 da CLT ao mencionar salário sem, contudo, expressamente defini-lo:

> Art. 458. Além do pagamento em dinheiro, compreendem-se no salário, para todos os efeitos legais, a alimentação, habitação, vestuário ou outras prestações *in natura* que a empresa, por força do contrato ou do costume, *fornecer habitualmente ao empregado*. (...) (grifos nossos)

Pela letra da lei observa-se que salário é contrapartida de trabalho prestado na forma do contrato (de trabalho) e outras verbas ajustadas (expressa ou tacitamente) também por força do contrato de trabalho. Admite-se, ainda, o pagamento do salário em utilidades; denomina-se "salário-utilidade" a parcela do salário que o empregador, por força do contrato ou do costume, paga ao trabalhador como contraprestação do trabalho através do fornecimento habitual de bens e serviços, benéficos a ele e à sua família e que tenham valor econômico mensurável, ressaltando a lei que só se considera salário *in natura* quando há habitualidade no fornecimento das utilidades. Duas são as condições, pois, para que uma utilidade se revista da natureza salarial: decorrer da contrapartida do trabalho e ser paga habitualmente.

---

[27] "Contratação de serviços intelectuais por meio de pessoa jurídica: mitos e realidades". *Revista do Advogado, Homenagem a Octavio Bueno Magano*, AASP, n. 86, p. 57-62, jul. 2006.

(b) Remuneração

Há outros pagamentos feitos à pessoa do empregado e que não são salário por não serem feitos pelo empregador ou por não decorrerem diretamente do contrato de trabalho, conforme dispõe a lei (CLT), a saber:

> Art. 457. Compreendem-se na remuneração do empregado, para todos os efeitos legais, além do salário *devido e pago diretamente pelo empregador, como contra-prestação de serviço,* as gorjetas que receber.
> § 1º Integram o salário não só a importância fixa estipulada, como também as comissões, percentagens, gratificações ajustadas, diárias para viagens e abonos pagos pelo empregador (...). (grifos nossos)

As disposições acima permitem concluir que além do salário, estritamente vinculado ao trabalho contratado e desenvolvido sob as regras da CLT, outras verbas podem ser pagas à pessoa do empregado, por terceiro ou pelo próprio empregador, correspondendo o seu conjunto à remuneração, como definido no art. 457 da CLT acima reproduzido. A palavra remuneração não deve ser confundida com salário, definido de forma indireta na lei; remuneração, em sua origem latina, significa recompensa[28] e pode aplicar-se a todas as situações em que alguém resulta pago por alguma coisa. Assim, tanto é remuneração o juro pago ao mutuante em pagamento do risco do crédito e do custo financeiro do dinheiro mutuado quanto é remuneração a contrapartida a título de aluguel correspondente ao uso e ao desgaste de um bem, pago pelo locatário ao locador. Nas relações de trabalho, mais recentemente, a palavra remuneração vem gerando uma verdadeira revolução e vem sendo tida como a chave para incrementar negócios e melhorar as oportunidades de crescimento dos trabalhadores e das empresas.

Nos últimos anos, a matéria trabalhista evoluiu grandemente por efeito das trocas internacionais que vêm aumentando (globalização) e, em decorrência, ao lado do contrato de trabalho, propriamente, novas modalidades contratuais têm sido adotadas com a finalidade de permitir reter, remunerar ou beneficiar, de forma diferenciada, certas pessoas, associando-as ao destino de determinado negócio e motivando-as no desempenho de suas tarefas. Isso significa que o conceito de remuneração vem se ampliando de tal sorte a incorporar, além do salário, a participação nos resultados da empresa ou em certo empreendimento específico, em uma construção feita *à ventura,* quando se deixa de ganhar na eventualidade de não haver um bom

---

[28] *Dicionário Houaiss da língua portuguesa,* p. 2.426.

sucesso, hipótese que não se coaduna com o contrato de trabalho que remunera o empregado, ainda que a sociedade tenha perdas ou venha a quebrar. Além disso, em termos de execução de trabalho, o contrato exclusivamente baseado na CLT deixou de ser a única forma pela qual alguém pode atuar no mercado, tendo sido criadas outras possibilidades de contratação e associação[29].

Arnaldo Sussekind[30] comenta que "remuneração é a resultante da soma do salário percebido em virtude do contrato de trabalho e dos proventos auferidos de terceiros, habitualmente, pelos serviços executados por força do mesmo contrato". Sérgio Pinto Martins[31], por sua vez, define remuneração como "o conjunto de prestações recebidas habitualmente pelo empregado pela prestação de serviços, seja em dinheiro ou em utilidades, provenientes do empregador ou de terceiros, mas decorrentes do contrato de trabalho, de modo a satisfazer suas necessidades básicas e de sua família. Caracteriza-se a remuneração como uma prestação obrigacional de dar. Não se trata de obrigação de fazer, mas de dar, em retribuição pelos serviços prestados pelo empregado ao empregador, revelando a existência do sinalagma que é encontrado no contrato de trabalho. Essa remuneração tanto pode ser em dinheiro como em utilidades, de maneira que o empregado não necessite comprá-las, fornecendo o empregador tais coisas. (...)".

Tratando-se do binômio salário-remuneração, Amauri Mascaro enfatiza que salário é uma qualificação jurídica que acarreta reflexos na área trabalhista, previdenciária e tributária, sendo que tais reflexos interdisciplinares levam a uma concepção ampla de salário mas que não pode ser tão larga a ponto de desestimular certas concessões por parte do empregador, especialmente sob a forma de serviços e utilidades, sendo, sob esse ângulo, desaconselhável uma visão salarial universalizante.[32]

A adoção de novas modalidades contratuais, com o fito de aumentar a remuneração do trabalhador, está suportada no conceito constitucional de que ninguém

---

29   Veja-se, a propósito, a Lei n. 11.196/05 e seu art. 129.

30   *Instituições de direito do trabalho*, p. 20.

31   MARTINS, Sérgio P. *Direito do trabalho*, p. 208.

32   Salário, para esse autor, é o conjunto de percepções econômicas devidas ao empregado não só como contraprestação do trabalho, mas, também, pelos períodos em que estiver à disposição do empregador, inclusive descanso remunerado, interrupções ou suspensões do contrato e outras. *Iniciação ao direito do trabalho*, p. 339.

pode ser obrigado a fazer ou deixar de fazer algo senão em virtude de lei[33], porquanto vigora no Brasil o princípio da liberdade de contratar, inclusive a possibilidade de escolha, dentre várias opções, daquela que resulte menos gravosa para os envolvidos. Isso significa que as partes envolvidas em um negócio podem livremente contratar, desde que nenhuma condição negocial ofenda a lei. Esse princípio reflete-se em todas as áreas do direito, inclusive em matéria trabalhista, previdenciária ou tributária, cabendo às partes, feitas as escolhas, arcar com o fruto dessas escolhas. Com a possibilidade constitucional de assim atuar, empresário e trabalhador associam-se em novos modelos negociais que não têm qualquer vínculo com o contrato de trabalho, originalmente ajustado e que representa, no caso, o primeiro e originário laço entre empregado e empregador[34].

Dada a possibilidade jurídica de uma sociedade manter dois diferentes modelos de contrato com uma pessoa, contrato de trabalho sob as regras da CLT e contrato voltado à obtenção de remuneração, inclusive de recompensa decorrente de incentivo motivacional ou similar, é relevante enfatizar que esses contratos devem revestir-se das condições legais a eles atinentes. O contrato de trabalho estará regido pelas disposições da CLT e o contrato voltado à recompensa reger-se-á pelas regras do Direito Civil. Nenhum negócio jurídico nasce ou subsiste, no Direito Brasileiro, sem causa, não havendo a possibilidade de se formular contrato que não tenha substância ou conteúdo negocial, sob pena de ser apenas pretexto para se obter algo, o que é vedado. São condições legais para a validade de um negócio jurídico[35], de acordo com o art. 104 do Código Civil: (i) capacidade das partes; (ii) licitude, possibilidade e determinação de seu objeto; (iii) forma prescrita em lei. Na interpretação das declarações de vontade deve-se atender mais à intenção nelas consubstanciada do que ao sentido literal da linguagem e na dos negócios jurídicos deve-se atender, também, à boa fé e aos usos e costumes do local da celebração (arts. 112 e 113 do Código Civil).

---

[33] Art. 5º, II da Constituição Federal.

[34] São dessa natureza os contratos de opção de compra de ações da sociedade pelos empregados, quando os mesmos tornam-se sócios da sociedade por sua participação, perdendo, nessa relação, sua condição de empregados.

[35] Negócio jurídico é modalidade de ato jurídico firmado entre duas ou mais partes (arts. 104 a 114, CC). Ato jurídico, por sua vez, é todo ato lícito cuja finalidade imediata é adquirir, resguardar, transferir, modificar ou extinguir direitos (art. 185, CC). O ato jurídico também pode ser unilateral (arts. 854 a 883, CC).

(c) Reflexos, em matéria trabalhista e previdenciária, decorrentes do pagamento de salários e outras remunerações

O salário e todas as verbas que a ele se agregam são considerados para todas as finalidades trabalhistas e previdenciárias, ou seja, são computados para garantir vantagens ao empregado bem como para calcular as contribuições para a seguridade social. Nesse campo, a habitualidade é um dos elementos fundamentais para se determinar se o pagamento feito deve ou não ser considerado como salário e como tal computado. O contrato de trabalho é um pacto de trato sucessivo, em que há continuidade da prestação e, conseqüentemente, o pagamento habitual de salários; essa conclusão pode ser observada nas decisões tomadas pelos tribunais brasileiros. Com relação às horas extras, por exemplo, se forem habituais integram a indenização de antigüidade (Enunciado 24 do TST[36]), o 13º salário (Enunciado 45 do TST), o FGTS (Enunciado 63 do TST), o aviso prévio indenizado (§ 5º do art. 487 da CLT e Enunciado 94 do TST), as férias (Enunciado 151 do TST) e o repouso semanal remunerado (Enunciado 172 do TST).

Em relação à legislação previdenciária, o art. 28 da Lei n. 8.212/91, pretendendo prever todas as hipóteses de verbas que comporiam a base de cálculo da contribuição previdenciária, assim dispôs:

> *Do salário-de-contribuição*
>
> Art. 28. Entende-se por salário-de-contribuição:
>
> I – para o empregado e trabalhador avulso: a remuneração efetivamente recebida ou creditada a qualquer título, durante o mês, em uma ou mais empresas, *inclusive os ganhos habituais sob a forma de utilidades, ressalvado o disposto no § 9º e respeitados os limites dos §§ 3º, 4º e 5º deste artigo;*
>
> (...)
>
> e) as importâncias: (...) 7. *recebidas a título de ganhos eventuais e os abonos expressamente desvinculados do salário[37]. (grifos nossos)*

Analisando o conceito adotado para definição de "salário-contribuição", observa-se que os mesmos requisitos que definem salário, para fins trabalhistas, são aí albergados, como não poderia deixar de ser, já que os conceitos utilizados

---

[36] TST – Tribunal Superior do Trabalho.

[37] Alínea alterada e itens de 1 a 5 acrescentados pela Lei n. 9.528, de 10.12.1997 e de 6 a 9 acrescentados pela Lei n. 9.711, de 20.11.1998.

para fins de contribuição previdenciária derivam dos conceitos trabalhistas de que são originários; portanto, a definição de salário, para fins trabalhistas, jamais poderá divergir da definição para qualquer outra finalidade. Corroborando os entendimentos acerca da natureza das verbas que compõem a base de cálculo da contribuição previdenciária, o Parecer CJ 107/92, do Ministério da Previdência Social[38], que adentra na questão da concessão de vantagens além das previstas em lei e do próprio salário, assim se pronuncia:

> Por outro lado, cumpre considerar que o ato de valorar o atendimento médico, hospitalar ou ambulatorial prestado por serviços próprios ou por elas conveniadas, a fim de integrar o conceito de salário-de-contribuição, funcionaria como um fator de desestímulo para o empregador melhorar as condições de trabalho do empregado. *Não se pode dar um tratamento legal pior ao empregador que não se limita a cumprir os conteúdos mínimos da legislação do trabalho e que favorece o empregado, oferecendo-lhe benefícios além da lei.* (grifo nosso)

Em relação à questão de estímulo à concessão de benefícios, citam-se também, julgados dos tribunais trabalhistas, alinhados ao entendimento manifestado no Parecer supracitado:

> *Contrato de venda de veículos sem cobrança de defasagem monetária – configuração de salário indireto.*
> Não obstante o benefício concedido pelo empregador, ao vender um veículo em condições facilitadas ao reclamante (sem juros ou correção monetária), de fato tenha por fundamento a existência do contrato de trabalho, essas diferenças não devem ser consideradas salário indireto.
>
> *Esse entendimento significaria um desestímulo aos atos de liberalidade dos empregadores, por onerar sobremaneira o contrato de trabalho, o que tornaria rara a adoção de atitudes que significassem uma melhoria das condições de trabalho.* Com efeito, se uma empresa oferece vantagens a seu empregado, nas circunstâncias descritas nos autos, e depois constata que tal benesse foi interpretada como salário indireto, certamente privará os demais empregados do mesmo benefício, e poderá gerar desconfiança e animosidade em relação àqueles empregados que já estejam dele usufruindo. Decisão como essa significaria privilegiar o individual em detrimento do coletivo. Revista conhecida e provida. (Recurso de revista.

---

[38] Parecer emitido pela Consultoria Jurídica do Ministério da Previdência Social, em 14 de setembro de 1992, e aprovado pelo Ministro Reinhold Stephanes, em 23 de setembro de 1992, publicado no *Diário Oficial da União* em 13 de novembro de 1992.

Acórdão n. 445.997, 1998, TST, 2ª Região, 5ª Turma. DJ 19.02.2002). (grifos nossos.)

Citamos ainda julgado também do TST, o qual conclui que pagamentos com caráter de liberalidade e eventualidade não têm natureza salarial:

Empréstimo a empregado (Ex. 89/91) (...)

I – Recurso do reclamado. (...) Diferença entre juros bancários e os juros do financiamento concedido pelo empregador – ressarcimento de despesas médicas e odontológicas – natureza salarial.

São destituídos de natureza salarial os benefícios instituídos pelo empregador, pois não eram destinados à contraprestação pelo trabalho realizado pelo empregado.

Apesar de os empréstimos bancários e a cobertura das despesas médicas e odontológicas constituírem-se em benesses concedidas por liberalidade do empregador, o exercício do direito dependia única e exclusivamente do interesse e da iniciativa do próprio empregado, o qual poderia não utilizar-se dessas vantagens, sem qualquer interferência, portanto no contrato de trabalho.

II – Recurso parcialmente conhecido e provido. (Recurso de revista. Acórdão n. 396.363, 1997, TST, 4ª Região (RS), 5ª Turma. DJ 15.05.1998) (grifo nosso)

O acima exposto confirma a tendência de considerar a existência de: (i) verbas salariais, habitualmente pagas em decorrência da relação trabalhista e (ii) remuneração como um gênero, do qual o salário é uma espécie sujeita aos encargos previdenciários e trabalhistas. Excluem-se, pois, da hipótese de incidência de contribuição previdenciária as verbas que não tiverem natureza salarial e, portanto, não tenham como características essenciais: (i) corresponderem à contraprestação pelos serviços prestados em virtude do contrato de trabalho e (ii) habitualidade no pagamento.

Os tempos atuais evidenciam a necessidade de estimular o empregador à concessão de maiores vantagens e melhores condições de trabalho, oferecendo benefícios que extrapolam os previstos em lei; e o fato de a fruição/exercício do benefício depender, exclusivamente, da iniciativa do beneficiário, também não é colocado como elemento para afastar a incidência de encargos sobre quaisquer vantagens concedidas aos empregados.

Feitos os comentários preliminares envolvendo o contrato de trabalho e seus reflexos, passa-se a analisar a concessão de vantagens em programas motivacionais a beneficiários nas duas situações já comentadas: (i) existência de vínculos entre encomendante e beneficiários e (ii) inexistência de vínculos entre encomendante e beneficiários.

(d) Reflexos do uso de programa motivacional com beneficiário empregado

Quando o vínculo laboral se faz presente entre encomendante do programa motivacional de premiação e os seus beneficiários, é necessária a análise da natureza do que se pretende pagar, por qualquer um dos meios disponíveis, para que seja possível concluir se há pagamento, apenas, de premiação. Considerando-se que a relação trabalhista decorre do contrato de trabalho e objetiva atividade certa, habitual e definida afasta-se, de imediato, que o contrato firmado com o objetivo de premiar os que demonstram melhor desempenho em uma certa atividade ou empreendimento possa com ele confundir-se, e muitas são as razões para tanto, a saber:

(i) caráter autônomo e independente do contrato de premiação, que não guarda qualquer característica de acessório ao contrato de trabalho, nem dele decorre, sendo firmado livremente entre encomendante e beneficiário;

(ii) caráter voluntário da adesão ao programa por parte do beneficiário, pois qualquer imposição vai de encontro aos objetivos e preceitos do marketing de incentivos;

(iii) ausência de compromissos, por parte do beneficiário, que possam ser exigidos pelo encomendante;

(iv) inexistência de qualquer obrigação ou tarefa a ser desenvolvida pelo beneficiário, exceto vencer, ou não, o desafio que lhe é proposto pela campanha motivacional;

(v) obrigação do encomendante de pagar o prêmio quando as metas são alcançadas;

(vi) ausência de penalidade ou exigência de compensação, por parte do encomendante, na falta de cumprimento da meta pelo beneficiário;

(vii) aleatoriedade do resultado, pois que as condições das campanhas motivacionais podem ser cumpridas ou não pelo beneficiário que aderiu a ela e, conseqüentemente, da premiação.

Esse caráter voluntário, aleatório e eventual, de pronto, diferencia o contrato de adesão que formaliza a inclusão do beneficiário no programa de incentivos dos demais contratos voltados a relações de natureza trabalhista, as quais têm caráter obrigacional, pois: (i) o empregado é obrigado a prestar seus serviços e cumprir com as obrigações assumidas, sob pena de ser advertido ou demitido; (ii) a remuneração decorrente dessa relação não pode ser aleatória ou eventual, mas deve ser paga como contraprestação pelos serviços prestados naquele período, também em cumprimento das condições impostas pelo contrato de trabalho e pela CLT. Dadas as características legais do contrato de trabalho, conclui-se que a adesão, seguida do reconhecimento e da disponibilização de "cartão de premiação", bem como de qualquer outra ferramenta de premiação, ou seu uso, não correspondem à contraprestação por trabalho ou à remuneração devida por força do contrato de trabalho, não ensejando, tampouco, quaisquer reflexos legais que possam ser assemelhados àqueles decorrentes dos contratos de trabalho.

No que tange à matéria previdenciária, a legislação previdenciária em vigor descarta, expressamente, a hipótese de inclusão, na base de cálculo da referida contribuição, de quaisquer verbas eventuais pagas aos empregados (art. 28, § 9º, Lei n. 8.212/91). Ora, ainda que por equívoco se viesse a considerar o prêmio como vinculado ao contrato de trabalho, dada sua aleatoriedade e eventualidade, automaticamente ele estaria excluído da base de cálculo desse tributo. Outros comentários complementares sobre a natureza do benefício proposto ou oferecido em campanhas motivacionais podem ser encontrados no item (4.2, d).

(e) Os conceitos da CLT: encomendante e beneficiários sem vínculos de natureza trabalhista

A relação laboral, conforme a CLT, desenvolve-se entre empregador e empregado. Empregador é a pessoa física ou jurídica que admite empregado, mediante remuneração, para lhe prestar serviço em caráter habitual. A doutrina e a jurisprudência caracterizam a existência de vínculo empregatício quando a relação entre as partes for: habitual, onerosa, indisponível, retributiva e não aleatória. A relação que se estabelece entre o encomendante do programa e seus beneficiários não se reveste de qualquer dessas qualidades, pois: (i) será eventual, ocorrendo somente na hipótese de as condições que possibilitam a premiação se confirmarem; (ii) não envolve indisponibilidade de nenhuma das partes, inclusive porque, no caso, o beneficiário não trabalha para o encomendante; (iii) não envolve retributividade, necessariamente, pois o beneficiário entrará na relação se o desejar e desde que concluídos os requisitos necessários, razão porque ela será tida como aleatória.

O benefício sob análise pode ser liquidado em bens ou em dinheiro, por conta do encomendante, que não é empregador em relação ao beneficiário. Por ser o salário, inclusive o "salário-utilidade"[39], parte da remuneração paga diretamente

---

[39] Denomina-se salário-utilidade o fornecimento ao empregado, ou a fruição pelo empregado, de bens tangíveis ou intangíveis, tais como concessão de refeições, condução e habitação, em certos montantes.

pelo empregador ao empregado, conclui-se que terão natureza salarial apenas as utilidades que sejam fornecidas ao empregado pelo seu empregador, o que afasta essa natureza quando as mesmas são pagas por terceiros. Descartada a característica de vínculo laboral, afastam-se as inferências que dele decorrem, especialmente de natureza previdenciária.

O art. 195 da CF dispõe que a seguridade social será financiada por toda a sociedade, de forma direta e indireta, nos termos da lei, mediante recursos provenientes dos orçamentos da União, dos Estados e dos Municípios e, dentre outros, das contribuições sociais do empregador, da empresa e da entidade, a ela equiparada, calculadas sobre a folha de salários e demais rendimentos do trabalho, pagos ou creditados a qualquer título, à pessoa física que lhe preste serviço, mesmo sem vínculo empregatício[40]. Observe-se que a Constituição considera relações regidas pela CLT (vínculo empregatício) e outras relações não regidas pela CLT (sem vínculo empregatício).

No que tange ao vínculo empregatício, considerando-se que entre o beneficiário e o encomendante do programa nenhuma relação contratual de natureza trabalhista existe, é possível afirmar-se que nenhuma contribuição a esse título incide ou é devida sobre o montante de bens e de dinheiro que ao mesmo são disponibilizados. Portanto, *o prêmio pago ao beneficiário, nessa situação, não tem natureza salarial, não se submetendo a qualquer encargo previdenciário.*

(f) Associações na ventura

É oportuno enfatizar que o contrato de premiação não se caracteriza como forma de participar nos lucros de empresa. A participação nos lucros pressupõe duas diferentes situações: (i) condição de sócio que tem parcela de capital e usufrui vantagens advindas da associação do capital e do trabalho e (ii) condição de empregado, na forma determinada na CF, sem deter participação societária. Encomendante e beneficiário, inclusive terceiro, tampouco encontram-se nessa situação.

---

[40] A previsão constitucional é no sentido de o vínculo negocial que enseja a contribuição apresentar-se de duas formas: (i) trabalhista, representada pela expressão "folha de salários", e (ii) de prestação de serviços, representada pelos demais rendimentos do trabalho pagos ou creditados a qualquer título, à pessoa física que lhe preste serviço, mesmo sem vínculo empregatício; nessa segunda hipótese, exige-se, também, a obrigação contratual de prestar trabalho, fora, contudo, das regras da CLT.

4.2 Relação contratual de natureza civil

Afastada a relação de natureza trabalhista entre beneficiário e encomendante, seja o beneficiário empregado ou não, devem ser analisadas outras possibilidades de negócios jurídicos na forma da lei civil.

(a) Prestação de serviços

O meio de pagamento de premiação é disponibilizado para o beneficiário para que esse, tendo cumprido certas condições, possa utilizá-lo. A relação que se estabelece entre o encomendante do programa motivacional e seus beneficiários tem característica de *eventualidade,* pois depende do nascimento de condições especiais; a eventualidade, ou aleatoridade, da relação implica que ela não seja habitual, como ocorre com a relação trabalhista, nem tampouco pontual, como ocorre com a prestação de serviços em que mediante remuneração uma pessoa se compromete a entregar um agregado material ou imaterial a outrem (como determina o já citado art. 594 do CC). De fato, na prestação de serviços há tarefa certa a ser cumprida, diversa da relação de emprego, não podendo a ela escusar-se o prestador, se contratada, e estando compelido o tomador a remunerá-la, uma vez concluída. Na presente situação, como anteriormente comentado, as condições podem ser cumpridas ou não pelo beneficiário e o benefício, ainda que as condições tenham se aperfeiçoado, pode ou não ser utilizado pelo destinatário, de forma totalmente diversa da prestação de serviços e de sua correspondente remuneração. Por conseqüência, disponibilização de "meios de pagamento de premiação" ou seu uso não correspondem à remuneração por contrato de prestação de serviços.

A conclusão acima permite extrair outra inferência importante em matéria previdenciária, pois de acordo com a Lei n. 8.212/91, art. 28, inc. I, entende-se por salário-de-contribuição (base de cálculo da contribuição previdenciária) para o trabalhador autônomo ou avulso (que não mantém vínculo empregatício) a remuneração auferida em uma ou mais empresas, assim entendida a totalidade dos rendimentos pagos, devidos ou creditados a qualquer título durante o mês, *destinados a retribuir o trabalho,* qualquer que seja sua forma. Conquanto se possa afirmar que algum tipo de tarefa se faz e um prêmio está sendo atribuído ao beneficiário por essa tarefa. Esse prêmio eventual obtido não se configura como retribuição do trabalho prestado à empresa, ainda que sem vínculo empregatício ou por contrato de prestação de serviços, pois sua aleatoriedade, para o beneficiário, o afasta de qualquer modalidade contratual de prestação de serviços, ainda que por prestador autônomo ou avulso.

(b) Agência e distribuição

O CC prevê em seu art. 710 e seguintes, como já comentado, a possibilidade de uma pessoa assumir em caráter não eventual e sem vínculos de dependência, a obrigação de promover à conta de outrem, mediante retribuição, a realização de certos negócios, em zona determinada; possuindo o agente a coisa em seu poder, caracterizada está a distribuição. Os contratos de agência e distribuição, como se observa, caracterizam-se pela habitualidade, pela retribuição e pelo comprometimento das partes, em nada se assemelhando à eventualidade e aleatoriedade do negócio sob análise, cuja concretização fica a critério do beneficiário. A relação que nasce entre encomendante e beneficiário tampouco pode ser caracterizada como contrato de agência e distribuição, pois não há compromissos assumidos pelo beneficiário dos programas motivacionais de incentivar incrementos de negócios mediante retribuição, pois, novamente, tarefa nenhuma será desenvolvida a partir de compromisso assumido por ele, exceto vencer ou não o desafio que lhe é proposto pela campanha, não havendo previsão de nenhuma sanção ou penalidade em virtude de não atingir as metas propostas. Infere-se, então, que nenhuma remuneração a título agenciamento ou distribuição é devida, nem tampouco quaisquer reflexos legais dela advêm.

(c) Corretagem

O contrato de corretagem, tratado no CC, art. 722 e seguintes, caracteriza-se pelo fato de uma pessoa, não ligada à outra, em virtude de mandato, de prestação de serviços ou por qualquer relação de dependência, obrigar-se a obter para a segunda um ou mais negócios, de acordo com instruções recebidas. A situação jurídica que se estabelece entre beneficiário e encomendante não tem qualquer das características do contrato de corretagem, pois encargo nenhum assume o beneficiário, tampouco instruções de execução de tarefas lhe são passadas pelo encomendante e, como já visto, não há contrato de prestar trabalho seja a que título for ou relação de dependência entre as partes, afastando-se o contrato de corretagem e todos os seus reflexos.

(d) Natureza do contrato entre encomendante e beneficiário: contrato de prêmio[41]

Os diversos aspectos analisados demonstram que a relação que surge entre o encomendante e o beneficiário funda-se na eventualidade, pois somente nascerá o direito ao resgate ou aquisição do prêmio, cumpridas certas condições. Conquanto a utilização do prêmio, do ponto de vista operacional, possa depender de autorização do encomendante, nenhum detentor se torna, automaticamente, beneficiário se não fizer o seu resgate e com isso pode-se afirmar: *a relação jurídica entre as partes se completa não no momento em que o prêmio é disponibilizado para o beneficiário para que esse, tendo cumprido certas condições, possa utilizá-lo, mas no momento de sua efetiva utilização, que denominaremos realização*, pois as seguintes diferentes situações podem ser observadas:

(i) beneficiário, cumprindo as metas, adquire o direito ao prêmio e utiliza-o efetivamente;

(ii) beneficiário, cumprindo as metas, adquire direito ao prêmio; contudo, nunca chega a resgatá-lo;

(iii) beneficiário não cumpre as metas, portanto nunca adquire o direito ao prêmio.

Observe-se que o encomendante coloca-se na posição de cumpridas as condições exigidas do beneficiário, liberar-lhe o resgate do prêmio, por meio do uso do cartão de premiação ou do vale-presente, por exemplo. Assim, o vínculo para o encomendante nasce desde o momento em que se compromete a liberar o prêmio[42]. Para o beneficiário, diversamente, o vínculo somente se completará quando, liberado o direito ao uso do prêmio, for ele realizado (por meio de resgate ou compra de bens ou saque de valores monetários). Dessa forma, pode o beneficiário dispor do direito ao prêmio, mas nunca utilizá-lo, razão pela qual nunca fruirá os

---

[41] O CC, em seu art. 854 e seguintes, cuida do ato jurídico unilateral designado por promessa de recompensa, o que aparenta ter muitos elementos em comum com a premiação, ora sob discussão. Contudo, no incentivo há negócio jurídico, muito assemelhado também ao contrato de opção, corrente em Bolsa, quando o negócio se resolve pelo não pagamento. Algumas diferenças são importantes entre a promessa de recompensa e a premiação, sendo a mais importante, talvez, pelo fato de que, cumprida a tarefa no ato unilateral, ainda que não seja pelo prêmio, a recompensa é devida; no caso sob análise, a causa do negócio é o prêmio.

[42] De forma idêntica ao contrato de opção de compra em Bolsa.

benefícios que dele decorrem, limitando-se a responsabilidade do encomendante à simples liberação do referido prêmio.

O benefício concedido pelo encomendante ao público-alvo da campanha de motivação (beneficiários) tem a natureza de um *prêmio por desempenho*. O prêmio é vantagem pecuniária atribuída por alguém a outrem em decorrência de razões especialmente para tanto ajustadas. Quem se habilita a receber prêmio coloca-se na contingência de assim vir a fazê-lo ou não: o prêmio é sempre eventual e depende de circunstâncias variadas para se concretizar. O prêmio, ora analisado, não resulta de contrato de trabalho, participação nos lucros, prestação de serviço, agência, distribuição ou corretagem que se tenha firmado, logo não têm qualquer natureza retributiva, mesmo porque não teria sentido retribuir trabalho, representação ou prestação de serviço com ganho eventual de natureza absolutamente aleatória.

Dependendo a realização do prêmio da concessão de mecanismo que o disponibilize (por meio de liberação de senha para acesso a um catálogo eletrônico de prêmios ou por meio da liberação do cartão de premiação, por exemplo), e de seu efetivo proveito pelo beneficiário (utilização do cartão, resgate do prêmio disponível em lojas), é de se inferir que sua aleatoriedade observa dois diferentes níveis: *o perfazimento de condições e o efetivo uso pelo beneficiário.* Essa aleatoriedade, contudo, não impede que o encomendante tenha, a partir da contratação do prêmio, compromisso firme e indissolúvel com o beneficiário embora esse somente adquira o direito de uso pelo cumprimento das condições avençadas e o prêmio no momento da realização (uso efetivo) da vantagem disponibilizada.

Esse prêmio, como já exaustivamente analisado, de caráter não retributivo, aleatório e eventual não está inserido no campo de incidência da contribuição previdenciária, razão pela qual analisam-se, a seguir, outras inferências de natureza tributária.

4.3 Conclusão: quanto à relação jurídica entre o encomendante e o beneficiário

(i) A relação decorrente de prestação de trabalho, em sentido lato, pode desenvolver-se sob duas diferentes características: relação de emprego e de trabalho;

(ii) a relação do encomendante pode desenvolver-se com beneficiário a ele vinculado por contrato de trabalho firmado sob as regras da CLT (relação de emprego) ou pode desenvolver-se com terceiro, sem qualquer vínculo laboral;

(iii) o contrato de trabalho se desenvolve sob condições de habitualidade, subordinação, retributividade e dependência econômica. O contrato de premiação, ainda que firmado com empregado, não tem qualquer relação com o contrato de trabalho, pois é de natureza eventual, sem subordinação, não retributivo e sem gerar dependência econômica;

(iv) o contrato de premiação se destaca do contrato de trabalho, não lhe sendo acessório;

(v) o contrato de premiação não se submete aos mesmos reflexos trabalhistas e previdenciários dos contratos de trabalho, ainda que firmados com empregados;

(vi) o contrato de premiação firmado com empregados tampouco reveste-se da característica de participação nos lucros;

(vii) o contrato de premiação firmado com terceiros não tem características de contrato de trabalho, não se lhe aplicando qualquer regra de natureza laboral ou previdenciária;

(viii) o contrato de premiação tampouco tem natureza de prestação de serviços, agência ou distribuição e corretagem, não tendo o prêmio, tampouco, a característica de remuneração por contrato de natureza civil;

(ix) o contrato de premiação insere-se como contrato de natureza atípica cujas inferências assim devem ser tomadas;

(x) a palavra mais adequada para designar o beneficiário, empregado ou não, é colaborador, pois, que engajado no sucesso da empresa, dedica seu talento a ensejar a formulação de novos negócios e por isso deve ser recompensado.

5. Reflexos tributários do pagamento/recebimento do prêmio: Imposto sobre a Renda na Fonte (IRF)

O principal aspecto referente ao prêmio, em matéria tributária, diz respeito à incidência, sobre ele, do imposto sobre a renda. Por determinação constitucional cabe à União Federal (art. 153, inc. III) instituir imposto sobre a renda. Contudo, o conceito de renda não foi definido, expressamente, na CF, o que exige o recurso à lei ordinária, à doutrina e à jurisprudência.

O Código Tributário Nacional dispõe que o imposto sobre a renda e proventos de qualquer natureza tem como fato gerador a aquisição de disponibilidade econômica ou jurídica de: (i) renda, assim entendido o produto do capital, do trabalho ou da combinação de ambos e (ii) de proventos de qualquer natureza, assim entendidos os acréscimos patrimoniais não compreendidos no inciso anterior. Observe-se que o item (i) retro considera como renda adquirida, disponível, jurídica ou economicamente, o produto do capital, do trabalho ou da combinação de ambos, o que inexiste na hipótese dos prêmios, sob comentário, pois não decorrem eles de contrato de trabalho, prestação de serviços, aplicação de recursos financeiros ou combinação que entre si possam fazer. Descartada a aplicação de (i) retro, deve-se avaliar se o prêmio de que se trata entra na categoria de proventos de qualquer natureza ou acréscimos patrimoniais em geral.

5.1 Conceito de acréscimo patrimonial

O conceito de proventos tem sido associado ou equiparado, pela doutrina, a pensão, crédito, proveito ou lucro; mais objetivamente, fluxo de dinheiro, moeda ou "caixa" em excesso a despesas ou saídas de recursos, enquanto na expressão "acréscimos patrimoniais não compreendidos no inciso anterior" caberiam todas as demais hipóteses, de vez que haveria uma forte indicação de que a renda é sempre acréscimo patrimonial. Observe-se que renda, quer como fluxo (entrada) de dinheiro, quer como acréscimo patrimonial (sobras excedentes às reduções), na pessoa física, há de ser realizada. O acréscimo é foco da análise de muitos autores que também identificam várias origens para ilustrar o que seja acréscimo patrimonial, mas o acréscimo patrimonial a que a lei se refere há de ser o acréscimo econômica ou juridicamente disponível. Dispor econômica ou juridicamente significa ter o poder de utilizar, como proprietário, sem quaisquer restrições. O extinto Tribunal Federal de Recursos assim se pronunciou sobre o tema na Apelação Cível n. 55.389-RJ, em 29.09.1980:

> Tributário – IR – Disponibilidade de Renda – Inteligência do art. 43 do CTN. A disponibilidade econômica ou jurídica implica a possibilidade de entrega da coisa (arts. 675 e 676 do CC), pressuposto indispensável à interpretação do art. 43 do CTN. Quem apenas possui título de crédito está em condições de vir a possuir renda, mas não possui renda.

A disponibilidade econômica observa critérios de incremento à medida que fatos econômicos afetem a estrutura patrimonial de um certo contribuinte, como ocorre com o reconhecimento de uma receita de venda, pela simples contratação e emissão de fatura, independentemente do recebimento. A disponibilidade jurídica observa critérios jurídicos de aquisição de direitos de crédito e de assunção de obrigações, como ocorre com os contratos de aluguel. Em outras palavras, entende-se por disponibilidade econômica a percepção efetiva de rendimentos em dinheiro ou valores suscetíveis de avaliação em dinheiro (contas a receber, duplicatas) e, por disponibilidade jurídica, o nascimento do direito de receber (direito de cobrança ou execução do mês vencido, no caso de aluguel). A pessoa física, entretanto, é tributada pela lei brasileira por acréscimos realizados normalmente por percepção de caixa ou renda realizada. A questão fundamental a ser tratada nesta análise é a definição do instante em que ocorre a disponibilidade jurídica e econômica da renda ou proventos de qualquer natureza pela pessoa física (beneficiária do prêmio objeto de estudo), ou em que momento o acréscimo patrimonial é renda.

A realização da renda opõe-se à mera expectativa: realizado é o concretizado, representado por dinheiro ou algo suscetível de avaliação patrimonial, enquanto o expectado ainda não ocorreu, embora possa presumir-se que venha a ocorrer. Somente a disponibilidade econômica ou jurídica, acrescida ao patrimônio e realizada, é suscetível de tributação. Esse dado é de extrema relevância na análise do prêmio, como se verá.

5.2 O prêmio como acréscimo patrimonial

Para serem gravados pelo imposto sobre a renda, os prêmios devem representar acréscimo patrimonial efetivo, disponível econômica ou juridicamente, para seus beneficiários. A realização dos prêmios, para fins de imposto sobre a renda, obedece algumas etapas:

(i) concessão do benefício pelo encomendante ao beneficiário;

(ii) cumprimento das condições de uso e aquisição ao direito do prêmio, pelo beneficiário; e

(iii) resgate efetivo do prêmio pelo beneficiário, nas modalidades admitidas na campanha motivacional.

No momento (i), que corresponde apenas e tão somente à adesão do beneficiário à campanha em si, não há que se cogitar em qualquer tributação, pois ainda nenhuma operação foi realizada, mesmo porque o beneficiário poderá exercer – ou não – as ações necessárias a implementar as condições para fruição do prêmio.

No momento (ii) implementam-se as condições para a fruição e os instrumentos de acesso ao prêmio são liberados pelo encomendante para que o beneficiário dele usufrua[43]. Nesse momento, tampouco há de se falar em disponibilidade de renda, pois o beneficiário dispõe, no máximo, de prêmio em potencial, o que não representa acréscimo patrimonial, realizado ou não, e que dependerá de uma ação sua (beneficiário) para concretizar-se, o que não se pode garantir, pois está na vontade do usuário fazer tal utilização. O prêmio potencial, de natureza eventual, incerto pode materializar-se ou não, logo não alcança o conceito de renda quer como fluxo ou como acréscimo, não cabendo afirmar-se que a simples liberação de cartão equivale a pagar, distribuir, creditar renda a alguém.

No momento (iii) o beneficiário serve-se dos meios disponíveis de premiação, em qualquer de suas modalidades: essa, e somente essa, é a situação que pode permitir ao usuário perceber renda, porém sempre dependendo do tipo de benefício recebido, como adiante se comentará.

Os prêmios, a que faz jus o beneficiário pelo cumprimento das condições que lhe foram impostas, como já comentado, podem ser concedidos em forma de permissão para compras de bens ou saques de dinheiro, como se analisará.

(a) Aquisição de bens de consumo e/ou bens duráveis

A aquisição de bens consumíveis ou duráveis , seja por meio de vales, compras em catálogos ou uso de cartão de premiação, representa, tão somente, vantagem equivalente à que se obteria pela compra de um bem por preço menor que o valor de mercado, o que significa apenas acréscimo patrimonial de natureza potencial que necessita ser realizado por fluxo de moeda ou por acréscimo efetivo. Se os bens adquiridos forem consumidos ou consumíveis, acréscimo nenhum houve, pois o ingresso no patrimônio será eliminado pela correspondente redução; se os bens foram adquiridos mas não foram consumidos (caso de bens duráveis), tampouco representam acréscimo patrimonial enquanto não forem realizados economicamente. O fato de o beneficiário ter deixado de comprar algo com seus recursos não significa acréscimo patrimonial, mas renda poupada que em confronto com o conjunto das saídas patrimoniais pode vir a compor a conta final de apuração da base de cálculo do imposto sobre a renda.

---

[43] Isso pode acontecer por meio de envio de: (i) catálogo com senhas, (ii) vale presente, (iii) liberação para uso do cartão de premiação e assim por diante.

O Manual de Instruções para preenchimento da declaração de ajuste anual da pessoa física presume consumidos certos bens que não representariam acréscimo patrimonial como diárias e ajudas de custo, rendimentos de transporte de carga em certo percentual e outros.

(b) Aquisição de prêmio em valor monetário (dinheiro)

Na hipótese de o beneficiário estar recebendo o prêmio em dinheiro, mediante saque, pode-se afirmar que ele dispõe dos recursos para livre utilização. Contudo, essa disponibilidade não representa, necessariamente, acréscimo patrimonial em duas circunstâncias: (i) se os recursos foram usados, quando a renda seria tida como consumida, e (ii) se a conta final de imposto sobre a renda, ingressos patrimoniais deduzidos das correspondentes reduções patrimoniais, não resultar positiva. Para efeitos de tributação, não se podem tomar verbas, isolada e aleatoriamente, e pressupor sejam elas efetivos acréscimos, sem uma análise mais profunda do patrimônio a que se integram. A própria Fazenda Pública tem absorvido tal entendimento e na hipótese de recebimento de recursos e subseqüente consumo se pronunciou da seguinte forma, na Decisão n. 1.228, de 14 de maio de 2002, proferida pela Delegacia da Receita Federal de Julgamento em Foz do Iguaçu – 9º:

> *Assunto: Imposto sobre a Renda de Pessoa Física – IRPF*
> *Ementa : Depósitos Bancários. Sinais Exteriores de Riqueza. Não Caracterização.*
> Os depósitos bancários recebidos constituem – ante a falta de comprovação da origem dos recursos – indícios de irregularidade que devem ser apurados em aprofundamento da investigação fiscal. A tributação por sinais exteriores de riqueza com base nestes recebimentos *somente é cabível com a renda consumida* e desde que seja a modalidade de arbitramento mais benéfica ao contribuinte.
> (grifo nosso)

Assim, a renda disponível, econômica ou juridicamente, a ser tributada é, na pessoa física, o excedente, a sobra que restou, depois de tomado o patrimônio de anos anteriores, somados os acréscimos do ano e deduzida a renda consumida. Essa soma algébrica é que determina a base de cálculo do imposto sobre a renda: o acréscimo patrimonial, requisito essencial e necessário do conceito de renda. O acréscimo, na pessoa física, é a renda realizada, pressuposto essencial da disponibilidade econômica ou jurídica. Sem realização, existe apenas expectativa, não havendo disponibilidade.

Conclui-se, pois, que os prêmios liquidados em mercadoria não afetam a conta do imposto sobre a renda da pessoa física, pois não se constituem em renda realizada, disponível e suscetível de tributação. A renda poupada por força do benefício pode vir a ser um acréscimo patrimonial.

Os prêmios pagos em dinheiro, por sua vez, representam fluxo de recursos que deve ser computado na conta de imposto sobre a renda, desde que não consumidos, e esse consumo deve ser demonstrado, podendo, portanto, afetar positivamente seu cálculo final. Por fim, acresça-se que o dinheiro é mercadoria cuja única distinção em relação aos demais bens que estão no mercado é servir como padrão de troca para outro tipo de bem por força da lei, razão pela qual não se lhe deve atribuir qualquer tratamento diferenciado em relação aos demais itens de premiação.

5.3 Tratamento tributário na pessoa jurídica e na pessoa física

Do ponto de vista da norma infralegal, o Regulamento do Imposto sobre a Renda/RIR cuida da tributação na fonte, de prêmios, no art. 676, nas hipóteses de serem eles pagos em dinheiro por loterias, concursos de prognósticos desportivos e *sweepstakes*. Os prêmios pagos em bens e serviços, para efeitos de imposto sobre a renda na fonte são tratados no art. 677, mas apenas prêmios distribuídos que obedecem a especiais regras de registro e cadastro no Ministério da Fazenda[44].

Os prêmios sob análise, pagos por empresa privada a terceiros, eventuais e dependentes do exercício de certas condições, por seus destinatários, carecem de regulamentação específica e resultam, pontualmente analisados pela Secretaria da Receita Federal, em respostas a consultas que lhe são formuladas ou objeto de decisões da jurisprudência administrativa. Considerando-se que as formas e ferramentas de premiação adotadas usualmente na atividade ora analisada não correspondem a prêmio pago nas condições previstas nos arts. 676 e 677 do RIR, nem tampouco resultante de prestação de serviços, descabe sua tributação na fonte com base nesses dispositivos.

---

[44] Eventualmente, e de forma totalmente equivocada, as autoridades têm classificado o pagamento de prêmios como decorrente da prestação de serviços (trabalho não-assalariado) na forma do art. 628 do vigente RIR e, como tal, sujeito à tributação na fonte.

O art. 639 do RIR determina que os rendimentos pagos por pessoas jurídicas a pessoas físicas, para os quais não haja incidência específica, sejam tributados na fonte, observada a tabela progressiva. Ocorre que o encomendante não sabe, ao liberar o cartão de premiação (única hipótese de disponibilização de prêmios em dinheiro), se o beneficiário fará uso do mesmo e, se fazendo uso, de qual produto se servirá, pois: (i) se adquirir mercadorias nunca haverá renda realizada e (ii) se optar por recursos monetários, somente auferirá renda após computar sua totalidade frente à renda consumida. Por conseqüência, não há que se falar em fonte pagadora de renda.

Observe-se que na hipótese de o beneficiário utilizar-se do saque há um aspecto especial: os recursos não são creditados em sua conta bancária, mas integrando conta de terceiro, são liberados à medida que possa utilizá-los, portanto no momento da liberação, quando o encomendante não estará fazendo pagamento, crédito ou similar de rendimento que possa sujeitar-se à incidência na fonte, mas apenas liquidando despesas ou liberando recursos de terceiros, sem qualquer vínculo. Rigorosamente, não há a figura de fonte pagadora de renda, mas de pagamento por conta de outrem, o que afasta a possibilidade de tributação na fonte. Ressalte-se que não cabe, tampouco, na presente hipótese, a aplicação de tributação na fonte a título de pagamento a beneficiário desconhecido, pois todos os integrantes do programa são previamente conhecidos (art. 67 4, RIR)[45].

No que tange à pessoa física, os prêmios pagos em mercadorias[46] não necessitam ser declarados ou informados, pois não decorrem de remuneração por trabalho assalariado ou prestação de serviços de qualquer natureza, caracterizan-

---

[45] Saliente-se que as autoridades têm se posicionado de forma bastante confusa e indevidamente, em sentido inverso, em consultas formuladas por contribuintes a saber: (i) prêmios em dinheiro em concursos e competições promovidos por agência oficial de turismo: pela tributação no carnê-leão e na declaração como produto do trabalho assalariado ou não-assalariado, dependendo da relação entre o beneficiário e quem paga o prêmio (Sol. 7ª *RF* 14/02); (ii) prêmios em competições artísticas pela tributação na fonte e na declaração (Dec. 1ª *RF* 54/99); (iii) prêmios em competições científicas: pela tributação na fonte com base na tabela de incidência (Sol. 1ª *RF* 32/02); (iv) prêmios pagos a atletas profissionais: pela tributação na fonte e na declaração (Sol. COSIT 15/02); (v) loteria raspadinha: distribuição em bens e serviços, sujeita à tributação na fonte; (vi) prêmio oferecido por não-empregador, em bens: tributação exclusiva na fonte (Ac. 1° CC, 104-16.115/98).

[46] No caso de os prêmios concedidos serem bens duráveis (p. ex. automóvel), é possível que haja necessidade de serem arrolados na Declaração de Bens.

do-se como vantagem financeira potencial ou não realizada, portanto não disponível para o beneficiário. Os prêmios recebidos em dinheiro devem ser declarados, sob a rubrica "outros acréscimos" desde que não tenham sido consumidos, quando seus reflexos aparecerão na poupança resultante.

6. Mapeamento da atividade e suas inferências em outros países

Uma busca de *benchmarking*[47], em locais cuja realidade econômica se assemelhe à brasileira, com o fito de orientar uma eventual regulação da atividade no País, é salutar, pois experiências de terceiros são sempre válidas. De acordo com o que nos foi informado nas fontes pesquisadas[48] no exterior, Alemanha, Austrália, França, Inglaterra, Espanha e México adotam a ferramenta do incentivo motivacional para remuneração de colaboradores. A Austrália distingue as premiações como não tendo natureza salarial desde que não sejam pagas em dinheiro; Alemanha e México mantêm exceções à regra do enquadramento da premiação como de natureza salarial e a Espanha dá-lhe tratamento em consonância com o contrato firmado e que motiva o pagamento.

Considerando-se a natureza do prêmio, Alemanha e Espanha aplicam-lhe as correspondentes incidências previdenciárias, respeitando a Alemanha a tributação consoante à capacidade contributiva (valor do prêmio), sendo possível que determinados montantes sejam dispensados da tributação.

Todos os países pesquisados possuem legislação específica que regula a concessão de benefícios a colaboradores, exceto a Espanha. Os prêmios pagos a não empregados, na Austrália, são considerados como um prêmio pela performance acima do padrão esperado na prestação de serviços. Na França, a natureza jurídica desses pagamentos pode variar de acordo com a natureza do relacionamento entre a sociedade e o colaborador e suas obrigações recíprocas. Alemanha, México e Espanha estabelecem que a forma de contratação é premissa para a definição do tratamento a ser aplicado a esses valores e que não deverão ser tidos como salários os benefícios concedidos aos não empregados da sociedade.

---

[47] Aqui, adotou-se a expressão inglesa que significa "dados de referência", corrente entre economistas e administradores. Também *bench mark*.

[48] Elaborou-se pequena relação de perguntas dirigida às diversas firmas Price Waterhouse Coopers sediadas nos países referidos neste texto. As questões respondidas foram tabuladas e resumidas como acima.

7. A possibilidade de regulação do segmento: a segurança jurídica

O sucesso, respeito e importância econômica que a atividade de marketing promocional tem obtido nos últimos tempos sustenta-se nos próprios fundamentos econômicos das grandes corporações: a possibilidade de melhorar ambientes de trabalho, aumentar produtividade, vendas, motivar os atores que compõem a rede de atividades e de negócios, vinculando-os a determinados empreendimentos, julgados estratégicos pelas corporações que patrocinam as campanhas. Dessa forma, é possível afirmar que o marketing motivacional, na atividade empresarial, é alavancador de negócios e uma forma inovadora de aumentar os desafios empresariais.

É possível sumariar as principais vantagens decorrentes dessa modalidade de negócio, a saber:

(i)   Possibilidade de motivar agentes com funções relevantes na cadeia da atividade produtiva e de vendas, e que não tenham vínculo laboral com a empresa que pretende motivá-los, sendo, porém, instrumento de convergência de interesses e ações desses agentes independentes, resultado final esperado.

(ii)   Forma de oferecer vantagem, de maneira diferenciada e extraordinária, para agentes da cadeia, com vínculo laboral, objetivando resultados que extrapolam as obrigações previstas em contrato de trabalho ou qualquer outro que preveja a contraprestação de serviços.

(iii) Flexibilidade de uso por permitir a adoção de campanhas motivacionais em momentos considerados estratégicos, com duração determinada e por período estritamente necessário, evitando aumento de custos, atendendo às necessidades das empresas e representando possibilidade de ganhos eventuais e extraordinários para os beneficiários que aderirem às suas condições.

(iv)   Auto-sustentabilidade e aumento de lucratividade na medida em que os incentivos estreitam relacionamentos entre fabricantes e distribuidores e, como compensação desses esforços, as empresas acumulam resultados de vendas capazes de subsidiar todo o investimento nas campanhas, permitindo futuros novos investimentos.

(v)   Capacidade de fomentar ou maximizar o crescimento econômico do país e a geração de melhoria de poder aquisitivo em cadeias completas (desde o fabricante até os agentes de vendas ou pós-vendas, muitas vezes pulverizados pelo país).

(vi) Competitividade em relação a concorrentes internacionais, considerando-se (i) globalização cada vez maior das relações negociais e econômicas, o que acirra a competição entre corporações ditas globais, e (ii) adoção desse modelo de negócio como ferramenta poderosa de motivação e obtenção de melhores resultados corporativos em muitos países, cabendo aos empreendedores locais (brasileiros) tomarem atitudes e implementarem, entre outras ações, campanhas que possam atingir os objetivos estratégicos, resultando em melhores condições de competição com concorrentes internacionais.

(vii) Capacidade de geração de novos postos de trabalho, considerando (i) tratar-se de mercado ainda incipiente no Brasil, e (ii) ser atividade de prestação de serviços, segmento que mais têm gerado necessidade de mão de obra no País, com possibilidade de propiciar o surgimento de novos postos de trabalho à medida que o mercado de marketing de incentivos seja mais explorado, estruturado e adquira notoriedade por meio da difusão de seus programas.

7.1 Da elaboração de legislação aplicável à atividade

Por se tratar de atividade recente no Brasil, o marketing promocional e de incentivos motivacionais não foi, ainda, objeto de legislação própria para regular a atividade e seus agentes, razão pela qual muitos confundem a atividade com suas ferramentas. A falta de conhecimento desse tipo de negócio pode trazer um indevido entendimento de seu tratamento legal.

A afirmativa comum entre juristas "não existe nada fora do Direito, pois que o sistema jurídico tudo alberga, ainda que sob a linguagem binária do permitido/proibido" foi comprovada na análise ora efetivada: o tema foi totalmente enquadrado nos sistema jurídico brasileiro, sem nenhum prejuízo, inclusive porque a lei admite contratos atípicos, desde que observadas as condições mínimas para tanto impostas. Contudo, quando um fato do mundo se torna um valor social, passa a merecer tratamento específico em lei e, nesse caso, a regulação de uma atividade e de seus reflexos legais opera como fator positivo a todos que dela fazem uso, potencializando sua aplicação com as conseqüências positivas acima descritas.

Qualquer regulação, por lei, que se pretenda implementar deve conter:

(i) Definição da atividade e dos atores nela envolvidos, a saber: cliente, agência e beneficiário;

(ii)　caracterização da profissão e do profissional que atua na área;

(iii)　natureza jurídica das diversas relações que se desenvolvem no negócio de marketing promocional e de incentivos e entre seus agentes;

(iv)　natureza jurídica do prêmio pago ao beneficiário e seus reflexos;

(v)　fiscalização da atividade e penalidades;

(vi)　disposições gerais necessárias ao funcionamento do segmento.

São objetivos da regulação e devem constar da Exposição de Motivos:

(i)　melhor compreensão da atividade;

(ii)　necessidade de estruturação e registro de sociedades para a prestação de serviços dessa natureza;

(iii)　redução da possibilidade de iniciativas amadoras ou com propósitos que divergem dos interesses e propósitos originais do segmento e da própria atividade, evitando que seja feito mau uso das ferramentas e instrumentos disponibilizados em programas dessa natureza;

(iv)　possibilidade de fiscalização das ações e dos agentes por parte dos órgãos competentes, mitigando a possibilidade de desvirtuamento da atividade e de suas ferramentas;

(v)　maior transparência e conseqüente incremento do mercado, cuja especialidade é motivar agentes a promover melhorias em diversas áreas voltadas à produção e vendas, via concessão de vantagens e prêmios extraordinários.

7.2 A elaboração de legislação como solução ao debate equivocadamente proposto em matéria tributária e previdenciária

Há duas grandes questões equivocadamente propostas e que envolvem a atividade de marketing promocional e de incentivos: a incidência do imposto sobre a renda na fonte sobre os prêmios pagos, em dinheiro ou em bens, e a incidência da contribuição previdenciária sobre prêmios pagos a empregados. A produção legislativa poria fim a esse debate e eliminaria, de vez, todas as divergências que sobre ela pairam.

(a) Da incidência do Imposto sobre a Renda na Fonte

Como já se comentou, não há previsão legal para a tributação na fonte de prêmios concedidos nos moldes ora analisados. Conquanto esse argumento seja definitivo para afastar a exigência de qualquer incidência na fonte, muitos entendem que a ausência de previsão pode ser explicada pela razoável novidade que a atividade representa como também pela própria natureza do benefício concedido. Qualquer que seja o motivo, a ausência de expressa regulação vem acarretando entre os usuários do incentivo a sensação de insegurança jurídica que por vezes limita a utilização das ferramentas de marketing motivacional, resultando em um dos mais importantes óbices ao seu desenvolvimento. Pelas dificuldades apresentadas, muitos propõem que se faça lei própria para regular a matéria com o fito de excluir, expressamente, da incidência do imposto sobre a renda na fonte o correspondente prêmio, tributando-se apenas na declaração de ajuste[49]. Essa proposta, como se demonstrou neste estudo, é desnecessária por equivocada, embora manifestação expressa de lei possa ajudar a eliminar as divergências.

(b) Da contribuição previdenciária

Como já analisado e concluído no item (3) deste estudo, em nenhuma hipótese a vantagem ou prêmio recebidos em virtude de programas de incentivos comporiam base de cálculo da contribuição previdenciária posto que: (i) o prêmio não tem natureza de verba salarial, (ii) não se destina a retribuir trabalho, (iii) tem natureza aleatória e principalmente eventual.

Essa matéria, no entanto, apresenta-se controversa em muitas situações, razão pela qual uma eventual regulação do tema, por lei ordinária, permitiria incluir dispositivo no sentido de enfatizar a natureza contratual de direito civil de que o prêmio em referência desfruta. Acrescente-se que tendo ele natureza eventual, insere-se no conceito de ganho eventual não tributado pela contribuição previdenciária, na forma do art. 28, da Lei n. 8.212/91. Nada impediria, entretanto, que por uma questão de cautela, se fizesse inserir disposição na regulação no sentido de que em nenhuma hipótese o prêmio vinculado a esse incentivo é tributado pela contribuição previdenciária, ainda que pago por empregador.

---

[49] Essa disposição, que se sugere que seja introduzida por meio de lei ordinária, poderia também ser acolhida no Livro III do Regulamento do Imposto sobre a Renda – RIR, capítulo IV, "rendimentos diversos".

Referências Bibliográficas

BARRETO, Aires F. ISS – não incidência sobre a franquia. *Revista dos Tribunais,* São Paulo: RT, n. 64, 1994.

COBRA, Marcos. *Administração de marketing no Brasil.* 2. ed. São Paulo: Cobra Editora & Marketing, 2006.

DINIZ, Maria Helena. *Tratado teórico e prático dos contratos.* 2. ed. ampl. e atual. São Paulo: Saraiva, 1996. 5 v.

GOMES, Orlando. *Contratos.* 12. ed. 4. tir. Rio de Janeiro: Forense, 1991.

HOUAISS, Antonio; VILLAR, Mauro de Salles. *Dicionário Houaiss da língua portuguesa.* Rio de Janeiro: Objetiva, 2001.

KOTLER, P.; ARMSTRONG, G. *Princípios de marketing.* 9. ed. São Paulo: Prentice Hall, 2003.

KOTLER, Philip. *Marketing.* São Paulo: Compacta, 1980.

KOTLER, Philip. *Administração de marketing.* 10. ed. São Paulo: Prentice Hall, 2001.

MANNRICH, Nelson. Contratação de serviços intelectuais por meio de pessoa jurídica: mitos e realidades. *Revista do Advogado, Homenagem a Octavio Bueno Magano,* AASP, n. 86, p. 57-62, jul. 2006.

MARTINS, Sergio Pinto. *Direito do trabalho.* 23. ed. São Paulo: Atlas, 2007.

MASCARO, Amauri. *Iniciação ao direito do trabalho.* 28. ed. São Paulo: LTr, 2002.

PONTES DE MIRANDA. *Tratado de direito privado.* 3. ed., 2.reimp. São Paulo: RT, 1984. v. 45.

STIGLITZ, Joseph. *A globalização e seus maléficos:* a promessa não cumprida de instituições globais. Tradução de Bazian Tecnologia e Lingüística. São Paulo: Futura, 2002.

SUSSEKIND, Arnaldo. *Instituições de direito do trabalho.* 20. ed. São Paulo: LTr, 2002. v. I.

TORRES, Silvana. *Marketing de incentivos.* São Paulo: Atlas, 2001.

Considerações jurídico-tributárias a respeito das atividades de marketing de incentivo

Paulo de Barros Carvalho

I. DA CONSULTA

O Comitê de Marketing de Incentivo da Associação de Marketing Promocional (AMPRO) questiona-me sobre os aspectos tributários da sistemática de premiação praticada por empresas especializadas em planejar, desenvolver e gerenciar programas de marketing de relacionamento, motivação, incentivo e fidelidade.

Esclarece que a atividade de marketing de incentivo tem por objeto a motivação de colaboradores internos (empregados da empresa contratante) e externos (terceiros, sem vínculo empregatício com o patrocinador). Os colaboradores que se destacam são reconhecidos e recebem prêmios que podem assumir as mais variadas formas: simbólicos, como troféus ou medalhas; cartões de débito utilizados para compras de bens e serviços em estabelecimentos afiliados ou saques em dinheiro junto a bancos credenciados; cartões de débito utilizados para compras em certas redes de lojas que vendem bens e serviços; *vouchers* de compras com valor expresso em reais, utilizados somente para aquisições em rede de lojas credenciadas por empresas de marketing de incentivo; entrega de bens ou serviços, como televisores, refrigeradores, viagens etc.; e pontos, que podem ser acumulados e trocados por prêmios disponibilizados em catálogos específicos.

Para empreender campanhas desse tipo, as empresas contratam entidades especializadas em marketing de incentivo, as quais, com seu *know-how*, planejam, criam, organizam e desenvolvem campanhas motivacionais, conforme as necessidades e interesses do cliente.

Tendo em vista as particularidades do marketing de incentivo, bem como do prêmio concedido em função do atingimento das metas propostas aos colaboradores, o Consulente solicita que me manifeste sobre os seguintes temas:

(i) "natureza jurídica" do prêmio;

(ii) juridicidade da incidência de contribuição previdenciária sobre os prêmios oferecidos a empregados e a terceiros, consideradas as diversas formas de premiar (em dinheiro, bens, cartões de premiação, *vouchers* substituíveis por bens ou pontos);

(iii) forma de tributação, pelo imposto sobre a renda, dos prêmios concedidos a empregados e a terceiros;

(iv) possibilidade de a empresa contratante deduzir de seu lucro, para fins de cálculo do IR e da CSLL, os valores correspondentes aos prêmios entregues;

(v) responsabilidade tributária das empresas de marketing;

(vi) prazo de decadência aplicável às contribuições previdenciárias.

Para cumprir os objetivos propostos neste trabalho, consignarei, de início, a visão do fenômeno jurídico dentro da qual as idéias serão compostas, perfazendo blocos de enunciados e de argumentos coerentes e plenos de sentido. Percorrendo as prescrições veiculadas na Constituição da República e na normatização infraconstitucional, será possível atingir o cerne da problemática, proporcionando à Consulta uma resposta clara e objetiva, com suporte nos preceitos do direito positivo vigente.

II. DO PARECER

1. Direito Tributário Positivo e de Ciência do Direito Tributário: o caráter unitário do sistema jurídico

É missão penosa aquela de tracejar os limites da área que interessa ao estudo do direito tributário, ainda que a proposta seja fazê-lo para efeitos meramente didáticos. O motivo desse embaraço está na necessidade de reconhecermos o caráter absoluto da unidade do sistema jurídico. Mesmo em obséquio a *finalidades didáticas,* não deixaria de ser a cisão do incindível, a seção do inseccionável.

Com efeito, a ordenação jurídica é una e indecomponível. Seus elementos – as unidades normativas – encontram-se irremediavelmente entrelaçados pelos vínculos de hierarquia e pelas relações de coordenação, de tal modo que tentar conhecer regras jurídicas isoladas, como se prescindissem da totalidade do conjunto, seria ignorá-lo enquanto sistema de proposições prescritivas. Uma coisa é certa: qualquer definição que se pretenda há de respeitar o princípio da unidade sistemática e, sobretudo, partir dele, isto é, dar como pressuposto que um número imenso de preceitos jurídicos, dos mais variados níveis e dos múltiplos setores, aglutinam-se para formar essa mancha normativa cuja demarcação rigorosa e definitiva é algo impossível.

Tomemos o exemplo da regra-matriz de incidência do Imposto Predial e Territorial Urbano (IPTU), de competência dos Municípios. A hipótese normativa, em palavras genéricas, é *ser proprietário, ter o domínio útil ou a posse de bem imóvel, no perímetro urbano do Município, num dia determinado do exercício*. O assunto é eminentemente tributário. E o analista inicia suas indagações com o fito de bem apreender a descrição legal. Ser proprietário é conceito desenvolvido pelo direito civil. A posse também é instituto versado pelos civilistas e o mesmo se diga do domínio útil. E bem imóvel? Igualmente, é tema de direito civil. Até agora, estivemos investigando matéria tributária, mas nos deparamos apenas com instituições características do direito civil. Prossigamos. A lei que determina o perímetro urbano do Município é entidade cuidada e trabalhada pelos administrativistas. Então, saímos das províncias do direito civil e ingressamos no espaço do direito administrativo. Mas estamos estudando direito tributário... O Município, por sua vez, nada mais é que pessoa política de direito constitucional interno. Penetremos, assim, nas quadras do direito constitucional. Mas não procuramos saber de uma realidade jurídico-tributária? Exato. É que o direito é uno, tecido por normas que falam do comportamento social, nos mais diferentes setores de atividade e distribuídas em vários escalões hierárquicos. Intolerável desconsiderá-lo como tal.

De que maneira, entretanto, poderíamos enunciar a definição desse espaço do saber jurídico, simplesmente para o atendimento de fins didáticos, prestigiando, contudo, o cânone da unidade? Estamos em que o direito tributário positivo é o ramo didaticamente autônomo do direito, integrado pelo conjunto das proposições jurídico-normativas que correspondam, direta ou indiretamente, à instituição, arrecadação e fiscalização de tributos. Compete à Ciência do Direito Tributário descrever esse objeto, expedindo proposições declarativas que nos permitam conhecer as articulações lógicas e o conteúdo orgânico desse núcleo normativo, dentro de uma concepção unitária do sistema jurídico vigente.

Curemos das estipulações, uma a uma, utilizadas para demarcar o conceito de direito tributário positivo e, em função dele, o de Ciência do Direito Tributário.

(i) *É o ramo didaticamente autônomo do direito.* Com isso se predica banir a pretensa *autonomia científica* que chegam a lhe conferir autores da melhor suposição. Repetimos a inadmissibilidade de tais foros de autonomia científica, sem destruir aquele que é o mais transcendental entre os princípios fundamentais do direito: o da unidade do sistema jurídico. O direito tributário está visceralmente ligado a todo o universo das regras jurídicas em vigor, não podendo dispensar, nas suas construções, qualquer delas, por mais distante que possa parecer.

(ii) *Integrado pelo conjunto das proposições jurídico-normativas.* Emprega-se a locução *proposições jurídico-normativas*, genericamente, para dizer duas coisas: primeira, que nada mais contribui para a formação desse campo, senão prescrições ditadas pela ordem jurídica em vigor. Segunda, que a geografia das normas tributárias deve ser encontrada entre unidades situadas nos diversos patamares do ordenamento posto, tais como Constituição da República, leis complementares, leis delegadas, leis ordinárias, medidas provisórias, decretos legislativos, resoluções e assim também em atos normativos de estatura infralegal, como os decretos do Executivo, instruções ministeriais, portarias, ordens de serviço etc. Incluem-se, evidentemente, nesse quadro, os atos de cunho jurisdicional, sejam eles individuais ou colegiais, que constituem as manifestações de nossos jurisprudentes.

(iii) *Que correspondam, direta ou indiretamente, à instituição, arrecadação e fiscalização de tributos.* Não se pode estabelecer fronteiras que isolem o campo das normas jurídico-tributárias, pois não existe aquela que, imediata ou mediatamente, deixe de interessar ao estudo do direito tributário. Sejam as normas conhecidas como de natureza comercial, civil, processual, constitucional, trabalhista etc., a verdade é que a existência de determinada relação jurídica pode buscar seu fundamento em qualquer dessas prescrições, atraindo-a para o terreno de estudo que se dispõe a analisar a instauração daquele vínculo. Em poucas palavras, quer afirmar-se que o tratamento científico desse ramo do direito não abrange só as proposições normativas que se referem diretamente à instituição, arrecadação e fiscalização de tributos, mas, igualmente, aquelas que de forma indireta possam vir a interessar a essa matéria, sempre que forem necessárias para integrar o conteúdo, sentido e alcance das primeiras ou na precisa dimensão em que sirvam para explicitar os efeitos jurídicos delas decorrentes.

Com instituição, arrecadação e fiscalização de tributos queremos abraçar não só o nascimento, a vida e a extinção das relações jurídico-tributárias como também momentos anteriores ao surgimento daqueles liames, quando existem apenas meros princípios a serem observados no processo de elaboração legislativa ou, ainda, sempre que tais laços vierem a ser objeto de qualquer indagação de caráter jurídico, conquanto já extintos.

Do exposto deflui que haverão de integrar o quadro de investigação do direito tributário, por sobejas razões, institutos como o lançamento e as disposições relativas à arrecadação e fiscalização de tributos, mesmo que suscetíveis de serem estudados por outros segmentos didáticos do direito. A propósito, aliás, tão absurda é a pretensa autonomia do direito tributário quanto descabida é a discussão a respeito de ser esse ou aquele instituto privativo desse ou daquele ramo do direito.

Ciente do caráter unitário e indecomponível do sistema do direito positivo, o legislador do Código Tributário Nacional vedou, expressamente, que conceitos de direito privado fossem modificados para fins de tributação:

> Art. 110. A lei tributária não pode alterar a definição, o conteúdo e o alcance de institutos, conceitos e formas de direito privado, utilizados, expressa ou implicitamente, pela Constituição Federal, pelas Constituições dos Estados, ou pelas Leis Orgânicas do Distrito Federal ou dos Municípios, para definir ou limitar competências tributárias.

A formulação transcrita, a bem do rigor, nem precisaria existir. É claro que uma Constituição rígida não poderia ser alterada por lei, quanto mais no campo temático das definições dos termos relativos ao alcance dos institutos, conceitos e formas de direito privado, utilizados para a discriminação das competências tributárias. O empenho do constituinte cairia em solo estéril se a lei infraconstitucional pudesse ampliar, modificar ou restringir os conceitos utilizados naqueles diplomas para desenhar as faixas de competências oferecidas às pessoas políticas.

A inalterabilidade dos institutos de direito privado empregados na demarcação da competência tributária é, pois, imposição lógica da hierarquia do nosso sistema jurídico. Mesmo assim, naquela dimensão que alguns chamam, impropriamente, de didática do Código Tributário Nacional, ficou esclarecida e reforçada a impossibilidade cabal de expedientes dessa natureza.

2. Palavras introdutórias sobre a interpretação, considerando a integridade lógico-semântica do direito posto

A devida compreensão do problema trazido aos meus cuidados envolve uma tomada de posição firme e decisiva perante o sistema do ordenamento normativo brasileiro, em termos de vê-lo como um todo, na sua inteireza lógico-semântica, fugindo, por esse modo, de construções que se mantenham atreladas à literalidade do texto, presas ao suporte físico, e que poderiam provocar reações precipitadas do nosso espírito, levando-o a gerações de sentido forjadas em descompasso com a orientação da ordem em vigor. O contato que o intérprete trava com o plano de expressão, lembremo-nos bem disso, é apenas o início do percurso gerativo de sentido, após o que deverá ele ingressar na dimensão dos conteúdos significativos dos enunciados para, ulteriormente, articular significações, compondo as normas jurídicas, consideradas aqui como o mínimo formal indispensável para que a mensagem deôntica se apresente na sua integralidade significativa. Nenhum comando do direito posto, vertido sobre o campo material das condutas inter-subjetivas, terá sentido completo, enquanto mensagem dirigida à regulação de comportamentos inter-humanos, sem se apresentar na forma lógica dos juízos hipotético-condicionais, *modus* sintático próprio para a apresentação das normas jurídicas. E sua projeção semântica dependerá, fundamentalmente, da boa esquematização formal que a regra venha a oferecer.

Daí por que o projeto semiótico, aplicado à linguagem normativa, tem adquirido tanta difusão e tão ampla aceitabilidade como poderoso instrumento de interpretação do direito.

Convém esclarecer que a doutrina tem aconselhado vários métodos de interpretação, quais sejam: literal ou gramatical, histórico ou histórico-evolutivo, lógico, teleológico e sistemático. Contudo, tomado o direito positivo como camada lingüística vazada em termos prescritivos, com um vetor dirigido ao comportamento social, nas relações de intersubjetividade, este deve ser interpretado com base nos métodos empregados em sistemas de linguagem. E o conhecimento de toda e qualquer manifestação de linguagem pede a investigação de seus três planos fundamentais: a sintaxe, a semântica e a pragmática. Só assim reuniremos condições de analisar o conjunto de símbolos gráficos e auditivos que o ser humano emprega para transmitir conhecimentos, emoções, formular perguntas ou, como é o caso do direito positivo, transmitir ordens, substanciadas em direitos e deveres garantidos por sanções.

O plano sintático é formado pelo relacionamento que os símbolos lingüísticos mantêm entre si, sem qualquer alusão ao mundo exterior ao sistema. O semântico diz respeito às ligações dos símbolos com seus significados, as quais, tratando-se da linguagem jurídica, são os modos de referência à realidade: qualificar fatos para alterar normativamente a conduta. E o pragmático é tecido pelas formas segundo as quais os utentes da linguagem a empregam na comunidade do discurso e na comunidade social para motivar comportamentos.

Pertencem ao plano sintático todos os critérios que se detêm no arranjo dos signos jurídicos. A boa disposição das palavras, na frase normativa, é condição para o sentido da mensagem. A chamada *interpretação literal* é um passo nesse longo caminho e o *método lógico* de interpretação também opera no nível da sintaxe. Aliás, a Lógica Jurídica ou Lógica Deôntico-jurídica desenvolve-se a partir das estruturas sintáticas. E não é só isso. Aquele trabalho prévio a que Carlos Maximiliano chama de *crítica* é igualmente atividade no campo da sintaxe, consistente na verificação da constitucionalidade da regra, da autenticidade do preceito, em função do procedimento legislativo que o teve como resultado ou da competência do juiz que proferiu a sentença. São todos exercícios que o exegeta faz sob o ângulo sintático.

Não há qualquer exagero em afirmar que os problemas relativos à validade das normas jurídicas, à constitucionalidade de regras do sistema, são questões que têm um lado sintático e, em parte, podem ser estudadas no plano da gramática jurídica. Dizem respeito à correta posição que as unidades normativas devem manter no arcabouço do direito. Por sua vez, situam-se no prisma semântico os importantes estudos das denotações e conotações dos termos jurídicos. E implementa-se a investigação da linguagem pela verificação do plano pragmático, em que radicam muitos dos problemas atinentes à eficácia, à vigência e à aplicação das normas jurídicas, incluindo-se o próprio fato da interpretação, com seu forte ângulo pragmático. A aplicação do direito é promovida por alguém que pertence ao contexto social por ele regulado e emprega os signos jurídicos em conformidade com pautas axiológicas comuns à sociedade.

Atingindo esse ponto, não é difícil distribuir os citados *métodos de interpretação* pelas três plataformas da investigação lingüística. Os métodos literal e lógico estão no plano sintático, enquanto o histórico e o teleológico influem tanto no nível semântico quanto no pragmático. O critério sistemático de interpretação envolve os três planos e é, por isso mesmo, exaustivo da linguagem do direito.

Isoladamente, só o último (sistemático) tem condições de prevalecer, exatamente porque pressupõe os anteriores. É, assim, considerado o método por excelência.

De qualquer modo, a exegese dos textos legais, para ser completa, tem de valer-se de incursões nos níveis sintático, semântico e pragmático da linguagem jurídica, única forma de chegar-se ao conteúdo intelectual.

O estudo do caso concreto que estrutura a presente Consulta não deve receber tratamento diferente. Nenhum dos níveis de linguagem pode deixar de ser examinado. Por isso, empreenderei o exame sistemático das normas jurídicas que disciplinam a incidência das contribuições previdenciárias e do imposto sobre a renda, considerando, ainda, as regras delimitadoras do conceito de "salário" e de "remuneração pelo serviço prestado". Não se pode jamais desprezar o fato de que as prescrições que regulam a tributação estão imersas no sistema tributário brasileiro, exigindo, sua interpretação, o exame do ordenamento como um todo, único e uno.

3. A repartição constitucional das competências tributárias como delimitadora do possível campo de atuação de cada pessoa política

Competência, com as acepções encontradas no direito positivo, na jurisprudência e na doutrina, é termo específico do vocabulário técnico-jurídico. Quando empregado na Constituição para autorizar as pessoas políticas de direito constitucional interno a legislarem sobre matéria tributária, falamos em "competência tributária". Trata-se de especificação da competência legislativa, posta como aptidão de que são dotadas aquelas pessoas para expedir regras jurídicas, inovando o ordenamento positivo e que se opera pela observância de uma série de atos, cujo conjunto caracteriza o procedimento legislativo. A despeito da locução "competência tributária" experimentar outras tantas acepções, na própria simbologia do direito tributário brasileiro, focalizarei este modo de emprego da palavra, circunscrito à atividade de legislar sobre o assunto, em termos pioneiros na sistemática positiva.

Nesse sentido, a competência tributária apresenta-se como uma das parcelas entre as prerrogativas legiferantes das quais são portadoras as pessoas políticas, consubstanciada na faculdade de legislar para a produção de normas jurídicas sobre tributos. Trata-se de tema eminentemente constitucional. Uma vez cristalizada a delimitação do poder legiferante, pelo seu legítimo agente (o constituinte), a matéria dá-se por pronta e acabada, carecendo de sentido sua reabertura em nível infraconstitucional.

A Constituição da República é extremamente analítica, relacionando as hipóteses onde as pessoas jurídicas de direito público, por intermédio dos respectivos poderes legislativos, estão habilitadas à instituição de tributos:

(i)   Quanto aos impostos (tributos não-vinculados de acordo com a classificação de Geraldo Ataliba), os elementos relevantes para sua fisionomia jurídica encontram-se estipulados no sistema constitucional tributário brasileiro de modo minucioso. As situações suscetíveis de integrarem o critério material dos impostos de competência da União, dos Estados, do Distrito Federal e dos Municípios foram previstas, respectivamente, nos arts. 153, 155 e 156, remanescendo aberta apenas a faixa de competência tributária da União, em face da possibilidade residual estabelecida no art. 154, I do Texto Supremo.

(ii) As taxas e as contribuições de melhoria, tributos direta e indiretamente vinculados à atuação estatal, respectivamente, podem ser instituídos por qualquer dos entes tributantes. Conquanto à primeira vista pareça que o constituinte não repartiu entre eles o poder para criar taxas, tal equívoco se desfaz por meio do exame dos dispositivos constitucionais que disciplinam as competências administrativas das várias esferas da Federação: a União, Estados, Distrito Federal e Municípios só estão autorizados a instituir e cobrar taxas conforme desempenhem a atividade que serve de pressuposto para sua exigência. O mesmo raciocínio deve ser efetuado com relação às contribuições de melhoria: tendo em vista a necessária vinculação (ainda que indireta) à atuação estatal, é permitida sua instituição apenas pela pessoa jurídica de direito público que realizar a obra pública geradora de valorização imobiliária aos particulares.

(iii) Os empréstimos compulsórios, por sua vez, são de competência privativa da União. Não obstante essa exação possa revestir qualquer das formas que correspondam às espécies do gênero tributo (imposto, taxa ou contribuição de melhoria), conforme a hipótese de incidência e a base de cálculo eleitos pelo legislador, a disciplina jurídico-tributária ao qual está sujeita apresenta uma série de peculiaridades, relacionadas no art. 148, incisos I e II, da Constituição. A União só pode fazer uso desse tributo (i) para atender a despesas extraordinárias, decorrentes de calamidade pública, de guerra externa ou sua iminência; e (ii) no caso de investimento público de caráter urgente e de relevante interesse nacional, devendo introduzi-los no ordenamento, necessariamente, por meio da edição de lei complementar.

(iv) Por fim, a Carta Magna faculta, no art. 149, a criação de contribuições[1], atribuindo essa competência exclusivamente à União, com exceção das contribuições cobradas dos servidores públicos, destinadas ao financiamento de seus sistemas de previdência e assistência social, cuja exigência é autorizada aos Estados, Distrito Federal e Municípios, e da contribuição para custeio do serviço de iluminação pública, atribuída aos Municípios e Distrito Federal pelo art. 149-A e parágrafo único, introduzidos pela Emenda Constitucional n. 39/2002. Também com relação a esse tributo o constituinte foi expresso ao impor limitações à atuação legislativa infraconstitucional, exigindo observância ao regime jurídico tributário, com especial rigor no que diz respeito às contribuições sociais destinadas ao financiamento da seguridade social, para as quais delimitou as hipóteses susceptíveis de tributação, exigindo, para o exercício de competência residual, o cumprimento dos requisitos do art. 154, I, do Texto Maior (art. 195, § 4º, da CF/88).

Nesses termos, observa-se quão rígido é o sistema constitucional tributário brasileiro, não podendo esse fato ser ignorado pelo legislador infraconstitucional e pelo aplicador do direito, que estão obrigados a trilhar o caminho seguro e pormenorizado pela Constituição.

4. A regra-matriz de incidência tributária

Norma jurídica, em acepção estrita, é a expressão mínima e irredutível (com perdão do pleonasmo) de manifestação do deôntico, com sentido completo. Isso porque os comandos jurídicos, para serem compreendidos no contexto de uma comunicação bem sucedida, devem revestir um *quantum* de estrutura formal. Certamente, ninguém entenderia uma ordem, em todo seu alcance, apenas com

---

[1] À semelhança do que ocorre com os empréstimos compulsórios, também as contribuições podem assumir a feição de impostos ou taxas conforme sua hipótese de incidência, confirmada pela base de cálculo, seja vinculada ou não a uma atuação estatal.

a indicação, por exemplo, da conduta desejada: "pague a quantia de x reais". Adviriam, desde logo, algumas perguntas e, no segmento das respectivas respostas, chegaríamos à fórmula que tem o condão de oferecer o sentido completo da mensagem, com a identificação da pessoa titular do direito, do sujeito obrigado e, ainda, como, quando, onde e por que deve fazê-lo. Somente então estaríamos diante daquela unidade de sentido que as prescrições jurídicas necessitam para serem adequadamente cumpridas. Em simbolismo lógico é representada pela fórmula $D[F{\rightarrow}(S'RS'')]$, que interpreto: *deve ser que, dado o fato F, então se instale a relação jurídica R entre os sujeitos S' e S''*.

Diante do princípio da homogeneidade sintática das regras do direito positivo, não pode ser outra a conclusão senão aquela segundo a qual as normas jurídicas tributárias ostentam a mesma estrutura formal de todas as entidades do conjunto, diferençando-se apenas nas instâncias semântica e pragmática. Caracterizam-se por incidir em determinada região do social, marcada por acontecimentos economicamente apreciáveis, atrelados a condutas obrigatórias da parte dos administrados, as quais consistem em prestações pecuniárias em favor do Estado-Administração. Todavia, se o esquema lógico ou sintático permanece estável, em toda a extensão do sistema, outro tanto não ocorre no plano semântico.

Convém assinalar que, no domínio das chamadas "normas tributárias", nem todas as unidades dizem respeito, propriamente, ao fenômeno da percussão impositiva. Várias estipulam diretrizes gerais ou fixam providências administrativas para imprimir operatividade a tal pretensão. São poucas, individualizadas e especialíssimas as definidoras da incidência tributária, conotando eventos de possível ocorrência e prescrevendo os elementos da obrigação de pagar. Para uma aproximação mais breve, como expediente didático, pode-se até afirmar que existe somente uma para cada figura tributária, acompanhada por numerosas regras de caráter funcional. É firmado nessa base empírica que passo a designar "norma tributária em sentido estrito" aquela que assinala o núcleo do impacto jurídico da exação. E esta, exatamente por instituir o âmbito de incidência do tributo, é também denominada "norma-padrão" ou "regra-matriz de incidência tributária".

A construção da regra-matriz de incidência, assim como de qualquer norma jurídica, é obra do intérprete, a partir dos estímulos sensoriais do texto legislado. Sua hipótese prevê fato de conteúdo econômico, enquanto o conseqüente estatui vínculo obrigacional entre o Estado, ou quem lhe faça as vezes, na condição de sujeito ativo, e uma pessoa física ou jurídica, particular ou pública, como sujeito passivo, de modo que o primeiro ficará investido do direito subjetivo público de exigir, do segundo, o pagamento de determinada quantia em dinheiro. Em contrapartida, o sujeito passivo será cometido do dever jurídico de prestar aquele objeto. Essa meditação nos autoriza a declarar que, para obter-se a fórmula abstrata da regra-matriz de incidência, é mister isolar as proposições em si, como formas de estruturas sintáticas; suspender o vector semântico da norma para as situações objetivas, constituídas por eventos do mundo e por condutas; bem como desconsiderar os atos psicológicos de querer e de pensar a norma. Efetuadas as devidas abstrações lógicas, identificaremos, no descritor da norma, um critério material (comportamento de uma pessoa, representado por verbo pessoal e de predicação incompleta, seguido pelo complemento), condicionado no tempo (critério temporal) e no espaço (critério espacial). Já na conseqüência, observaremos um critério pessoal (sujeito ativo e sujeito passivo) e um critério quantitativo (base de cálculo e alíquota). A conjunção desses dados referenciais nos oferece a possibilidade de exibir, na sua plenitude, o núcleo lógico estrutural da proposição normativa:

$$D\{[Cm(v.c).Ce.Ct] \rightarrow [Cp(Sa.Sp).Cq(bc.al)]\}$$

Explicando os símbolos dessa linguagem formal, teremos: "D" é o dever-ser neutro, interproposicional, que outorga validade à norma jurídica, incidindo sobre o conectivo implicacional para juridicizar o vínculo entre a hipótese e a conseqüência. "[Cm(v.c).Ce.Ct]" é a hipótese normativa, em que "Cm" é o critério material da hipótese, núcleo da descrição fáctica; "v" é o verbo, sempre pessoal e de predicação incompleta; "c" é o complemento do verbo; "Ce" é o critério espacial; "Ct" o critério temporal; "." é o conectivo conjuntor; "→" é o símbolo do conectivo condicional, interproposicional; e "[Cp(Sa.Sp).Cq(bc.al)]" é o conseqüente normativo, em que "Cp" é o critério pessoal; "Sa" é o sujeito ativo da obrigação; "Sp" é o sujeito passivo. Em seguida, "Cq" é o critério quantitativo; "bc" é a base de cálculo; e "al" é a alíquota.

5. Natureza jurídico-tributária das contribuições

Não é de agora que advogo a tese de que as chamadas "contribuições" têm natureza tributária. Tenho-as visto, sempre, como figuras de impostos ou de taxas, em estrita consonância com o critério constitucional consubstanciado naquilo que nominamos de *tipologia tributária* no Brasil. Todo o suporte argumentativo calcava-se na orientação do sistema, visto e examinado na sua integridade estrutural.

Assim, outra coisa não fez o legislador constituinte senão prescrever manifestamente que as contribuições são entidades tributárias, subordinando-se, em tudo e por tudo, às linhas definitórias do regime constitucional peculiar aos tributos.

A redação do art. 149, *caput,* da CF está assim composta:

> Art. 149. Compete exclusivamente à União instituir contribuições sociais, de intervenção no domínio econômico e de interesse das categorias profissionais ou econômicas, como instrumento de atuação nas respectivas áreas, observado o disposto nos arts. 146, III, e 150, I e III, e sem prejuízo do previsto no art. 195, § 6º, relativamente às contribuições a que alude o dispositivo.

Certifiquemo-nos. O art. 146, III, prevê que as normas gerais sobre matéria tributária deverão ser introduzidas no ordenamento mediante lei complementar, dispondo, entre outros pontos, a respeito do "fato gerador", da base de cálculo, dos contribuintes, da obrigação, do lançamento, da prescrição e da decadência. O art. 150, I, veda a possibilidade de exigir-se ou aumentar-se tributo sem que a lei o estabeleça (princípio da estrita legalidade), enquanto o inciso III consagra os cânones da irretroatividade e da anterioridade. Por fim, o art. 195, § 6º, cuida das contribuições para a seguridade social, excepcionando o princípio da anterioridade e fixando o termo inicial para a vigência da lei que tenha instituído ou modificado tais contribuições para noventa dias após a data da publicação do diploma normativo.

A conclusão parece-nos irrefutável: as contribuições são tributos, devendo sua instituição ou alteração de quaisquer de seus critérios normativos ser realizada com integral observância ao regime jurídico tributário constitucionalmente prescrito.

6. Disciplina constitucional das contribuições previdenciárias

A Constituição de 1988 faz referência a três espécies de contribuições susceptíveis de serem instituídas pela União, diferenciadas conforme as finalidades a que se destinem: (i) sociais, (ii) de intervenção no domínio econômico e (iii) de interesse das categorias profissionais ou econômicas (art. 149, *caput*). Ao tratar das contribuições sociais, por sua vez, subdivide-as em duas categorias: as genéricas (art. 149, *caput*) e as destinadas ao financiamento da seguridade social (art. 195).

Enquanto as contribuições sociais a que se refere o art. 149, *caput,* da Constituição, têm acepção bastante abrangente, destinando-se ao custeio das metas fixadas na Ordem Social (Título VIII), dentro delas especializam-se aquelas voltadas ao financiamento da seguridade social, disciplinadas pelo art. 195 do Texto Maior. Em síntese, as contribuições sociais são instrumentos tributários, previstos na Carta de 1988, que têm por escopo o financiamento de atividades da União nesse setor. E, dentro do campo social, encontramos contribuições com a específica finalidade de custear a seguridade social (saúde, previdência e assistência social), configurando subgrupo da classe denominada contribuições sociais.

As duas categorias de contribuição acima mencionadas, conquanto consubstanciem espécies de um mesmo gênero – contribuições sociais –, são disciplinadas de forma diferenciada pela Constituição. Não obstante ambas sejam integralmente submetidas ao regime jurídico tributário, as contribuições para seguridade social receberam tratamento constitucional peculiar.

Uma das distinções relevantes é o fato de não ter o constituinte indicado os fatos possíveis de serem oneradas pela criação de contribuições sociais genéricas, deixando tal incumbência a cargo do legislador infraconstitucional, tendo este liberdade para eleger as hipóteses de incidências e correspondentes bases de cálculo, encontrando limites apenas em relação aos fatos cuja tributação foi atribuída à esfera competencial das demais pessoas políticas e nos direitos fundamentais dos contribuintes, erigidos em princípios constitucionais em geral e, mais especificamente, nos princípios constitucionais tributários.

Entretanto, ao discriminar a competência para instituição de contribuições destinadas à seguridade social, das quais as contribuições previdenciárias são subespécies, o constituinte traçou minuciosamente os arquétipos das possíveis regras-matrizes de incidência tributária, impondo ao legislador infraconstitucional observância a uma série de requisitos. Dentre as exigências estipuladas para o exercício dessa competência tributária, releva destacar, para fins do presente estudo, as fontes de custeio autorizadas pelo Texto Maior, às quais deve limitar-se o legislador ordinário da União:

> Art. 195. A seguridade social será financiada por toda a sociedade, de forma direta e indireta, nos termos da lei, mediante recursos provenientes dos orçamentos da União, dos Estados, do Distrito Federal e dos Municípios, e das seguintes contribuições sociais:
> I – do empregador, da empresa e da entidade a ela equiparada na forma da lei, incidentes sobre:
> a) a folha de salários e demais rendimentos do trabalho pagos ou creditados, a qualquer título, à pessoa física que lhe preste serviço, mesmo sem vínculo empregatício;

b) a receita ou o faturamento;

c) o lucro;

II – do trabalhador e dos demais segurados da previdência social, não incidindo contribuição sobre aposentadoria e pensão concedidas pelo regime geral de previdência social de que trata o art. 201;

III – sobre a receita de concursos de prognósticos;

IV – do importador de bens ou serviços do exterior, ou de quem a lei a ele equiparar [2].

Com tal prescrição, o constituinte traçou os modelos de regras-matrizes de incidência das contribuições para a seguridade social, vinculando a atividade do legislador ordinário da União. Este, no exercício da competência tributária, não pode distanciar-se dos termos constitucionalmente estabelecidos, quer no que diz respeito ao sujeito passivo, quer no tocante à hipótese de incidência ou à base de cálculo.

Posto isso e tomando como referência o art. 195, I, *a*, do Texto Maior, preenchendo o arranjo sintático da regra-matriz de incidência tributária com a linguagem do direito positivo, saturando as variáveis lógicas com o conteúdo semântico constitucionalmente previsto, identificamos a seguinte norma-padrão:

Hipótese:

- critério material: pagar ou creditar salários e demais rendimentos do trabalho a empregado ou prestador de serviço;

- critério espacial: território nacional;

- critério temporal: momento do pagamento ou creditamento do salário e demais rendimentos do trabalho.

Conseqüente:

- critério pessoal: ativo: União (INSS)[3]; passivo: empregador, empresa e entidade a ela equiparada na forma da lei;

- critério quantitativo: base de cálculo: valor da folha de salário e dos demais rendimentos pagos ou creditados à pessoa física que preste serviços, com ou sem vínculo empregatício; alíquota: percentual fixado em lei.

---

[2] Redação determinada pelas Emendas Constitucionais ns. 20/98 e 42/2003.

[3] União é a entidade competente para instituir contribuições para a seguridade social. Ao exercer a competência que lhe foi atribuída, porém, costuma delegar a capacidade tributária ativa ao INSS, implementando a figura da "parafiscalidade".

Vejamos, também, o arquétipo da regra-matriz que se contrói a partir do teor do art. 195, II, da Constituição:

Hipótese:

- critério material: receber remuneração pelo trabalho;
- critério espacial: território nacional;
- critério temporal: instante do recebimento da remuneração.

Conseqüente:

- critério pessoal: ativo: União (INSS)[4]; passivo: trabalhador e demais segurados da previdência social;
- critério quantitativo: base de cálculo: valor da remuneração recebida pelo trabalho, exceto o montante da aposentadoria e pensão concedidos pelo regime geral de previdência social; alíquota: percentual fixado em lei.

Quero advertir que o esquema da regra-matriz de incidência tributária é fórmula simplificadora, reduzindo drasticamente as dificuldades do feixe de enunciados constituidores da figura impositiva. Obviamente, não esgota as especulações que a leitura do texto suscita, porquanto o legislador lida com múltiplos dados da experiência, promovendo mutações que atingem o sujeito passivo, o tempo da ocorrência factual, as condições de espaço, a alíquota e as formas de mensurar o núcleo do acontecimento. Essa gama de liberdade legislativa, contudo, não pode ultrapassar os limites lógicos que a regra-matriz comporta. Se as mutações chegarem ao ponto de modificar os dados essenciais da hipótese e, indo além, imprimir alterações na base de cálculo, estaremos certamente diante de violação à competência constitucionalmente traçada. O emprego desse esquema normativo apresenta, portanto, extrema utilidade, possibilitando o elucidamento de questões jurídicas, mediante a exibição das fronteiras dentro das quais o legislador e o aplicador das normas devem manter-se para não ofender o texto constitucional.

7. A base de cálculo das contribuições previdenciárias

Conforme ficou assentado, para isolar a regra-matriz de incidência tributária é preciso aludir aos critérios material, espacial e temporal, na proposição hipótese, e aos aspectos pessoal e quantitativo, na proposição tese. Dentre tais elementos,

---

[4] Também nesse caso, é comum haver parafiscalidade, com transferência da capacidade tributária ativa ao INSS.

interessam, para a precisa identificação do fato sobre o qual incide o tributo, não apenas o material, mas também, e principalmente, o quantitativo. Isso porque enquanto o primeiro é o núcleo da hipótese de incidência, composto por verbo e complemento, descrevendo abstratamente uma atuação estatal ou um fato do particular, o segundo, no âmbito da base de cálculo, mensura a intensidade daquela conduta praticada pela Administração ou pelo contribuinte, conforme o caso. Nesses critérios encontramos o feixe de preceitos demarcadores dos chamados "traços da enunciação", ou seja, o conjunto dos elementos que o editor da norma julgou relevantes para produzir o acontecimento tributado.

Nota-se com evidência, pelo até aqui exposto, a inaptidão da hipótese para, sozinha, dizer qualquer coisa de definitiva sobre a estrutura intrínseca do evento a ser colhido pela incidência. Para identificarmos os verdadeiros contornos do fato tributável, se faz necessário consultar a base de cálculo. Esta é a grandeza instituída no conseqüente da regra-matriz de incidência tributária, e que se destina, primordialmente, a dimensionar a intensidade do comportamento inserto no núcleo do fato jurídico, mensurando-o, para efeitos de tributação.

Partindo de tais considerações, concluo serem três as funções da base de cálculo: (a) função mensuradora, por competir-lhe medir as proporções reais do fato; (b) função objetiva, em virtude de compor a específica determinação do débito; e (c) função comparativa, por confirmar, infirmar ou afirmar o correto elemento material do antecedente normativo.

O constituinte, no art. 195, I, *a,* relacionou como base de cálculo a "folha de salários e demais rendimentos do trabalho, pagos ou creditados, a qualquer título, à *pessoa física que lhe preste serviço,* mesmo sem vínculo empregatício" (grifei). Sendo a base de cálculo o elemento que exterioriza a grandeza do fato descrito no antecedente normativo, o critério material não pode ser outro que não "o pagamento de folha de salários e demais rendimentos do trabalho, em decorrência da prestação de serviços por pessoa física, mesmo sem vínculo empregatício". Eis a base de cálculo exercendo a função comparativa, afirmando a hipótese tributária que não foi expressamente referida no texto do direito positivo.

São dois, portanto, os fatos susceptíveis de sofrerem a incidência da contribuição previdenciária prevista no art. 195, I, *a,* da Constituição: (i) pagamento de folha de salários em razão de serviços prestados na vigência de relação de emprego; e (ii) pagamento de remuneração ao trabalhador que presta serviços sem vínculo empregatício.

O inciso II do art. 195, por sua vez, indica apenas os possíveis sujeitos passivos, referindo-se a trabalhadores e demais segurados da previdência social. Com tal dicção, abrange todas as formas de prestação de serviço, independentemente da existência de vínculo empregatício. Assim, a despeito de inexistir expressa menção à base de cálculo, esta há de ser, necessariamente, a remuneração percebida em razão do trabalho prestado, visto que para a caracterização de "trabalhador" é imprescindível o exercício de atividade laboral. Não pode a contribuição cobrada do trabalhador ter por base qualquer outro valor que não seja essa remuneração, pois é exatamente ela que o qualifica como trabalhador.

Como apenas o perfeito quadramento em uma dessas situações autoriza a exigência do tributo, é imperativo examinar a abrangência dos termos "salário" e "remuneração do serviço" para, em seguida, concluir sobre sua presença, ou não, na hipótese de premiação de empregados e de terceiros, em virtude do implemento de programas de marketing de relacionamento, motivação, incentivo e fidelidade.

7.1 O conteúdo semântico do termo "salário"

O vocábulo "salário" abrange a remuneração da categoria de trabalhadores formada pelos empregados. Na linguagem utilizada pela Consolidação das Leis do Trabalho, trata-se da importância paga diretamente pelo empregador, como contraprestação do serviço (art. 457). Decorre, portanto, da existência de vínculo empregatício, onde a prestação do serviço é realizada de forma não eventual, em relação de subordinação (art. 3º da CLT).

Vale lembrar que a Constituição de 1988, em sua redação original, havia eleito como sujeito passivo apenas a pessoa do empregador, tomando-se como base de cálculo a folha de salários. As aprofundadas discussões e estudos envolvendo essa figura jurídica, a fim de delimitar o campo dos possíveis contribuintes, levaram à conclusão de que "empregador" é a pessoa, física ou jurídica, que admite, assalaria e dirige serviço que lhe é prestado de forma habitual, pessoal e subordinada, remunerando o empregado mediante salário. Em conseqüência, doutrina e jurisprudência pacificaram-se no sentido de admitirem a exigência da contribuição apenas quando existente o vínculo empregatício.

O Texto Constitucional sofreu algumas alterações para incluir, como integrante do critério pessoal passivo da regra-matriz, a empresa ou entidade a ela equiparada que pague qualquer remuneração por serviços que lhe forem prestados. A significação dos vocábulos emprestados do direito do trabalho, tais como empregador e salário, porém, continuam as mesmas: demandam vínculo empregatício, com esforço humano em caráter de habitualidade e dependência para serem configurados.

Inexistindo relação de emprego, não há que falar em salário. E, inexistindo essa figura, é inadmissível o enquadramento na primeira das materialidades relacionadas no art. 195, I, *a,* da Carta Magna.

Como qualquer outro conceito jurídico, o conceito de salário sofre as inevitáveis ingerências da crescente complexidade e divisão do trabalho, bem como da sua legislação, visto que inúmeras passaram a ser as hipóteses em que o empregado recebe valores do empregador sob os mais variados nomes e formas, decorrentes da relação de trabalho.

Ingressamos, aqui, no campo da demarcação dos conceitos e no problema dos "tipos", cuja função principal consiste em tentar alcançar uma redução do "conceito" a termos menos "genéricos", aproximando-o da realidade que visa a descrever, num esforço de objetivação, para conferir maior segurança e certeza às relações jurídicas.

O conceito é seletor de propriedades. Quanto maior for a abstração, tanto mais abrangente será o conceito, porque abrigará um maior número de objetos e, em contrapartida, tanto mais vazio será de conteúdo e significado. Para definir um conceito geral, abstrato, é necessário indicar determinadas características. Se o conceito "A" possui as notas "a, b, c", somente se afirma sua observância se o fato contiver as mesmas características "a, b, c". Diz-se, então, que há subsunção. Para o conceito de classe vale a proposição lógica do terceiro excluído: "cada X é A ou não-A". *Tertium non datur.* Não tem cabida aqui o mais ou menos, mas a relação de exclusão "ou um... ou outro". Porque ou o fato corresponde integralmente às características do conceito abstrato, nele se subsumindo, ou não.

Também merece registro a circunstância de que a metalinguagem é sempre redutora da linguagem-objeto de que se ocupa. E isso significa, em outros termos, que a linguagem do direito positivo reduz as complexidades da linguagem social, que lhe serve de objeto. Para talhar o desenho da classe de eventuais fatos ou para realizar a forma enunciativa do fato concreto, o legislador se vê na contingência de promover forte diminuição na multiplicidade intensiva e extensiva dos acontecimentos da realidade social. Sem descartar uma infinidade de traços julgados irrelevantes, o legislador nunca produziria o fato jurídico, como o economista não isolaria o fato econômico, como o historiador, o fato histórico, como o biólogo, o fato biológico.

Toda linguagem de sobrenível simplifica, necessariamente, a linguagem de nível inferior. E cumprindo a tarefa de qualificar normativamente situações da vida social, o direito não poderia escapar desse princípio axiomático.

Efetuados esses esclarecimentos, retomemos a tipificação do conceito de salário, que pode ser construído a partir do disposto na Consolidação das Leis do Trabalho, em seus arts. 457 e 458. Ao referir-se a "salário", esses dispositivos mencionam a *contraprestação do serviço*, enumerando, ainda, os vários casos em que se deve entender como salário um determinado pagamento. Com base nisso, tem a doutrina brasileira tomado o salário como "a totalidade das percepções econômicas dos trabalhadores, qualquer que seja a forma ou meio de pagamento, quer retribuam o trabalho efetivo, os períodos de interrupção do contrato e os descansos computáveis na jornada de trabalho"[5]. Significa que o salário figura como contraprestação ao contrato de trabalho, sendo o meio pelo qual o empregador remunera o trabalhador sob sua subordinação (empregado), e de cujo trabalho se utiliza, conforme os interesses da produção.

Todo esse esforço semântico se faz necessário para concluir que o objeto material sobre o qual deve incidir a contribuição previdenciária ora discutida já está delimitado no próprio art. 195, I, da Constituição, cuja demarcação conceptual não poderia ser superada pela União, no âmbito de exercício legislativo.

O termo "salário" não é próprio do direito tributário. O salário nasce de uma relação privada, ou seja, de um contrato de trabalho, sendo regulado por essa esfera do direito. Em vista disso, as exigências que tenham por base de cálculo o valor do salário pago ao empregado hão de fundar-se nas prescrições de direito do trabalho, que delimitam sua abrangência.

7.2 A definição do conceito de "remuneração pelo serviço prestado"

A segunda das hipóteses de incidência referidas no art. 195, I, *a*, da Constituição consiste no pagamento de "demais rendimentos do trabalho pagos ou creditados, a qualquer título, à pessoa física que lhe preste serviço, mesmo sem vínculo empregatício". Por referir-se a Carta Magna a "rendimentos do trabalho", não integram a base de cálculo da aludida contribuição quaisquer valores cuja natureza não seja a de contraprestação de serviço prestado por pessoa física.

---

5   MASCARO, Amauri. *Curso de direito do trabalho.* 17. ed. São Paulo: Saraiva, 2001. p. 629.

Adotamos semelhante linha de raciocínio ao construirmos a regra-matriz de incidência da contribuição referida no art. 195, II, do Texto Constitucional, sendo imprescindível, também nesse caso, a existência de remuneração percebida em razão do trabalho prestado, visto que para a caracterização de "trabalhador" é preciso o exercício de atividade laboral.

"Prestação de serviço", define Aires Barreto[6], é o "esforço de pessoas desenvolvido em favor de outrem, com conteúdo econômico, sob regime de direito privado, em caráter negocial, tendente a produzir uma utilidade material ou imaterial". Desde logo se vê, na definição de "prestação de serviço" oferecida pelo mencionado autor, o caráter de necessidade absoluta da coexistência dos três elementos que a compõem, quais sejam: o *prestador*, o *tomador* e o *preço do serviço*.

Para configurar-se a prestação de serviços é necessário que aconteça o exercício, por parte de alguém (prestador), de ato que tenha por objetivo produzir uma utilidade relativamente a outra pessoa (tomador), a qual remunera o prestador (preço do serviço). Prestar serviços é atividade irreflexiva, reivindicando, em sua composição, o caráter da bilateralidade. Em vista disso, torna-se invariavelmente necessária a existência de duas pessoas diversas, na condição de prestador e de tomador, não podendo cogitar-se de alguém que preste serviço a si mesmo. E mais, é imprescindível que o contrato bilateral tenha conteúdo econômico, fixando-se um "preço" em contraprestação à utilidade imaterial fornecida pelo prestador. Esse preço é exatamente a remuneração do trabalho executado.

8. A natureza jurídica do prêmio de incentivo e a impossibilidade de sua inclusão na base de cálculo de contribuições previdenciárias

A incidência jurídica se reduz, pelo prisma lógico, a duas operações formais: a primeira, de subsunção ou de inclusão de classes, em que se reconhece uma ocorrência concreta, localizada em determinado ponto do espaço e em específica unidade de tempo, incluindo-se na classe dos fatos previstos no suposto da norma geral e abstrata; outra, a segunda, de implicação, porquanto a fórmula normativa prescreve que o antecedente implica a tese, vale dizer, o fato concreto ocorrido faz surgir uma relação jurídica também determinada, entre dois ou mais sujeitos de direito.

---

[6] Imposto sobre serviço de qualquer natureza. *Revista de Direito Tributário*, v. 29/30, p. 188.

O objeto sobre o qual converge o nosso interesse é a fenomenologia da incidência da norma tributária em sentido estrito ou regra-matriz de incidência tributária. Nesse caso, diremos que houve a subsunção quando o fato jurídico guardar absoluta identidade com o desenho da hipótese normativa. Ao ganhar concretude o fato, mediante o relato em linguagem prevista pelo ordenamento, instala-se o laço abstrato pelo qual o sujeito ativo se torna titular do direito subjetivo público de exigir a prestação, ao passo que o sujeito passivo ficará na contingência de cumpri-la.

Para que a subsunção se aperfeiçoe, contudo, esse quadramento do fato à hipótese normativa tem de ser completo. É aquilo que se tem por "tipicidade", que no direito tributário, assim como no direito penal, adquire radical importância. Para que seja tido como "fato jurídico tributário", a ocorrência da vida real, descrita no suposto da norma individual e concreta expedida pelo órgão competente, tem de satisfazer a todos os critérios identificadores tipificados na hipótese da norma geral e abstrata. Que apenas um não seja reconhecido, e a dinâmica que descrevemos ficará inteiramente comprometida.

Diante do exposto, percebe-se que, no caso relatado na presente Consulta, há impossibilidade de se verificar os fatos jurídicos tributários das contribuições previdenciárias referidas no art. 195, I, *a* e II, da Constituição. Para que estes se verifiquem, é necessária a ocorrência de eventos que se encaixem nas respectivas hipóteses de incidência, com o relato em linguagem competente, o que, em face da natureza jurídica dos prêmios ofertados em campanhas de incentivo, não há como suceder.

Como ficou anotado, a exigência de tais contribuições decorre do (i) pagamento de folha de salários em razão de serviços prestados na vigência de relação de emprego; e do (ii) pagamento de remuneração ao trabalhador que presta serviços sem vínculo empregatício. Nenhum desses fatos, porém, acontece na hipótese de premiação.

Nessa espécie de negócio, as empresas especializadas em planejar, desenvolver e gerenciar programas de marketing de relacionamento, motivação, incentivo e fidelidade criam sistemas de premiação de funcionários e de terceiros, com a implantação de campanhas motivacionais baseadas em metas a serem cumpridas.

Do exposto, conclui-se não estarem presentes os elementos configuradores do "salário" nem de "remuneração". Trata-se, verdadeiramente, de "prêmio". Este, segundo Arnaldo Sussekind[7], "objetiva incentivar e recompensar atributos individuais,

---

[7]   *Instituições do direito do trabalho.* 22. ed. São Paulo: LTr, 2005. v. I, p. 357.

dependendo, portanto seu deferimento da ação pessoal do empregado em relação à empresa. Por isto mesmo, na instituição de prêmios, o empregador costuma estipular as condições que subordinam sua concessão".

No direito do trabalho, os prêmios guardam feição de agraciamento, em atenção a determinada situação personalíssima que envolve a ativação do empregado, sua dedicação, esforço, implemento de condição específica estipulada pelo empregador, meta atingida etc. Em vista disso, quando os prêmios são concedidos em função de campanhas de incentivo, sem caráter de habitualidade, não apresentam natureza salarial[8].

Inconcebível, portanto, qualquer pretensão de enquadramento dessa espécie de premiação às hipóteses de incidência das contribuições previdenciárias calculadas sobre a folha de salários ou rendimentos do trabalho.

Nesse sentido, veja-se o entendimento dos Tribunais Regionais do Trabalho:

> Verba paga ao empregado sobre a rubrica de gratificação, mas que no fundo apresenta condições para o seu recebimento, caracteriza-se como prêmio e, como tal, não tem natureza salarial. (TRT 2ª Região, 1ª T., RO 02960295441/1996, Rel. Braz José Mollica, DOE-SP de 25-11-1997)

> Prêmio-produção e prêmio-assiduidade. Integração a remuneração. As parcelas pagas a título de prêmio-produção e prêmio-assiduidade não integram a remuneração do empregado, pois eram concedidas apenas quando atingidas determinadas metas preestabelecidas. Os prêmios eram pagos somente àqueles empregados que corresponderam às suas finalidades, visando especificamente ao estímulo. Não se trata de proventos pagos sob o título de prêmio, que correspondem, na realidade, a retribuição de serviços prestados pelos empregados, mas, sim, de recompensa. O prêmio é algo a mais ou de melhor obtido pelo empregado e, não, a contraprestação do trabalho realizado. (TRT 3ª Região, RO 5343-1997, Rel. Juíza Deoclécia Amorelli Dias, DJMG de 11-10-1997)

> Prêmios. Natureza jurídica. O que caracteriza a natureza salarial de um benefício é a habitualidade com que é concedido pelo empregador, de forma que o empregado possa contar com aquele ganho extra em sua remuneração (art. 457, da Consolidação). Viagens esporádicas realizadas pelo empregado, custeadas pelo empregador e dependentes do atingimento de metas fixadas pela empresa, não possuem natureza salarial (art. 458, da CLT). (TRT 9ª Região, RO 10599-1999, Rel. Juíza Rosemarie Diedrichs Pimpao, DJPR de 26-01-2001)

---

8   MASCARO, Amauri. *Curso de direito do trabalho.* 17. ed. São Paulo: Saraiva, 2001. p. 681.

Prêmio. Integração. Os prêmios constituem uma liberalidade do empregador, tendo em vista o desempenho de cada funcionário. Buscam recompensar aquele empregado que se ateve dentro dos padrões de eficiência e produtividade, traçados pela empresa; por conseguinte, não constituem salário. Assim, como mera liberalidade, não há que se falar em integração. Recurso provido no particular, na maioria. (TRT 24ª Região, Tribunal Pleno, RO 2070-1999, Rel. Juiz João de Deus Gomes de Souza, DJ-MS de 27-06-2000)

É esse, também, o posicionamento adotado pelo Tribunal Superior do Trabalho:

Agravo de instrumento do reclamante. Prêmio. Natureza jurídica. Art. 457, § 1º, da CLT.

1. Deixando o acórdão regional de consignar a habitualidade do pagamento da verba denominada prêmio objetivo, e tendo registrado que a sua percepção não correspondia ao pagamento pela regular e obrigatória prestação de serviços, não há que se cogitar acerca da violação literal do artigo 457, parágrafo 1º, da CLT, porquanto *o prêmio pago como incentivo ao melhor desempenho do empregado não possui conotação salarial,* já que esta se reserva apenas às verbas decorrentes da contraprestação direta pelo empregador dos serviços realizados pelo empregado. Incide, à hipótese, o teor do Enunciado n. 221 do TST, com óbice ao destrancamento da revista.

2. A revista não se credencia ao processamento por divergência jurisprudencial, na medida em que os arestos paradigmas trazidos à colação apresentam-se inespecíficos para o cotejo, nos termos dos Enunciados ns. 23 e 296 do TST. Agravo de instrumento conhecido e não-provido". (TST – 4ª T., AIRR 783.871/2001.7, Rel. Juiz Convocado Luiz Antonio Lazarim, DJ de 25-02-2005) – grifei.

Em seu voto, o Exmo. Relator concluiu que "a verba denominada prêmio objetivo foi instituída pela ré para agraciar aqueles vendedores que conseguissem atingir metas de vendas traçadas pela empresa, podendo o valor desta premiação variar de acordo com o volume das metas atingidas. Logo, é inequívoco que esta parcela tinha por objetivo recompensar e incentivar atributos individuais, sendo certo que as condições dessa benesse estão estipuladas pelo empregador como liberalidade sua, não possuindo, pois, o caráter de pagamento compulsório ínsito aos salários.

Sobre o assunto, vejam-se, ainda, as seguintes ementas:

Os prêmios pagos aos obreiros, por liberalidade patronal, que dependem do implemento de determinada condição, não possuem natureza salarial, razão pela qual não integram a remuneração do empregado. (TST – 2ª T, RR 316.466/96.0, Rel. Min. José Bráulio Bassini)

O prêmio desempenho não integra o salário. Recurso de Revista provido para declarar que a parcela 'prêmio desempenho' não integra o salário, não gerando, portanto, os reflexos deferidos que ficam excluídos. (TST – 3ª T, RR 175549/95, Rel. Min. Zito Calasãs)

Recentemente, o Tribunal Superior do Trabalho examinou a figura do "Prêmio Incentivo Fundes", instituído pela Lei Estadual de São Paulo n. 8.975/94. Naquela oportunidade, confirmou o posicionamento adotado pelo Tribunal Regional do Trabalho da 2ª Região, concluindo pela impossibilidade de incorporação dos prêmios aos vencimentos e salários, bem como de sua repercussão em outras parcelas e descontos previdenciários, por não se tratar de verba salarial. Em seu voto, o Exmo. Ministro Barros Levenhagen afirmou que:

> não se trata de verba de natureza salarial para que seja integrada à remuneração, como pretendem os recorrentes. Tampouco há que se falar em primazia da lei estadual sobre lei federal, como argumentam. Como se sabe, somente lei federal pode dispor sobre direito do trabalho. Porém, há de se atentar para as demais fontes do direito, como leis estaduais, municipais, convenções coletivas, normas regulamentadoras, entre outras[9].

Semelhante foi a conclusão do Exmo. Ministro Ives Gandra Martins Filho, na qualidade de Relator de recurso em que se discutia o assunto:

> No que tange à natureza jurídica da verba em tela, cumpre notar o fato de a própria legislação que instituiu o prêmio epigrafado prever o seu caráter experimental e transitório, não se incorporando aos vencimentos ou salários para nenhum efeito e sobre ele não incidindo vantagens de qualquer natureza, bem como os descontos previdenciários e de assistência médica (...)[10].

Ora, se os prêmios de incentivo, concedidos em função de campanhas motivacionais, não apresentam natureza salarial, até mesmo porque não apresentam caráter remuneratório do trabalho, inconcebível pretender sujeitá-los a contribuições previdenciárias.

Neste ponto, convém anotar que, exercendo a competência que lhe foi conferida, a União introduziu no sistema jurídico a Lei n. 8.212/91, cujo art. 11, parágrafo único, *a* e *c,* dispõe constituírem contribuições sociais "a) as das empresas, incidentes sobre a remuneração paga ou creditada aos segurados a seu serviço; (...) c) as dos trabalhadores, incidentes sobre o seu salário-de-contribuição" (grifo nosso).

---

[9] 4ª Turma, RR 1315/2001-070-02-00.3, *DJ* de 10.02.2006.

[10] 4ª Turma, ARR 454/2002-003-02-00.9, *DJ* de 29.09.2006.

O art. 22, I, desse Diploma Legal, por sua vez, prescreve que a contribuição a cargo da empresa será calculada sobre:

> o total das *remunerações* pagas, devidas ou creditadas a qualquer título, durante o mês, aos segurados empregados que lhe prestem serviços, *destinadas a retribuir o trabalho*, qualquer que seja a sua forma, inclusive as gorjetas, os *ganhos habituais* sob a forma de utilidades e os adiantamentos decorrentes de reajuste salarial, quer pelos serviços efetivamente prestados, quer pelo tempo à disposição do empregador ou tomador de serviços, nos termos da lei ou do contrato ou, ainda, de convenção ou acordo coletivo de trabalho ou sentença normativa (grifo nosso).

Nota-se que constitui base de cálculo das contribuições previdenciárias apenas o valor da remuneração habitual, destinada a retribuir o trabalho. E tal assertiva é confirmada, ainda, pelo art. 28 da Lei n. 8.212/91, que, em seu § 9º, *e*, item 7, estabelece que não integram o salário-de-contribuição as importâncias recebidas a título de ganhos eventuais.

A mensagem é repetida no art. 214, § 9º, *j*, do Regulamento da Previdência Social, prescrevendo não comporem o salário-de-contribuição os ganhos eventuais.

O critério da habitualidade é determinante para a identificação da natureza salarial. Nos termos do art. 458 da Consolidação das Leis do Trabalho, além do pagamento em dinheiro compreende-se no salário, para todos os efeitos legais, apenas a alimentação, habitação, vestuário ou outras prestações *in natura* que a empresa, por força do contrato ou do costume, fornecer habitualmente ao empregado.

Em face do exposto, conclui-se que a base de cálculo das contribuições previdenciárias é o valor das remunerações habituais, destinadas a retribuir o trabalho. Logo, qualquer quantia endereçada ao empregado que não tenha as características da (i) habitualidade e da (ii) retributividade, não podem ser tomadas como base de incidência das contribuições para previdência social. O mesmo se pode dizer dos valores entregues a terceiros: apenas se configurarem retribuição do serviço prestado é que serão tidas por remuneração, de modo que, ausente a retributividade, não há que falar em incidência das contribuições em análise.

No caso dos prêmios decorrentes de campanhas de incentivo, sua finalidade não é retribuir qualquer espécie de trabalho prestado. A premiação depende do cumprimento de metas, servindo aquelas quantias não como remuneração, mas como recompensa, incentivando o colaborador. Depende de suas características pessoais, tais como talento, competência e dedicação, sendo os prêmios concedidos de maneira aleatória, em razão do desempenho, sem qualquer habitualidade.

Posto isso, e considerando que o direito tributário não pode alterar conceitos de direito privado empregados na demarcação da competência, é inconcebível pretender sujeitar os prêmios de incentivo à incidência de contribuições previdenciárias.

9. A regra-matriz de incidência do Imposto sobre a Renda

No Brasil, por disposição expressa do constituinte de 1988, a competência para instaurar o imposto sobre a renda e proventos de qualquer natureza foi outorgada ao legislador da União. Por outros torneios, a edição da regra-matriz desse tributo, bem como das demais normas instituidoras dos deveres instrumentais ou formais, coube a essa pessoa política de direito constitucional interno.

É preciso enfatizar, no entanto, que a competência de produzir a regra-matriz de incidência do imposto sobre a renda e proventos de qualquer natureza, adjudicada à pessoa política União, não dispensa o legislador federal de inserir no resultado de sua atividade criadora mandamentos constitucionais específicos, sem os quais o processo de positivação ficará prejudicado por vício de inconstitucionalidade. E tais comandos são os conhecidos princípios constitucionais tributários, alguns de amplitude universal, para todo o direito brasileiro e, portanto, aplicáveis também ao subsistema tributário, outros com endereço voltado exclusivamente ao campo das exações fiscais, podendo, qualquer deles, aparecer de maneira expressa ou na implicitude do texto.

Mas o processo de positivação supõe que as regras se integrem de forma progressiva mediante o entrelaçamento de preceitos, em sentido horizontal (relações de coordenação) e vertical (relações de subordinação), perpassando os vários escalões hierárquicos. É nesse caminho que assume grande relevância o Código Tributário Nacional, Diploma em que houve por bem o legislador traçar prescritivamente os contornos delimitativos do conceito de renda.

É bem verdade que o constituinte não determinou a conduta humana que estaria ligada à renda, deixando-a ao bom talante do legislador ordinário. Sabemos, todavia, que as normas jurídicas não incidem sobre coisas, objetos, bens, mas sobre comportamentos humanos relativos a estes. Isso outorga certa margem de liberdade ao legislador ordinário, no momento da construção da figura impositiva, cabendo a ele indicar qual o verbo, expressivo de conduta interpessoal, que vai agregar-se ao bem, para efeito de caracterização da incidência. Essa observação aparece de forma clara no caso do IPI. Como o constituinte não determinou a conduta ligada a produtos industrializados, o legislador infra-constitucional, exercendo a competência que lhe fora deferida, escolheu três tipos de ação: industrializar produtos, importar produtos industrializados e arrematar em leilões produtos industrializados (encontrando-se este último atualmente desativado). O núcleo comum, obrigatório, é o complemento "produtos industrializados".

Da mesma forma, o legislador teve de suprir essa lacuna relativa ao imposto sobre a renda, concebendo as condutas que lhe pareceram mais adequadas para realizar a incumbência da outorga. A possibilidade de elaboração legislativa, decorrente da previsão constitucional, é assunto sobremodo interessante para uma pesquisa mais acurada acerca do tributo que analisamos. Tendo em vista, entretanto, os efeitos do presente estudo, que se pauta no direito positivo vigente, ficaremos com a feição clássica desse imposto: gravame que atinge a aquisição da disponibilidade econômica ou jurídica de "renda", assim entendida a palavra como o produto do capital, do trabalho ou da conjugação de ambos, nos estritos termos do art. 43, do Código Tributário Nacional.

Numa síntese estreita, vejamos como se esboça a unidade de sua expressão deôntica. A proposição normativa pode ser apresentada assim: "Dado o fato de alguma pessoa, física ou jurídica, auferir a disponibilidade econômica ou jurídica de renda, computada num determinado dia, termo final do período tomado como referência, segundo técnica específica de apuração descrita em lei; então aquela pessoa, na condição de sujeito passivo, deverá pagar à União, na condição de sujeito ativo, importância correspondente a uma percentagem do valor da renda auferida".

Deve-se notar que o antecedente prevê um acontecimento devidamente caracterizado no tempo e no espaço, enquanto o conseqüente estabelece o nascimento de um *vinculum iures* que atrela os sujeitos ativo e passivo, em torno de uma prestação pecuniária.

9.1 Os critérios material e temporal da hipótese de incidência do Imposto sobre a Renda e sua relevância para caracterização do fato jurídico tributário

Ao escolher as ocorrências sociais que lhe interessam para desencadear efeitos jurídicos, o legislador expede conceitos que selecionam propriedades do evento, considerados relevantes para sua caracterização. Tais conceitos trazem, necessariamente, aspectos de ordem material, espacial e temporal, por completa impossibilidade de algum acontecimento verificar-se fora das demarcações de tempo e de espaço.

No critério material há referência ao comportamento de pessoas, físicas ou jurídicas, lingüisticamente representado por um verbo e seu complemento. No caso do imposto sobre a renda, já anotei ter o legislador optado pela locução "auferir renda", impondo-se, para sua exata compreensão, esclarecimentos sobre o que vem a ser "renda".

A definição do conceito de "renda", no Brasil, é construída no plano da legislação complementar (arts. 43 e 44, do Código Tributário Nacional), porém com supedâneo em referência constitucional expressa, patamar normativo onde se encontram estabelecidos seus pressupostos (art. 153, III, da CF).

Acerca do conceito de "renda", três são as correntes doutrinárias predominantes:

(i) "teoria da fonte", para a qual "renda" *é o produto de uma fonte estável, susceptível de preservar sua reprodução periódica,* exigindo que haja riqueza nova (produto) derivada de fonte produtiva durável, devendo esta subsistir ao ato de produção;

(ii) "teoria legalista", que considera "renda" um conceito normativo, a ser estipulado pela lei: renda é aquilo que a lei estabelecer que é; e

(iii) "teoria do acréscimo patrimonial", onde "renda" é todo ingresso líquido, em bens materiais, imateriais ou serviços avaliáveis em dinheiro, periódico, transitório ou acidental, de caráter oneroso ou gratuito, que importe um incremento líquido do patrimônio de determinado indivíduo, num certo período de tempo.

Prevalece, no direito brasileiro, a terceira das teorias referidas, segundo a qual o que interessa é o aumento do patrimônio líquido, sendo considerado como lucro tributável exatamente o acréscimo verificado no patrimônio da empresa, durante período determinado, independentemente da origem das diferentes parcelas. É o que se depreende do art. 43 do Código Tributário Nacional.

Segundo José Artur Lima Gonçalves[11], em aprofundado estudo sobre o tema, o conteúdo semântico do vocábulo "renda", nos termos prescritos pelo Sistema Constitucional Tributário Brasileiro, compreende o saldo positivo resultante do confronto entre certas entradas e certas saídas, ocorridas ao longo de um dado período. É, em outras palavras, acréscimo patrimonial.

---

[11] *Imposto sobre a renda: pressupostos constitucionais.* 2. ed. São Paulo: Malheiros, 1997. p. 179.

Nessa linha de raciocínio, a hipótese de incidência da norma de tributação da "renda" consiste na aquisição de aumento patrimonial, verificável pela variação de entradas e saídas num determinado lapso de tempo. É imprescindível para a verificação de incrementos patrimoniais a fixação de um intervalo temporal para sua identificação, dado o caráter dinâmico ínsito à idéia de renda. Nesse sentido Rubens Gomes de Sousa[12] escreveu ser insuficiente o processo de medição de riqueza pela extensão do patrimônio, sendo necessário distinguir o capital do rendimento pela atribuição, ao primeiro, de um caráter estático, e, ao segundo, de um caráter dinâmico, ligando-se à noção de renda um elemento temporal. "Capital seria, portanto, o montante do patrimônio encarado num momento qualquer de tempo, ao passo que renda seria o acréscimo do capital entre dois momentos determinados."

A fixação desse intervalo para fins de comparação do patrimônio nos instantes inicial e final é indissociável do conceito de renda. Daí a relevância da identificação do critério temporal da hipótese normativa tributária, átimo terminal para as mutações patrimoniais em dado período e momento em que se considera ocorrido o fato jurídico "renda".

Esse instante, no caso do imposto sobre a renda, consiste no derradeiro momento do último dia relativo ao período de competência, ou seja, ao átimo final do exercício financeiro. Em conseqüência, apenas a aquisição de disponibilidade econômica ou jurídica de renda, considerada como acréscimo patrimonial decorrente do capital, do trabalho ou da conjugação de ambos (critério material), verificada no último instante do ano civil (critério temporal), configura fato jurídico tributário do imposto sobre a renda, fazendo nascer o correspondente vínculo obrigacional, conjugados esses critérios, logicamente, ao espacial, quantitativo e pessoal.

10. Imposto sobre a Renda Retido na Fonte como forma de antecipação do imposto devido pelo contribuinte

Objetivando facilitar a fiscalização e a arrecadação tributária, o legislador da União criou a figura da "retenção na fonte" do imposto sobre a renda. Em vista disso, os rendimentos indicados na lei e no regulamento sujeitam-se ao recolhimento antecipado, somente depois sendo efetuada a apuração do imposto devido no exercício financeiro.

---

[12] Evolução do conceito de rendimento tributável. *Revista de Direito Público*. n. 14, p. 340.

Para que isso ocorra, entretanto, é imprescindível a existência de prescrição legal. E, tratando-se de prêmio de incentivo, não se verifica determinação dessa espécie.

Como vimos, a premiação não corresponde à remuneração do trabalho. Mas também não se enquadra na hipótese de prêmio distribuído em virtude de concursos e sorteios, a que se refere o art. 63 da Lei n. 8.981/95 e art. 677 do Regulamento do Imposto sobre a Renda, inexistindo regra de retenção na fonte que abranja tal situação fáctica.

Convém anotar que "sorteio" configura modalidade de premiação em que são confeccionados cupons numerados e entregues pelas empresas aos clientes, e, conforme os resultados de extração de alguma das loterias de números do governo ou de qualquer extração permitida pela lei, alguém é sorteado e contemplado com um prêmio, encerrando assim a promoção. O "concurso" por sua vez, visa a premiar as habilidades ou predicados dos participantes, tais como inteligência, memória, destreza esportiva, beleza, elegância, dentre outros. Ora, a premiação de incentivo, objeto da presente Consulta, nada tem que ver com sorteio ou concurso. Trata-se de outra espécie de premiação, conferida a quem cumprir as metas estabelecidas por determinada empresa, objetivando, mediatamente, o crescimento e maior reconhecimento da pessoa jurídica no mercado. Logo, não pode ser englobada pela previsão do art. 63 da Lei n. 8.981/95.

Esse é o posicionamento da Secretaria da Receita Federal, adotado em situação semelhante, envolvendo vale-brindes. O vale-brinde constitui uma modalidade de distribuição de prêmio que consiste na colocação de pequenos impressos (vales) dentro de determinado produto ou em seu envoltório, numerados em ordem crescente, para distribuição gratuita de prêmios, como meio de propaganda. Entende o referido órgão público que, "como o art. 63 da Lei n. 8.981, de 1995, abrange somente a distribuição de prêmios por sorteio e por concurso, depreende-se que seu conteúdo não alcança a distribuição vale-brinde, modalidade distinta daquelas, não sofrendo, portanto, tributação"[13]. Ora, o mesmo se pode dizer do prêmio de incentivo: é modalidade de premiação que não se confunde com sorteio ou concurso, motivo pelo qual está excluído dos preceitos legais concernentes à retenção na fonte.

---

[13] Disponível em: <http://www.receita.fazenda.gov.br/pessoafisica/IRPF/2006/perguntas/ImpRetFonteTributacaoFonte.htm>. Acessado em: 20/11/2006.

Isso não significa, porém, que os prêmios de incentivos se encontram fora do âmbito de tributação pelo imposto sobre a renda. Os prêmios em dinheiro e os bens não-consumíveis hão de ser informados pelo beneficiário, por ocasião da declaração de ajuste anual. Nessa ocasião, devem ser computados os ingressos e as saídas, bem como as deduções autorizadas em lei, a fim de verificar se houve acréscimo patrimonial. Apenas em caso afirmativo será devido o recolhimento do imposto sobre a renda.

11. As características das relações que se estabelecem entre o contratante-patrocinador, a empresa de marketing de incentivo e o beneficiário

As empresas de marketing de incentivo têm por objeto social a prestação de serviços de criação, planejamento e implantação de sistemas e convênios nas áreas de motivação, incentivos e promoções baseadas em metas, fazendo-o, inclusive, por meio de vales, cupons e cartões, os quais podem ser trocados por dinheiro ou por bens e serviços, conforme o caso. Esses sistemas são utilizados em programas motivacionais e de relacionamento, seja para incentivo de empregados de seus clientes, seja para motivar pessoas que não possuem vínculo empregatício com o contratante-patrocinador. Objetiva-se, com isso, aumentar a produtividade, estreitar relacionamentos e divulgar marcas do cliente junto a seu público-alvo.

Essa premiação leva em conta características dos indivíduos, reconhecendo que cada pessoa é única, com talentos e competências específicas e que devem ser valorizadas e recompensadas. Em termos gerais, propõe o programa motivacional que empresas fornecedoras de bens, utilidades e semelhantes, objeto de circulação no mercado mediante distribuição e revenda por outras sociedades (distribuidoras/revendedoras) criem para pessoas físicas, empregadas suas ou não, perspectivas de vantagens em função de seu desempenho. A pessoa jurídica patrocinadora compromete-se a premiar a pessoa física em decorrência de certo resultado que facultativamente essa pessoa física pode alcançar, se assim o quiser e conseguir. A premiação depende do preenchimento das condições especiais relacionadas ao cumprimento de metas estabelecidas em função do tipo de bem negociado ou do serviço desenvolvido.

Observa-se, portanto, a existência de duas relações distintas: (i) uma, entre a empresa que organiza o programa motivacional e seu cliente; (ii) outra, entre o contratante-patrocinador e o beneficiário. Esse beneficiário, por sua vez, pode ser empregado do contratante ou um terceiro sem vínculo empregatício.

A relação que se estabelece entre o patrocinador e o beneficiário, em face da premiação, não se reveste de natureza remuneratória, por ser eventual, ocorrendo somente na hipótese de determinadas condições se confirmarem. O beneficiário será premiado apenas se o desejar e desde que concluídos os requisitos necessários, razão pela qual se configura a aleatoriedade. O prêmio é aleatório, porquanto o acontecimento que lhe dá causa exige, dentre outros elementos, a própria aceitação do benefício, podendo verificar-se ou não: o ganho do pretenso beneficiário depende de fatos futuros e incertos.

Registre-se, ainda, que o fato de o prêmio ser liquidado em bens ou em dinheiro não interfere em sua natureza jurídica. A relação que se estabelece entre o patrocinador e o beneficiário é sempre eventual, pois depende da concretização de condições especiais, não configurando, em qualquer hipóteses, salário nem remuneração, já que não há retributividade a serviço prestado. De fato, na prestação de serviços há certa tarefa a ser obrigatoriamente cumprida, sendo o tomador compelido a remunerá-la. Tratando-se de premiação, as condições podem ser cumpridas ou não pelo beneficiário, sem que isso lhe acarrete sanção alguma.

Operacionalmente, a entrega dos prêmios é efetuada pela empresa de marketing, que figura como intermediário, prestando serviços ao patrocinador e sendo remunerada por tal atividade. A premiação é feita em nome do contratante, o qual entrega numerários à empresa de marketing para que esta providencie a premiação.

Como as empresas de marketing de incentivo apenas prestam serviços para os patrocinadores, atuando em nome destes, não lhes podem ser atribuídos quaisquer reflexos dessa premiação, inclusive os de natureza tributária. É o contratante-patrocinador quem fornece os recursos necessários à premiação, fazendo-o para incrementar sua produtividade. Trata-se, por conseguinte, de despesa empregada no implemento de seu objeto social, possibilitando que tais valores sejam deduzidos do lucro líquido para fins de cálculo e recolhimento do imposto sobre a renda da pessoa jurídica e da contribuição social sobre o lucro líquido.

Adotando-se o critério do lucro real como expressão da base de cálculo do IRPJ, a empresa é tributada a partir da determinação comercial (lucro líquido), com os ajustes da lei fiscal. Como o lucro real é legalmente tido como o lucro líquido do período de base, ajustado pelas adições, exclusões ou compensações autorizadas por lei, a delimitação do lucro real tributável exige a dedução das despesas inerentes à atividade da pessoa jurídica: são as despesas operacionais, consistentes nos custos dos fatores de produção. Prevalece no direito tributário brasileiro o entendimento de que, sendo a despesa necessária à atividade da empresa e à manutenção da respectiva fonte produtora, ela é dedutível, desde que documentada. É o que se depreende do art. 299 do RIR/99. Assim, como o pagamento de prêmio a empregados ou a terceiros preenche, indiscutivelmente, os requisitos indicados, apresentando efetividade e pertinência para o desenvolvimento do objeto social da empresa e conseqüente geração de receitas, não há como negar-lhe o caráter de "despesa dedutível" do lucro líquido para fins de determinação do lucro real e recolhimento do imposto sobre a renda da empresa patrocinadora.

Também em relação à contribuição social sobre o lucro líquido há a dedutibilidade da despesa, conforme se depreende da Lei n. 7.689/88 e suas alterações. Na condição de gastos indispensáveis à formação do lucro, os valores relativos aos prêmios entregues a empregados e a terceiros colaboradores são considerados como despesas operacionais, necessárias e dedutíveis, inexistindo preceito legal que disponha de modo contrário.

A empresa de marketing, por figurar como mera intermediária, não efetuando o desembolso de valores para a premiação, é estranha às conseqüências jurídicas desencadeadas pelo evento promocional. De um lado, não faz jus a deduzir esses valores para fins de recolhimento de IR e CSLL. De outro, não pode ser responsabilizada por tributos eventualmente devidos.

As contribuições previdenciárias, como já anotei, não incidem sobre os prêmios, por completa ausência de caráter salarial ou remuneratório. Já o imposto sobre a renda da pessoa física há de ser apurado ao final do exercício financeiro, sendo exigível caso haja acréscimo patrimonial. Por inexistir previsão legal específica, indevida é a retenção na fonte do imposto sobre a renda. Todavia, ainda que o fosse, o que admito apenas para fins de argumentação, o imposto não retido deveria ser exigido do beneficiário, por ser o sujeito que, supostamente, teria auferido renda. É nesse sentido o Parecer Normativo n. 1/2002, da Secretaria da Receita Federal, do qual transcrevemos alguns trechos:

> (...) Irrf. antecipação do imposto apurado pelo contribuinte. responsabilidade.
> Quando a incidência na fonte tiver a natureza de antecipação do imposto a ser apurado pelo contribuinte, a responsabilidade da fonte pagadora pela retenção e recolhimento do imposto extingue-se, no caso de pessoa física, no prazo fixado para a entrega da declaração de ajuste anual, e, no caso da pessoa jurídica, na data

prevista para o encerramento do período de apuração em que o rendimento for tributado, seja trimestral, mensal estimado ou anual.

(...)

Imposto retido como antecipação

11. Diferentemente do regime anterior, no qual a responsabilidade pela retenção e recolhimento do imposto é exclusiva da fonte pagadora, no regime de retenção do imposto por antecipação, além da responsabilidade atribuída à fonte pagadora para a retenção e recolhimento do imposto de renda na fonte, a legislação determina que a apuração definitiva do imposto de renda seja efetuada pelo contribuinte, pessoa física, na declaração de ajuste anual, e, pessoa jurídica, na data prevista para o encerramento do período de apuração em que o rendimento for tributado, seja trimestral, mensal estimado ou anual.

Responsabilidade tributária na hipótese de não-retenção do imposto

(...)

14. Por outro lado, se somente após a data prevista para a entrega da declaração de ajuste anual, no caso de pessoa física, ou, após a data prevista para o encerramento do período de apuração em que o rendimento for tributado, seja trimestral, mensal estimado ou anual, no caso de pessoa jurídica, for constatado que não houve retenção do imposto, o destinatário da exigência passa a ser o contribuinte. Com efeito, se a lei exige que o contribuinte submeta os rendimentos à tributação, apure o imposto efetivo, considerando todos os rendimentos, a partir das datas referidas não se pode mais exigir da fonte pagadora o imposto.

Esse Parecer Normativo tem por finalidade esclarecer o conteúdo da legislação federal que disciplina o imposto sobre a renda retido na fonte, deixando claros os seguintes aspectos: (i) verificada a falta de retenção do imposto antes da data fixada para o encerramento do período de apuração em que o rendimento for tributado, serão exigidos da fonte pagadora o imposto, a multa de ofício e os juros de mora; (ii) identificada a falta de retenção após a data fixada para o encerramento do período de apuração em que o rendimento for tributado, serão exigidos da fonte pagadora a multa de ofício e os juros de mora isolados, calculados desde a data prevista para recolhimento do imposto até a data prevista para encerramento do período de apuração, cobrando-se do contribuinte o imposto, a multa de ofício e os juros de mora, caso este não tenha submetido os rendimentos à tributação.

Em vista disso, quem deve sofrer a fiscalização são os premiados e não as empresas de incentivo ou os patrocinadores.

12. Normas gerais de direito tributário: função da lei complementar como mecanismo de ajuste que assegura o funcionamento do sistema

A despeito de complexo, nosso ordenamento tributário tem sua racionalidade, de modo que os destinatários, se desejarem, não ficarão perdidos, entregues à prática de construções de sentido desenvolvidas livremente, cada qual emitindo interpretações talhadas por seu exclusivo modo de compreensão e orientadas por sua particular ideologia. O direito posto fixa valores, impõe direcionamento à regulação das condutas, empregando sempre os modais deônticos obrigatório (Op), proibido (Vp) e permitido (Pp), mas sofreando os arroubos intelectivos do receptor das mensagens, mediante vetores expressos ou implícitos, aptos para condicionarem o raciocínio exegético e limitarem a progressão de estimativas individuais dentro de padrões axiológicos que garantam uniformidade, harmonia e unidade no grande *factum* comunicativo que é o direito.

O delicado relacionamento entre a União, os Estados-membros, os Municípios e o Distrito Federal, pessoas políticas portadoras de autonomia, dá-se pela distribuição rígida das competências impositivas, estabelecidas em faixas exclusivas, pela técnica tabular, enumerando-se imposto por imposto, com suas especificidades. No que tange às taxas e às contribuições, por sua vez, há parâmetros seguros que eliminam, quase que por completo, a possibilidade de entrechoques jurídicos de pretensão tributante.

Ao lado disso e para além de tais cuidados, que ostentam a preocupação do constituinte em manter o esquema federativo, a instituição da República, a autonomia dos Municípios e o rico feixe de direitos e de garantias individuais, está a operativa função da lei complementar, com sua natureza ontológico-formal, dispondo sobre matéria que a Constituição expressamente indica, mas requerendo sempre a adoção de procedimento compositivo mais rigoroso (maioria absoluta nas duas Casas do Congresso).

A legislação complementar cumpre assim, em termos tributários, relevante papel de mecanismo de ajuste, calibrando a produção legislativa ordinária em sintonia com os mandamentos supremos da Constituição da República. Percebo a legislação complementar operando de dois modos diferentes: (i) como instrumento das chamadas "normas gerais de direito tributário", isto é, introduzindo aqueles preceitos que regulam as limitações constitucionais ao exercício do poder tributário, bem como os que dispõem sobre conflitos de competência entre as pessoas políticas de direito constitucional interno; e (ii) como veículo deliberadamente escolhido pelo legislador constituinte, tendo em vista a disciplina jurídica de certas matérias.

O conteúdo de tais considerações força-nos a concluir que se atinarmos à significação axiológica dos grandes princípios constitucionais, se observarmos os limites objetivos que a Constituição estabelece e se nos ativermos ao dinamismo da legislação complementar, exercitando as funções que lhe são próprias, poderemos compreender, adequadamente, os comandos tributários, atribuindo-lhes o conteúdo, sentido e alcance que a racionalidade do sistema impõe. Tudo, entretanto, no pressuposto de que se observe, com o máximo rigor, com toda a radicalização e com inexcedível intransigência, o axioma fundamental da hierarquia, juntamente com o princípio da reserva legal, considerado como aquele segundo o qual os conteúdos deônticos devem ser introduzidos no ordenamento jurídico mediante o veículo normativo eleito pela regra competencial. Sem observação de tais peculiaridades o sistema se dissolve, transformando-se num amontoado de proposições prescritivas, sem organização sintática e sem critério que nos possa orientar para estabelecer a multiplicidade intensiva e extensiva das normas jurídicas nos vários patamares do direito posto.

Posso resumir, para dizer que o constituinte elegeu a legislação complementar como o veículo apto a pormenorizar, de forma cuidadosa, as várias outorgas de competência atribuídas às pessoas políticas, compatibilizando os interesses locais, regionais e federais, debaixo de disciplina unitária, verdadeiro corpo de regras de âmbito nacional, sempre que os elevados valores do Texto Supremo estiverem em jogo. A regra é a franca utilização das competências constitucionais pelas entidades políticas portadoras de autonomia. Quando, porém, qualquer daquelas diretrizes da Lei Maior estiver na iminência de ser violada pelo exercício regular da atividade legiferante das pessoas políticas, podendo configurar-se conflito jurídico no campo das produções normativas, ingressa a lei complementar colocando no ordenamento "normas gerais de direito tributário", atuando na regulação das limitações constitucionais ao poder de tributar e regendo matérias que, a juízo do constituinte, parecem suscitar maior vigilância, estando por merecer, por isso, cuidados especiais.

"Decadência" e "prescrição" tributárias, por exemplo, são matérias que o constituinte considerou especiais e merecedoras de maior vigilância, demandando disciplina mais rigorosa, a serem introduzidas no ordenamento mediante veículo normativo de posição intercalar em decorrência de seu procedimento legislativo mais complexo (art. 146, III, *b,* da CF/88).

Está-se diante de típico exemplo do papel de ajuste reservado à legislação complementar, para garantir a harmonia que o sistema requer. Seria um verdadeiro caos se cada ente político pudesse, a seu bel-prazer, fixar as normas que disciplinam, por exemplo, a suspensão da exigibilidade do crédito tributário e o surgimento e a extinção das obrigações tributárias.

No atual sistema jurídico brasileiro, o Código Tributário Nacional exerce essa peculiar função de ajuste, tendo sido incorporado à ordem jurídica instaurada com a Constituição de 1988, por efeito da manifestação explícita contida no § 5º do art. 34 do Ato das Disposições Constitucionais Transitórias, que assegura a validade sistêmica da "legislação anterior" naquilo em que não for incompatível com o novo ordenamento.

Conquanto se trate de lei ordinária, o legislador do Código Tributário Nacional disciplinou, em muitos de seus dispositivos, matéria privativa de lei complementar e, em face dessa orientação semântica, foram tais preceptivos acolhidos pelo ordenamento jurídico com a força vinculativa daquele estatuto, em função do assunto por eles regulado. É o que se verifica, por exemplo, nos arts. 142, 150, 151, 156, 173 e 174 do mencionado diploma normativo. Conforme se depreende do art. 146, III, *b*, da Constituição da República, cumpre à lei complementar dispor sobre "obrigação, lançamento, crédito, prescrição e decadência tributários", conferindo, desse modo, uniformidade à disciplina das exigências tributárias, evitando que as pessoas políticas regulem o assunto de forma conflituosa, espalhando indesejável insegurança entre os destinatários normativos.

12.1   O instituto da decadência no direito tributário brasileiro

Tomemos o direito positivo como instrumento de ação social, concebido para ordenar as condutas intersubjetivas, orientando-as para os valores que a sociedade quer ver realizados. Claro está que organização dessa índole não pode compadecer-se com a indeterminação, com a incerteza, com a permanência de conflitos insolúveis, com o perdurarem no tempo, sem definição jurídica adequada, questões que envolvam controvérsias entre sujeitos de direito. Os comportamentos interpessoais são tolhidos pelas modalidades deônticas (obrigatório, proibido e permitido), concretizando-se no plano factual em termos de cumprimento da orientação normativa (condutas lícitas) ou em forma de descumprimento (condutas ilícitas). Enquanto sistema, a ordem jurídica aparece como forma de superar conflitos de interesse, estabelecendo, coercitivamente, a direção que a conduta há de seguir, em nome do bem-estar social. Essa tendência à determinação e à estabilização dos comportamentos intersubjetivos nem sempre se volta, de modo imediato, para o valor justiça. Antes, persegue o equilíbrio das relações, mediante a convicção de que uma solução jurídica será encontrada: eis o primado da certeza do direito, que opera para realizar, num segundo momento, o bem maior da justiça.

Dessa maneira, sempre que o fluxo do tempo ameaçar, de algum jeito, a obtenção daquele almejado equilíbrio, que se reflete no princípio da firmeza ou da certeza jurídica, prevê o sistema a ocorrência de fatos extintivos, os quais têm o condão de definir, drasticamente, a situação pendente, determinando direitos e deveres subjetivos correlatos. Entre tais acontecimentos está a decadência. Eis aqui outro termo jurídico que experimenta sensível instabilidade de ordem semântica. Na mesma seqüência discursiva, emprega-se decadência ou caducidade, seu equivalente nominal, às vezes por ocorrências efetivas da vida social, outras, por normas, o que não é para admirar, pois é nessa dualidade que o fenômeno da positivação jurídica se estabelece e se sustenta. Teremos sempre normas, construídas a partir dos textos positivos, que juridicizam sucessos da realidade em que vivemos, provocando a expedição de outras normas de inferior hierarquia até chegar ao evento-conduta que o direito pretende concretamente regular. A singela lembrança desse movimento dialético, do estilo "norma/fato", é suficiente para fixar os parâmetros dentro dos quais há de mover-se o raciocínio jurídico-científico. Examinemos, então, quais são as possibilidades significativas do vocábulo "decadência" no ordenamento jurídico brasileiro.

A decadência, como de resto todas as entidades do hemisfério jurídico, pode ser analisada numa instância normativa, tal qual uma regra que compõe o sistema do direito positivo, ou no plano factual, como acontecimento do mundo, descrito em linguagem. Fala-se, portanto, em "norma decadencial" e em "fato decadencial". Na condição de norma, desfrutando da comum estrutura de todas as unidades do ordenamento, integra-se de um antecedente ou hipótese e de um conseqüente ou tese. A hipótese descreve as notas predicativas de um evento de possível ocorrência: "dado o decurso de certo trato de tempo, sem que o titular do direito o exercite"; e a tese prescreve a desconstituição do direito subjetivo de que o sujeito ativo esteve investido: "deve ser a extinção do direito".

Quando recolhida no domínio da facticidade jurídica, a decadência vai aparecer como acontecimento que se dá no tempo histórico e no espaço social. Exemplificando: "a Fazenda Nacional deixou escoar o intervalo de 5 (cinco) anos sem celebrar o ato jurídico-administrativo de lançamento, que lhe competia privativamente". Uma vez relatado esse evento, em linguagem competente, isto é, segundo as provas em direito admitidas, dar-se-á o efeito extintivo que lhe é próprio. Menciona-se aqui a ocorrência do "fato decadencial", não se utilizando, nesse ângulo de observação, da palavra "instituto", que fica reservada ao conhecimento da entidade enquanto estrutura normativa.

Breve investigação semântica revelará nada menos do que seis acepções para o vocábulo "decadência" no campo do direito tributário: (i) como norma geral e abstrata; (ii) como a hipótese dessa norma, descrevendo o termo final de um lapso de tempo; (iii) como o conseqüente da norma geral e abstrata, tipificando o efeito extintivo; (iv) como norma individual e concreta que constitui o fato de haver decorrido o tempo referido na regra geral e abstrata, no mesmo instante em que determina, no conseqüente, o efeito fulminante de desconstituir uma relação existente; (v) como o antecedente desta última norma individual e concreta; e (vi) tão-só como o conseqüente, também, desta última regra. Seu uso, na linguagem técnica do direito posto, ou na linguagem científica da Dogmática, sugere, portanto, o processo de elucidação, pois nem sempre o contexto virá em socorro do intérprete, ficando iminente o equívoco.

O Código Tributário Nacional disciplina a figura da decadência nos arts. 173 e 150, § 4º, aplicáveis, respectivamente, aos tributos sujeitos a lançamento de ofício e aos submetidos ao chamado lançamento por homologação.

Tratando-se de tributo sujeito a lançamento realizado pela Administração (lançamento de ofício), a regra decadencial, repetimos, vem estabelecida no art. 173 do Código Tributário Nacional, prescrevendo:

> Art. 173. O direito de a Fazenda Pública constituir o crédito tributário extingue-se após 5 (cinco) anos, contados:
>
> I – do primeiro dia do exercício seguinte àquele em que o lançamento poderia ter sido efetuado;
> II – da data em que se tornar definitiva a decisão que houver anulado, por vício formal, o lançamento anteriormente efetuado.

O efeito extintivo previsto é o do desaparecimento do direito da Fazenda, consistente em exercer sua competência administrativa para constituir o crédito tributário. Reconhecido o fato da decadência, sua eficácia jurídica será a de fulminar a possibilidade de a autoridade administrativa competente realizar o ato jurídico-administrativo do lançamento. Sabemos que, sem efetuá-lo, não se configura o fato jurídico e, por via de conseqüência, também não se instaura a obrigação tributária. É fácil concluir que, nesse caso, a decadência não extingue a relação jurídica tributária, mas tão-somente a competência para que os agentes do poder tributante celebrem o ato de lançamento. A caducidade será extintiva do vínculo apenas nas circunstâncias em que tiver sido alegada pelo interessado e reconhecida pelo órgão credenciado pelo sistema, depois de ter nascido a obrigação tributária. Aqui, sim, o efeito será terminativo da relação. Em ambos os casos, porém, trata-se mesmo é do direito de a Fazenda Pública editar a norma individual e concreta do lançamento.

Na hipótese de tributo sujeito a lançamento por homologação, a Fazendo Pública, no exercício de sua função fiscalizadora, deve acompanhar de perto o comportamento dos seus administrados, zelando pela observância das obrigações a que estão submetidos. O direito positivo estabelece prazo definitivo para que a entidade tributante proceda à constituição ou modificação dos créditos aos quais tem direito. Dentro desse período e, ao controlar a conduta dos seus supostos contribuintes, está habilitada a formalizar as exigências que entender cabíveis, celebrando os respectivos atos de lançamento tributário. Então, o que de efetivo acontece no caso dos chamados lançamentos por homologação, é que os agentes públicos visitam os possíveis contribuintes, fiscalizando-os. Na eventualidade de encontrarem prestações não recolhidas ou irregularidade que implique falta de pagamento de tributos, havendo tempo (isto é, não tendo fluído o prazo da caducidade), constituem o crédito tributário e celebram o ato de aplicação da penalidade cabível em face do ilícito cometido. O preceito decadencial, nesse caso, é diverso, sendo veiculado no art. 150, § 4º, do Código Tributário Nacional, que fixa o prazo de 5 anos para que se faça a homologação, a contar da ocorrência do "fato gerador". Transcorrido esse prazo sem que a Administração Pública se tenha pronunciado, considera-se homologado o lançamento e definitivamente extinto o crédito tributário.

Isso significa que, uma vez exaurido o prazo de 5 anos a contar do acontecimento tributário cuja tributação incumbia à iniciativa do contribuinte (lançamento por homologação), não pode o Poder Público reclamar seu direito subjetivo ao gravame, visto que está extinto o crédito tributário. Temos para nós que esse lapso de tempo termina com o fato jurídico da decadência, como defende grande parte da doutrina especializada e como reiteradamente têm-se manifestado os tribunais administrativos e judiciais.

12.2.   *Prazo decadencial aplicável às contribuições previdenciárias*

Como visto, as contribuições ostentam natureza jurídico-tributária. Assim, sendo tributos, as contribuições previdenciárias estão sujeitas às normas veiculadas pelo Código Tributário Nacional, que foi recepcionado pela Constituição de 1988, com status de lei complementar, inclusive para harmonizar-se com o disposto no inciso III do art. 146 da Lei Maior.

Desse modo, se o Código Tributário Nacional, considerado como norma geral de direito tributário e, portanto, com força de lei complementar, dispõe sobre o prazo de decadência para fins de constituição dos mais diversos créditos tributários, evidente que qualquer lei ordinária modificadora desse prazo será ilegal e inconstitucional, pois é vedado à lei ordinária tratar de matéria reservada à lei complementar. E foi exatamente isso o que pretendeu a Lei n. 8.212/91, em seu art. 45. Tal dispositivo representa frustrada tentativa de ampliar o prazo para constituição dos créditos da seguridade social, estendendo-os de 5 para 10 anos.

Determinação desse jaez não encontra respaldo na sistemática constitucional vigente, pois o veículo introdutor "lei ordinária" não é apto para desencadear alterações em matéria de decadência tributária. Esse é um assunto ao qual, dada a sua relevância para a manutenção da segurança jurídica e estabilidade das relações sociais, o constituinte conferiu especial vigilância, exigindo que sejam disciplinados por lei complementar.

Proclama o inciso III, *b,* do art. 146 da Constituição da República que cabe à lei complementar estabelecer normas gerais em matéria de legislação tributária, especialmente sobre prescrição e decadência. Em seguida, o art. 149 preceitua que a União tem competência exclusiva para instituir contribuições, observado o disposto nos arts. 146, III, e 150, I e III. Verifica-se que, por expressa disposição da norma inserida no art. 149 supracitado, as contribuições sociais, das quais é subespécie a contribuição previdenciária, sujeitam-se à observância do disposto no art. 146, III, b, para todos os fins de direito. Daí decorre a inconstitucionalidade formal do art. 45 da Lei n. 8.212/91, que acaba por dispor sobre matéria para a qual não tem competência, uma vez que o assunto decadência só pode ser regulamentado por lei complementar.

Nesse sentido são as recentes manifestações do Superior Tribunal de Justiça, como se depreende da ementa abaixo:

> Processual civil e tributário. Ação declaratória. Imprescritibilidade. Inocorrência.
> Contribuições para a seguridade social. Prazo decadencial para o lançamento.

Inconstitucionalidade do art. 45 da Lei n. 8.212, de 1991. Ofensa ao art. 146, III, *b*, da Constituição.

1. (...)

2. As contribuições sociais, inclusive as destinadas a financiar a seguridade social (CF, art. 195), têm, no regime da Constituição de 1988, natureza tributária. Por isso mesmo, aplica-se também a elas o disposto no art. 146, III, b, da Constituição, segundo o qual cabe à lei complementar dispor sobre normas gerais em matéria de prescrição e decadência tributárias, compreendida nessa cláusula inclusive a fixação dos respectivos prazos. Conseqüentemente, padece de inconstitucionalidade formal o artigo 45 da Lei 8.212, de 1991, que fixou em dez anos o prazo de decadência para o lançamento das contribuições sociais devidas à Previdência Social.

3. Instauração do incidente de inconstitucionalidade perante a Corte Especial (CF, art. 97; CPC, arts. 480-482; RISTJ, art. 200) (AgRg no REsp. n. 616.348/MG, 1ª T., un., Rel. Min. Teori Albino Zavascki, j. em 14.12.2004, DJ de 14.02.2005, p. 144).

Esse tem sido, também, o posicionamento do Primeiro Conselho de Contribuintes:

Decadência. O prazo de decadência das contribuições sociais é o constante no art. 150, do CTN (cinco anos contados do fato gerador), que tem caráter de Lei Complementar, não podendo a Lei Ordinária n. 8.212/91 estabelecer prazo diverso. Recurso parcialmente provido. (5ª Câm., Ac. 105-15.295, Rel. Cons. Daniel Sahagoff, j. em 13.09.2005)

Em síntese, se a alínea *b* do inc. III do art. 146 da Carta Fundamental impõe a necessidade de lei complementar para dispor sobre decadência e, por outro lado, se já existe texto com status de lei complementar sobre o assunto, assume feição ostensiva a subordinação das contribuições previdenciárias à norma veiculada pelo art. 150, § 4º, todos do Código Tributário Nacional, visto tratar-se de tributos sujeitos ao lançamento por homologação.

III. DAS CONCLUSÕES

Segundo a legislação trabalhista, os prêmios são ganhos eventuais, não possuindo natureza salarial. Assim, caso o empregado receba premiações em virtude de cumprimento de metas pré-estabelecidas pelo empregador e sem habitualidade, não integram o salário do empregado. Nesse sentido têm se pronunciado os Tribunais Regionais do Trabalho e o Tribunal Superior do Trabalho, como demonstrado no desenvolvimento deste Parecer.

A "eventualidade" está caracterizada quando existe campanha de incentivo que estabeleça metas a serem atingidas, de modo que a premiação seja concedida somente na hipótese de tais condições serem plenamente cumpridas. Na premiação por desempenho, a que estamos nos referindo, o beneficiário é contemplado apenas se o desejar e desde que concluídos os requisitos necessários para tanto, razão pela qual se configura a aleatoriedade. O prêmio é aleatório, porquanto o acontecimento que lhe dá causa exige, dentre outros elementos, a própria aceitação do benefício, podendo verificar-se ou não: o ganho do pretenso beneficiário depende de fatos futuros e incertos.

Quanto às premiações realizadas pelas empresas a beneficiários sem vínculo empregatício, também não se trata de remuneração. Na prestação de serviços há certa tarefa a ser obrigatoriamente cumprida, sendo o tomador compelido a remunerá-la. Tratando-se de premiação, as condições podem ser cumpridas ou não pelo beneficiário, sem que isso lhe acarrete sanção alguma. Assim, como nos casos de premiação inexistem serviços prestados por terceiros, não há que falar em retributividade e, conseqüentemente, em remuneração.

Dessa forma, descartada a característica de vínculo laboral, empregatício ou não, afastam-se as inferências que dele decorrem, inclusive as de natureza previdenciária. Nos termos do art. 195, I, *a* e II, da Constituição, as contribuições previdenciárias incidem sobre "salário" e "demais rendimentos do trabalho", motivo pelo qual, não se tratando de remuneração, inadmissível pretender incluir os valores dos prêmios de incentivo nas bases de cálculo de tais tributos.

É preciso deixar bem claro, porém, que para ter-se, verdadeiramente, a figura da premiação, esta deve ser eventual, dependente de acontecimento futuro e incerto, e concedida em função de metas pré-estabelecidas, para recompensar a pessoa física que, por seu esforço, dedicação e desempenho, cumpre específicas condições impostas para o recebimento de tal vantagem. Preenchidos esses requisitos, a premiação, qualquer que seja sua forma (em dinheiro ou em bens e serviços), não se enquadra no conceito de salário nem de remuneração, não estando sujeita às contribuições previdenciárias.

O imposto sobre a renda, por sua vez, tem por hipótese de incidência o fato de alguma pessoa auferir disponibilidade jurídica ou econômica de renda, consistente no acréscimo patrimonial verificado em determinado dia, termo final do período tomado como referência. O conteúdo semântico do vocábulo "renda" compreende o saldo positivo resultante do confronto entre certas entradas e saídas, ocorridas ao longo de um dado intervalo temporal.

Objetivando facilitar a fiscalização e a arrecadação tributária, porém, o legislador da União criou a figura da "retenção na fonte" do imposto sobre a renda, em que se efetua antecipação do tributo supostamente devido. Ao especificar as circunstâncias em que tal operacionalidade seria aplicada, a Lei n. 8.981/95 e o Regulamento do Imposto sobre a Renda referiram-se aos prêmios distribuídos em concursos e sorteios, nada dizendo a respeito da premiação de incentivo, concedida pelo atingimento de metas estabelecidas pelo patrocinador. Logo, por ausência de previsão legal, não há como impor a essa modalidade de prêmio a figura da retenção na fonte. Em vista disso, para serem gravados pelo imposto sobre a renda, os prêmios devem representar acréscimo patrimonial efetivo, o que se verifica ao final do período de apuração. Nesse caso, o tributo devido deve ser exigido diretamente do beneficiário, por ser ele o contribuinte do imposto, manifestando capacidade contributiva.

As empresas de marketing de incentivo criam, planejam e implantam programas de motivação, no correr dos quais são concedidos os prêmios. Ao fazê-los, prestam serviços ao patrocinador, figurando como intermediárias dos valores e bens destinados à premiação. Não são elas, portanto, quem oferecem os prêmios aos beneficiários, sendo inadmissível sua responsabilização por eventuais tributos incidentes sobre esses valores.

Pelos mesmos motivos, como o desembolso da premiação é feito pelo patrocinador, a este cabe empreender as deduções das respectivas quantias, para fins de cálculo e recolhimento do imposto sobre a renda da pessoa jurídica e da contribuição social sobre o lucro líquido.

Por fim, convém esclarecer que os documentos relativos a tais atividades devem ser guardados pelo período de 5 anos, visto que ao fim desse intervalo opera-se a decadência do direito de se constituir créditos relativos a contribuições previdenciárias, nos termos prescritos pelo art. 150, § 4º, do Código Tributário Nacional.

É meu parecer.

Paulo de Barros Carvalho

O marketing de incentivo e as contribuições sociais

Wagner Balera

Objeto do estudo

As empresas que integram o Comitê de Marketing de Incentivo da Associação de Marketing Promocional (AMPRO) formulam *Consulta* de diversos aspectos relacionados com tal atividade.

Considerada a ausência de regulamentação normativa genérica a respeito, esperam sugestões a respeito de eventual proposta de concreta disciplina formal da matéria.

Como introdução ao tema genérico que será objeto do Parecer, valho-me das próprias considerações expendidas pelas Consulentes que assim se expressam:

A atividade de marketing de incentivo tem por objeto a motivação de colaboradores internos (empregados) e externos (terceiros sem vínculo empregatício) com o cliente, bem como o reconhecimento daqueles que se destacam.

Para tanto, os clientes contratam as empresas de marketing de incentivo que, com seu *know-how,* planejam, criam, organizam e desenvolvem campanhas motivacionais e eventos para esse fim.

As campanhas podem ser formatadas pelo próprio cliente. Neste caso, as empresas de marketing de incentivo são contratadas somente para organizar a premiação.

O colaborador que se destacar na campanha de incentivo pode ser reconhecido simplesmente com um prêmio simbólico (troféu, medalha) ou por meio de outras recompensas as quais podem ser ofertadas pelos clientes a seus contemplados, das seguintes formas:

(i) Premiação por meio de cartões de débito utilizados para compras de bens e serviços em estabelecimentos afiliados às bandeiras Visa, Visa Electron, Redeshop e/ou para saque de prêmio em dinheiro junto a bancos credenciados (Banco do Brasil, Itaú, HSBC, Banco 24 horas etc);

(ii) Premiação por meio de cartões de débito utilizados somente para compras em redes de lojas que vendem bens e serviços;

(iii) Premiação por meio de *vouchers* de compras com valor expresso em reais, utilizados somente para compras em rede de lojas credenciadas por empresas de marketing de incentivo;

(iv) Premiação em bens ou serviços (TV, geladeira, DVD, viagens etc);

(v) Premiação por pontos, que acumulados são trocados por prêmios disponibilizados em catálogos;

A simples leitura desse enunciado revela o surgimento das mais diversas situações jurídicas materiais e procedimentais, de estrutura, natureza e regime dos mais variados. De logo, podem ser identificados os deveres, as obrigações, os ônus e as imposições que essa complexa estrutura abrange.

Para que o assunto mereça ordenação adequada, pretendem ver respondidas as seguintes questões:

Quesito 1)   Qual a natureza da relação que se estabelece entre agência, cliente e beneficiário?

Quesito 2)   Há incidência de contribuição previdenciária sobre prêmios ofertados a empregados?

Quesito 3)   Em caso afirmativo, quem é o responsável pelo recolhimento da contribuição previdenciária incidente sobre prêmios?

Quesito 4)   Há incidência de contribuição previdenciária sobre prêmios ofertados a terceiros sem vínculo empregatício com o cliente?

Quesito 5)   Em caso afirmativo, quem é o responsável pelo recolhimento?

Quesito 6)   É importante ter uma campanha de incentivo com regras bem definidas, demonstrando que somente tem direito ao prêmio o empregado ou terceiro sem vínculo que se destaque e cumpra os objetivos previamente definidos?

Quesito 7)   Há diferença no impacto previdenciário dependendo da forma de premiar dinheiro, bens, cartões de premiação, *vouchers* substituíveis por bens ou pontos?

Quesito 8) As empresas de marketing de incentivo são prestadoras de serviços de intermediação em premiação, ora organizando campanhas e premiação, ora organizando somente a distribuição dos prêmios. Há responsabilidade tributária das empresas de marketing de incentivo sobre os prêmios ofertados pelos clientes aos seus empregados e/ou a terceiros sem vínculo?

Observe, desde logo, que não pretendo seguir a ordem dos quesitos. Estruturarei o estudo segundo a seqüência lógica do assunto que, em meu entender, obedece à própria definição da natureza jurídica da situação descrita na Consulta.

PRIMEIRA PARTE – A QUESTÃO CIVIL

I. DA RELAÇÃO JURÍDICA

Há situações de natureza e estrutura obrigacional e de natureza e estrutura não-obrigacional no bojo do entramado em que se desenvolve o negócio jurídico que aqui se examina.

De fato, como razão de ser da própria atividade de marketing de incentivo que as Consulentes se propuseram a desenvolver, o seu *metier* consiste na elaboração de campanhas motivacionais sob encomenda dos clientes que as contratam.

Importa considerar que a configuração da campanha é descrita e individualizada de harmonia com os critérios adrede estabelecidos pelo cliente. Cumpre à empresa de marketing de incentivo, apenas e tão somente, operacionalizar a campanha para que a mesma atinja o seu fim último de preparar a premiação de quem se destaque em determinada atividade distinta daquela que é desenvolvida com habitualidade. A existência de vínculos colaterais adjacentes a tal programa não afeta o negócio jurídico no essencial.

As Consulentes, denominadas na Consulta como agências, são empresas de marketing de incentivo, cujo objeto social é a prestação de serviços de criação, planejamento e implantação, por conta de terceiros, de sistemas e/ou convênios de qualquer natureza, informatizados ou não, em especial nas áreas de motivação, incentivos, promoções, viagens, lazer, entretenimento e outros, por meio de emissão, própria ou por terceiros, de vales-cupons ou cartões para trocas por bens ou serviços.

Promovem, ainda, a organização e gerenciamento de promoções voltadas ao público em geral, objetivando a fidelização de clientela, a promoção de bens e serviços em geral e o agenciamento de propaganda e publicidade nos exatos termos de seus respectivos Estatutos Sociais.

Diante de sua atividade fim, são contratadas por empresas dos mais diferentes ramos de atividades para que promovam campanhas motivadoras dirigidas tanto aos empregados dessas empresas quanto a colaboradores seus que com elas não detêm qualquer vínculo empregatício.

Há aqui uma importante distinção a fazer.

É que, sem embargo da aparente unidade de situações que confluem para um objetivo comum, resultam estabelecidas duas relações jurídicas distintas entre as partes envolvidas, cada uma delas revestida de características próprias e que acarretam, naturalmente, a submissão a regimes jurídicos diversos.

Uma delas, vinculando a agência e sua cliente, tem nítida relação contratual de prestação de serviços de natureza civil. A outra, por seu turno, configura vínculo obrigacional, também de natureza civil, no qual são titulares a cliente e o beneficiário. Cumpre ressaltar, portanto, que a empresa de marketing intermedia a relação civil que vinculará a cliente e o beneficiário, engendrando e operacionalizando a promessa de recompensa sem, contudo, integrar o liame jurídico que se forma entre o promitente, que será o cliente, e o beneficiário.

A prestação de serviços, impropriamente designada no Diploma Civil de 1916 como locação de serviços, é definida pela doutrina como "contrato pelo qual uma das partes se obriga para com a outra a prestar-lhe uma atividade lícita, material ou imaterial, mediante remuneração"[1].

O contrato de prestação de serviços tem por objeto determinada obrigação de fazer (o *facere*, segundo a terminologia dos romanos) ou seja, a prestação de atividade lícita, não vedada pela lei e pelos bons costumes, oriunda da energia humana, que pode ser material ou imaterial. No caso concreto se subsume na promoção, organização e gerenciamento de campanhas de incentivo.

---

[1]   DINIZ, Maria Helena. *Código Civil anotado*. 8. ed. São Paulo: Saraiva, 2002. p 391.

O dispositivo do Código Civil supracitado, ao disciplinar essa espécie de contrato, ressalva que serão aplicadas as normas que regulam a prestação de serviços à atividade que não estiver sujeita às leis trabalhistas, ou seja, que não se enquadrar no conceito legal de trabalho ou qualquer outra norma especial.

Com efeito, os contratos firmados entre a agência e os clientes não preenchem os requisitos mínimos configuradores da relação trabalhista[2]. Não há habitualidade, nem sequer vínculo de subordinação. A subordinação do empregado às ordens do empregador, de forma não eventual, é a mais evidente manifestação da existência de um contrato de emprego[3], o que não se verifica na relação entre agência e cliente. Outrossim, o contrato de trabalho está relacionado ao emprego e, sendo objeto de disciplina própria, com prevalência do caráter público que decorre sua inderrogabilidade pela convenção das partes (CLT, art. 9°), não se enquadra na situação fática descrita pelas Consulentes.

De acordo com a situação a mim apresentada, a agência convenciona com o cliente os serviços que serão prestados, pactuando livremente a forma de execução, o lugar e a remuneração, sem ficar adstrito a qualquer uma das normas cogentes do Direito do Trabalho. Por se tratar de relação diversa da trabalhista, prevalece o princípio da autonomia privada.

Tem-se, pois, que a prestação de serviços é o contrato consensual, que se aperfeiçoa mediante simples acordo de vontades entre partes, cujo objeto é certa e determinada obrigação de fazer, ou seja, a prestação de atividade lícita, não vedada pela lei ou pelos bons costumes, oriunda da energia humana aproveitada por outrem e que pode ser material ou imaterial[4].

Vislumbro na relação jurídica que se forma, caracteres jurídicos indispensáveis à configuração do contrato como: *a) bilateralidade,* posto desse contrato decorrerem obrigações para ambas a partes, quais sejam o dever de remunerar o

---

[2] Art. 3° Considera-se empregado toda pessoa física que prestar serviços de natureza não eventual a empregador, sob a dependência deste e mediante salário.

[3] CARRION, Valentin. *Comentários à Consolidação das Leis do Trabalho.* 30. ed. São Paulo: Saraiva, 1931. p. 38.

[4] DINIZ, Maria Helena. Op. cit. p. 392.

avençado para o contratante e a obrigação de prestar o serviço para a agência contratada; *b) onerosidade,* pois dá origem a benefícios ou vantagens para um e outro contratante; *c) consensualidade,* como em qualquer outro contrato é o elemento essencial, eis que se aperfeiçoa mediante o simples acordo de vontade.

Do exposto, resulta uma relação estabelecida entre dois sujeitos – a empresa de marketing de incentivo e seus clientes – com manifesta natureza civil, de índole contratual, cujo objeto é a *prestação de serviços,* submetida à legislação civil.

Por seu turno, entre o beneficiário, que tanto podem ser os empregados da empresa contratante como terceiros sem qualquer vínculo com ela, e a cliente, resulta estabelecida relação jurídica de natureza distinta, resultante de declaração unilateral da vontade, disciplinada no Código Civil.

Como lembra Manuel de Andrade:

> Quanto aos negócios unilaterais precisaremos que a declaração ou declarações de vontade que os constituem se dirigem a produzir *só por si, com o eventual concurso de alguma outra circunstância, mas sempre sem necessidade de concordância do adversário,* o efeito prático-jurídico visado. (grifos do autor)[5]

Percebe-se a nítida distinção entre as duas figuras que o citado autor português considera a mais importante das classificações dos negócios jurídicos[6].

Ao contratar empresa de marketing para organizar certa campanha de incentivo, comprometendo-se a premiar quem venha a atingir meta ou resultado preestabelecido, se subsume a cliente nos moldes da figura jurídica da *promessa de recompensa* que, em algumas situações, apresenta as especificidades da sua modalidade de concurso.

A promessa de recompensa é definida pela doutrina civilística como "ato obrigacional de alguém que, por anúncio público, se compromete a recompensar, ou gratificar, pessoa que preencha certa condição ou desempenhe certo serviço"[7].

---

[5]　ANDRADE, Manuel A. Domingues de. *Teoria geral da relação jurídica.* Coimbra: Almedina, 1974, v. II, p. 41.

[6]　Op. loc. cit., p. 37. "Negócios Jurídicos Unilaterais e Negócios Jurídicos Bilaterais... É esta a mais importante de todas as classificações dos negócios jurídicos. O critério que lhe serve de base é o da estrutura do negócio, isto é, do fato (Tatbestand) negocial; mais precisamente, é o do número e modo de composição das declarações de vontade que constituem o negócio."

[7]　FIUZA, Ricardo. *Novo Código Civil comentado.* 5. ed. atual. São Paulo: Saraiva, 2006. p. 692.

Assim, ao disciplinar essa espécie de ato unilateral, dispõe o Código Civil:

> Art. 854. Aquele que, por anúncios públicos, se comprometer a recompensar, ou gratificar, a quem preencha certa condição, ou desempenhe certo serviço, contrai obrigação de cumprir o prometido.

Ao tecer seus comentários ao instituto da promessa de recompensa no Código Civil de 1916, o notável autor de seu anteprojeto, Clóvis Bevilacqua, o conceituou como "uma das fórmas de obrigações resultantes de declaração unilateral da vontade, e, em rigor, é, apenas, uma aplicação do princípio da obrigatoriedade da promessa feita á pessôa ausente"[8].

Note-se que o Código Civil vigente manteve integralmente a redação do Diploma de 1916.

Maria Helena Diniz, ao debruçar-se sobre o assunto, definiu a promessa de recompensa no vigente Código Civil como:

> a declaração de vontade feita mediante anúncio público, pela qual alguém se obriga a gratificar quem se encontrar em certa situação ou praticar determinado ato, independentemente do consentimento do eventual credor[9].

Diante da elucidação trazida pela doutrina especializada, cumpre analisar os componentes da estrutura normativa, para que se verifique a perfeita subsunção da situação de fato negocial (o Tatbestand) ao instituto civil, tudo para que se possa, sem qualquer dúvida, enquadrá-la no regime jurídico aplicável.

Quando a norma ordena a forma através da qual se dá a publicidade da promessa, referindo-se a *anúncios públicos*, é possível inferir que a oferta é dirigida à pessoa indeterminada.

Atentemos bem. A oferta atende ao interesse de determinada pessoa – o proponente – que encontrará (ou não) receptividade de número indeterminado de pessoas.

Contudo, essa circunstância não impede que a promessa possa ser dirigida a determinado grupo de pessoas, relacionadas por um vínculo em comum, representativo de interesses análogos, como alunos de determinada faculdade, empregados de certa empresa ou, ainda, determinada categoria profissional. Deverá

---

[8] BEVILAQUA, Clóvis. *Código Civil dos Estados Unidos do Brasil comentado.* Edição histórica. Rio de Janeiro: Editora Rio, 1958. p. 653.

[9] DINIZ, Maria Helena. *Código Civil Anotado*, 8ª ed. São Paulo: Saraiva, 2002. p. 511.

ser indeterminada a pessoa que preencherá as condições, independentemente de pertencer a certo grupo.

Nesse sentido também é o entendimento de Pontes de Miranda ao ensinar que: "o número mínimo para que a promessa seja ao público é o de dois; o máximo, a humanidade"[10].

Conforme se vislumbra do caso posto sob o meu estudo, as campanhas motivacionais são oferecidas, de ordinário, a equipes de profissionais, com o intuito de incentivarem a melhoria do desempenho do grupo por intermédio da disputa entre seus integrantes, individualmente considerados, tudo com o fito de obtenção dos melhores resultados para o empreendimento.

É indiferente para a configuração da promessa de recompensa se entre o beneficiário e o cliente existe ou não relação de emprego. Presentes os elementos configuradores do referido ato obrigacional, estará configurada a promessa, com a conseqüente e automática aplicação das regras pertinentes.

Deve ser ressaltado que, conforme aduzido, a empresa de marketing de incentivo figura como intermediadora da campanha, veiculando a promessa em nome da cliente. Portanto, a relação que obriga a entrega da recompensa quando finalizado o certame e verificado o preenchimento dos requisitos previamente estipulados, dar-se-á entre a cliente e o beneficiário.

Há que se destacar que o *anúncio público* preconizado pela norma, por se tratar de declaração unilateral de vontade, pressupõe seja realizado através de qualquer meio idôneo, desde que seja apto a tornar pública a promessa. Assim, por exemplo, o rádio, a televisão, cartazes, distribuição de boletim interno, mala direta, jornais e até oralmente num recinto ou auditório como admite Washington de Barros Monteiro[11].

A generalidade da doutrina mostra certa vacilação a respeito do momento no qual o negócio se aperfeiçoa. De um lado, argumenta-se que o aperfeiçoamento se daria no instante em que alguém desempenha o serviço reclamado, em contraposição aos que defendem que a mera promessa é suficiente.

---

[10] PONTES DE MIRANDA, Francisco Cavalcanti. *Da promessa de recompensa*. Campinas: Bookseller, 2001. p. 31 e 283.

[11] MONTEIRO, Washington de Barros. *Curso de direito civil.* 18. ed. São Paulo: Saraiva, 1983. 5. v. p. 383.

A primeira corrente não parece ter razão no particular. Como já se afiançou, aceitar tal linha de argumentação significaria a tentativa de catalogação da promessa de recompensa dentre os negócios bilaterias, mais especificamente na categoria dos contratos. Posição que confronta abertamente com a orientação adotada pelo Código Civil.

Observamos que, desde o Diploma de 1916, a promessa de recompensa encontra-se inserida no Capítulo dos Atos Unilaterais, inaugurando-o. Ademais, a orientação adotada pelo Código Civil está em consonância com os interesses sociais.

Em verdade, a promessa torna-se perfeita e acabada desde o momento em que a oferta ganha publicidade e passa, por assim dizer, a ter vida própria.

A promessa de prêmio a quem quer realizar determinada tarefa, logrando o resultado visado ou a meta estipulada, suscita justa expectativa sobre a premiação.

Como aduz Silvio Rodrigues[12], o interesse social consistente no atendimento da expectativa gerada pela promessa, o que justifica sua obrigatoriedade.

Outros doutrinadores chegam a invocar a ética substanciada na palavra dada[13].

Portanto, como se depreende do Código Civil, a concepção contratual foi afastada para atribuir à promessa de recompensa, caráter de obrigação que decorre da mera declaração unilateral de vontade. O legislador atribuiu direito à "recompensa" a quem quer que satisfaça a condição ou realize o serviço estipulado.

Para que nenhuma dúvida pairasse, o art. 855 do citado Diploma comanda:

> Art. 855. Quem quer que, nos termos do artigo antecedente, fizer o serviço, ou satisfizer a condição, ainda que não pelo interesse da promessa, poderá exigir a recompensa estipulada.

O exemplo doutrinário clássico é o da promessa de prêmio à primeira pessoa que atravessar, neste ano, o Canal da Mancha a nado. O prêmio será devido ao atleta que o fizer, ainda que este desconheça a promessa.

Nas situações de fato submetidas a exame neste estudo, constantes de vasto material a mim encaminhado, quando a agência promove determinada campanha motivacional para a qual foi contratada promete, em nome da cliente, recompensa na forma de prêmio a quem quer que venha a se destacar *preenchendo certa condição*

---

[12] RODRIGUES, Silvio. *Dos contratos e das declarações unilaterias da vontade.* 14. ed. 3.v. São Paulo: Saraiva, 1985. p. 414.

[13] MONTEIRO, Washington de Barros. Op. cit., p. 383.

ou desempenhando certo serviço nos precisos termos fixados no Regulamento atinente a tal campanha. Trata-se, pois, de modelo que se encaixa no tipo normativo civil definidor da promessa de recompensa.

Admitir-se-á, por outro lado, a revogabilidade da promessa pelo próprio promitente, desde que não tenha assinalado prazo à execução da tarefa, o que ordinariamente não ocorre nas campanhas sob análise. No caso das empresas de marketing e incentivo promocional, o prazo para alcance de meta ou resultado é um dos *essenciallia* do negócio.

Ademais, a lei somente admite a revogação se o serviço ainda não tiver sido prestado ou se não foi preenchida a condição, ficando obrigado o promitente a cumprir o prometido da mesma forma com que realizou a oferta.

É perfeitamente possível que a campanha motivacional empreendida, segundo os diversos formatos que assume, se enquadre em uma das modalidades de promessa de recompensa denominada *concurso*.

O concurso distingue-se da promessa e, por ser variedade dessa espécie, oferece particularidades, conforme examinaremos.

Os serviços a que se refere o art. 854 do Código Civil Brasileiro nem sempre exigem qualidades técnicas especiais de quem se disponha a prestá-los, *v.g.*, achar objetos perdidos, denunciar criminosos procurados. Conquanto exija certo esforço, não obriga a manifestação de capacidade técnica, diferentemente do que ocorre no concurso, como no caso do vestibular de ingresso a curso superior.

Outra distinção importante, conforme a percepção de Antunes Varela, é entre recompensa e celebração. Enquanto na primeira o que se premia é a prática de certo fato (por exemplo, o triunfo numa competição), na segunda o que se pretende é solenizar certo acontecimento (promessa de uma soma a quem tiver nascido em certa data)[14]. Em suma, qualquer dessas modalidades pode ser apta a configurar a disputa.

O que se pretende, com efeito, é galardoar aquele que tenha obtido o melhor resultado. O fim último da premiação será, nas mais das vezes, o incentivo à excelência. Quem quer contar com os melhores talentos trata de revelá-los dos mais distintos modos.

No caso das campanhas promovidas pelas empresas de marketing de incentivo, cumpre notar que os participantes, cujo objetivo consiste na melhoria nos resulta-

---

[14] VARELA, João de Matos Antunes. *Das obrigações em geral*. 10. ed. v. I. Coimbra: Almedina, 2000. p. 445.

dos da empresa contratante, devem reunir qualidades mínimas e específicas para que, com esforço e energia, se revelem aptos a pôr impacto nos resultados que alcançarem. De modo que, mesmo sendo pública, a oferta se dirige a certo grupo que, pelas suas naturais aptidões, estará preparado para a disputa.

Conquanto haja certa distinção, no plano teórico, entre os institutos da promessa de recompensa e do concurso, não são essas figuras compartimentos estanques do negócio unilateral. Haverá situações que configuram, rigorosamente, a mescla entre os dois instrumentais jurídicos.

Veja-se o que acontece com a recompensa paga a empregado que se destacou no exercício de suas funções, obtendo o resultado previsto como meta. Evidentemente, houve o emprego de esforços, mas o escopo pode não ter se relacionado com a obtenção do prêmio. Por vezes o profissional pretendeu, tão somente, demonstrar suas qualidades profissionais, prontidão e eficiência. A premiação vem a surgir, pode-se dizer, como um acréscimo. Aqui, nesta hipótese fática híbrida, estão presentes características tanto da promessa de recompensa como do concurso.

A distinção mais marcante entre as duas figuras se dá com a obrigatória estipulação de prazo nos concursos, o que também decorre a sua irrevogabilidade. Diversamente, a promessa de recompensa pode ou não assinalar prazo para execução da tarefa, sendo que, na segunda hipótese, é passível de revogação.

Destaque-se, ademais, que quem se submete ao concurso aceita a decisão do julgador designado pelo anúncio ou Regulamento, como se observa nas diversas campanhas implantadas em empresas. Portanto, o vínculo obrigacional estabelecido entre o cliente e o beneficiário possui natureza de ato unilateral de manifestação de vontade, na modalidade de promessa de recompensa ou na sua subespécie concurso, devendo ser adimplido nos termos do conteúdo da campanha organizada pela empresa de marketing de incentivo.

A perplexidade que causa essa figura, um tanto distinta das tradicionais espécies de negócios obrigacionais do direito privado é explicada por Karl Larenz, o mais reputado dos comentadores do Código Civil Alemão. Larenz afirma que a promessa de recompensa é a única exceção ao chamado *princípio do contrato,* tal como previsto nos §§ 657 e seguintes do BGB[15].

---

[15] Apud VARELA, João de Matos Antunes. *Das obrigações em geral.* p. 438. O princípio do contrato, figura existente nas fontes romanas, obrigava as pessoas ao uso das formas negociais típicas.

A sistemática da promessa de recompensa consiste, em breve síntese, na declaração unilateral de vontade que obriga aquele que a emite a gratificar quem se coloque em certa situação ou pratique determinado fato, independentemente do consenso do eventual credor, desde o instante em que se torna pública.

O requisito da premiação, genérico e impessoal, é unicamente o cumprimento das condições de exigibilidade estipuladas na oferta que se fez pública. Sempre considerado, é claro, o escopo do melhor resultado alcançado por quem participou da promoção desse modo engendrada.

II. DA CAMPANHA DE INCENTIVO. ESTRUTURA E DISCIPLINA

Para que fique bem configurada a campanha de incentivo, é imprescindível que resulte preestabelecido um especial procedimento, cujo desenvolvimento seguirá o regulamento prescrito para tanto. A observância rigorosa do regulamento, aliás, pode constituir o objeto de um direito subjetivo dos indivíduos defronte a empresa e, subsidiariamente, perante quem tenha interesse econômico na promoção realizada. Esse conteúdo complexo da relação jurídica aqui examinada permite o respectivo acompanhamento, em cada uma das suas diferentes etapas, pelos interessados.

É necessário, pois, garantir-se a publicidade adequada de todos os termos da campanha e do seu resultado.

O resultado, constituindo a parte essencial e fundamental da relação, revelando o vencedor (ou vencedores) da campanha pode ser concretamente indicado com o termo de crédito porquanto constitui o vitorioso no direito de perceber o prêmio oferecido, *crédito* esse a que corresponde o *débito* do cliente da empresa de marketing de incentivo.

De notar que o dever de cumprir prestação de certa natureza (como se viu, a premiação pode consistir num sem número de objetos) em favor do vitorioso na campanha, no lugar em que se desenvolveu, no prazo estipulado em regulamento, de certa forma (através de crédito, de bônus, de troféu, de *voucher* etc.) faz parte da obrigação contratada pelo cliente da empresa de marketing de incentivo.

Não há, portanto, que se intentar estabelecer distintas situações jurídicas em que se situasse o vencedor do concurso diante da empresa que o promoveu, de um lado, e o vencedor do concurso e aquele para quem presta, de ordinário, sua colaboração profissional, de outro. Tudo gira em torno de um mesmo fato constitutivo

– a campanha – atrelado ao contrato anteriormente firmado entre o cliente e a empresa cuja atividade consiste na elaboração do referido concurso.

O lançamento de programa de incentivo envolve a adoção de estratégias de marketing, que pode ser definido como "o processo de planejar e executar a concepção, a determinação do preço (*princing*), a promoção e a distribuição de idéias, bens e serviços para criar trocas que satisfaçam metas individuais e organizacionais"[16].

Desta forma, a promoção se torna conhecida por meio de publicidade amplamente acessível, com a finalidade de atrair funcionários da empresa contratada a fim de que estes implementem metas capazes de incrementar o negócio social mediante o pagamento de prêmio.

A finalidade precípua da implantação do programa de incentivos é, manifestamente, a de incremento das atividades da empresa de arte a torná-la mais competitiva no mercado.

Para tanto, são oferecidos estímulos extraordinários aos trabalhadores que colaboram com a empresa. Estes serão livres para aderir ou não ao plano engendrado pela entidade promotora do programa. A adesão dependerá única e exclusivamente do juízo de valor daquele que resolve aderir, baseado tal juízo no nexo entre a vantagem que está sendo oferecida e o esforço que, certamente, exigirá para ser conquistada.

Os benefícios incluem os de ordem funcional, emocional e monetário. Os custos podem ser os de tempo, de energia e os psicológicos. Se o resultado da razão for igual a um, o funcionário ficará indiferente; se for maior, seguirá o programa e, caso menor, irá descartá-lo[17].

Destarte, a definição do programa levará em conta as diversas variáveis que o compõe, procurando-se a elevação dos benefícios e a diminuição dos custos, a fim de contar com a participação do maior número possível de pessoas, interessados em atingir as condições adrede definidas.

Na mesma esteira, procura-se por meio de técnicas de marketing atrair o participante para a campanha, através de propostas convidativas que satisfaçam os interesses dos trabalhadores. Denota-se, que o contato inicial instiga a curiosidade

---

[16] KOTLER, Philip. A*dministração de marketing: a edição do novo milênio*. Tradução de Bazán Tecnologia e Lingüística. 10. ed. São Paulo: Prentice Hall, 2000. p. 30.

[17] Ibidem, p. 33.

pela campanha, estimulando o beneficiário a buscar demais informações sobre o programa.

O traço essencial de que se deve revestir o conteúdo do programa é a sua excepcionalidade. Trata-se, com efeito, não apenas de estratégia de vendas de determinado bem, mas de efetivo programa de incentivo do qual não pode estar ausente o interesse social, que tanto pode estar representado pela melhor qualidade do produto oferecido quanto pela maior quantidade de informações que, a partir de então, estará à disposição dos consumidores.

A rotineira e repetitiva promessa de recompensa, sem qualquer originalidade ou peculiaridade, se resultasse restrita a mera promoção publicitária, acabaria por destruir o sentido simbólico ou solene do prêmio, criando a perigosa confusão com a remuneração do empregado.

A adoção de critérios prévia e rigorosamente definidos do programa de incentivo possui, portanto, diversas finalidades, dentre as quais podemos destacar: *a)* estimular o empenho e motivar o participante na realização de suas atividades; *b)* proporcionar a participação do maior número possível de funcionários dentro do setor da empresa, alvo do programa; *c)* incutir o interesse social que a promoção representa para o mercado e; *d)* descaracterizar a natureza remuneratória do prêmio concedido.

Do ponto de vista estritamente mercadológico a terceira finalidade é, sem nenhum favor, a mais importante. Mas dela não me cabe tecer maiores considerações.

De especial interesse jurídico se reveste a quarta finalidade. Somente com a fixação de parâmetros claramente definidos e do mais amplo acesso de todos os possíveis participantes às regras adrede estipuladas será possível a caracterização da verdadeira natureza do prêmio como lídima declaração unilateral de vontade, totalmente desvinculada do conceito de remuneração.

Cada campanha deve ter como eixos estruturais alguns elementos mínimos que, a título enunciativo, posso assim identificar: a) público-alvo; b) condição; c) termo; d) premiação.

Inicialmente, cumpre salientar que a publicidade é elemento essencial para caracterização da promessa de recompensa. Somente quando a oferta tornar-se de conhecimento público é que o promitente estará obrigado ao pagamento do prêmio, tão logo cumprida a estipulação.

Para a implantação do programa, há de ser selecionado o *público-alvo* da campanha, determinando-se a área da empresa que será atingida, assim como quais serão aqueles que, mediante certos requisitos, a ela estarão habilitados a participar.

Conforme adrede mencionado, a doutrina aponta a possibilidade de limitar-se o grupo que fará jus à recompensa após o implemento da condição, desde que se estenda a promessa a pelo menos dois participantes.

Antunes Varela esclarece que tal circunstância não retira a básica característica da indeterminação, elemento presente no negócio jurídico em estudo: "A indeterminação pode, todavia, limitar-se a um círculo mais ou menos restrito de pessoas (alunos duma escola, jogadores dum clube desportivo, naturais duma povoação, assinantes dum jornal ou duma revista, etc.)"[18].

É importante lembrar que a escolha arbitrária do grupo-alvo do programa de incentivo pode, eventualmente, desvirtuar a natureza do prêmio, deixando transparecer que, sem embargo da aparente roupagem de recompensa, esteja oculto o móvel salarial da iniciativa. A seleção do grupo deve estar baseada exclusivamente em critérios objetivos, relevantes para o funcionamento da campanha, que prestigiem as finalidades pretendidas com a implantação do programa. Ponderadas a coerência entre a condição ou serviço a ser implementado e os potenciais participantes selecionados, nenhum reparo poderá ser opor à iniciativa.

A *condição* é, portanto, o segundo critério a ser nitidamente especificado na campanha a ser introduzida. Trata-se, pois, de promessa condicional que somente aperfeiçoa o negócio jurídico quando preenchidos certos parâmetros específicos.

Evidentemente, só fará jus ao prêmio quem tenha cumprido os objetivos adrede definidos e expostos publicamente, devendo todos os que se habilitaram à contenda poder reconhecer e identificar no resultado os critérios determinantes do sucesso alcançado por um ou alguns dos integrantes do grupo.

Cumpre salientar que, no caso de premiação vinculada à implementação de metas, os objetivos almejados deverão ser traçados segundo rígidos critérios de avaliação e alcance de resultados, sob pena de favorecimento de alguns concorrentes em detrimento dos demais. Mostra-se, pois, imperioso o descarte de parâmetros subjetivos no estabelecimento das metas a serem cumpridas ou na avaliação do resultado trazido pelo participante.

---

[18] VARELA, João de Matos Antunes. Op. cit. p. 443.

O regulamento a ser instituído deverá definir, com claridade e objetividade, o itinerário procedimental de apuração da participação nos resultados a ser implementado defronte ao pessoal.

A avaliação dos resultados surge, deste modo, como o corolário natural do programa.

Mediante verificação do cumprimento de metas e alcance de resultados, serão examinadas: a) prévia determinação da condição e prazo para seu cumprimento; b) exemplos dos meios adotados para atingi-la; c) constatação do resultado obtido e seu confronto com a meta adrede definida; d) verificação do nexo entre a conduta do concorrente e o alcance da referida meta.

Sublinhe-se, desde logo, que se mostra irrelevante à caracterização da situação jurídica em estudo saber-se se o participante adotou determinada conduta com o fito de obtenção do prêmio. Interessa constatar, isso sim, o nexo entre as ações do concorrente e a implementação da condição dentro do prazo previsto. O ato volitivo do participante é, pois, substituído pela estrutura regulamentar que, em atenção à repercussão social do seu feito, impõe ao proponente a paga da promessa estipulada.

A característica da autonomia privada está presente neste negócio jurídico não apenas na oferta inicial como, igualmente, no evolver das suas ulteriores etapas. Destarte, o resultado do empreendimento não se confundirá, de nenhum modo, com a remuneração paga aos trabalhadores se o critério mediante o qual tal resultado é apurado não se confundir com a comum avaliação que o patrão faz sobre o trabalho daqueles que estão sob suas ordens.

A autenticidade ao trato dado às partes, justificativa das quotas com que serão aquinhoados os trabalhadores, estará perfeitamente delimitada pela moldura do negócio, revelando o desempenho com que se houveram na disputa em conformidade com traçado fixado pelo regulamento do programa. Ao fato (*Tatbestand*) do resultado ajusta-se a premiação, sem qualquer relação com a ordinária remuneração a que, nos termos da relação de trabalho ou do contrato de prestação de serviços, fazem jus os trabalhadores.

Mostra-se igualmente importante a definição do *termo* em que a condição estipulada deverá ser adimplida.

Como proposta de atuação que é, demarcada pela sua natureza excepcional, o programa de incentivo deve ter duração limitada e periodicidade eventual.

Seu escopo há de perdurar por determinado período de tempo, ao cabo do qual, apurados os resultados, deverá se dar por encerrado. Trata-se, deste modo, de sazonal situação não apenas fixando o prazo para que os interessados manifestem sua intenção de participar da disputa como mediante estipulação do momento em que será considerada implementada a condição.

Por fim, deve ser estipulado, minuciosamente, o teor da *premiação,* além do momento em que a mesma será concretizada. A fixação de modalidades alternativas de prêmios somente encontraria justificativas se fosse difícil ou mesmo impossível, na eventualidade de vários concorrentes o merecerem, que todos recebessem o mesmo tipo ou espécie de prebenda.

Aliás, é de toda a conveniência que os prêmios, de algum modo, cambiem entre as diferentes campanhas, como que para mais atraírem os participantes da jornada.

Como que sumariando essas circunstâncias, constata Pontes de Miranda, o mais afamado monografista do tema:

> Se existe uma lei que faz vinculativa a promessa (e quando dizemos lei não nos referimos somente à lei escrita), a relação desde logo se estabelece entre promitente e sociedade, pela lei, que é o instrumento para se realizar um dos processos adaptativos de sociedade. Se não há, como em vários países, a vinculação é nenhuma, antes da aceitação. De modo que, sem lei, a relação é direta entre promitente e promissário, mas apenas a partir da aceitação, prestação do serviço, entrega do objeto inventado etc.; com a lei, a relação é direta entre promitente e sociedade (...).
>
> Na atualidade, a promessa de recompensa não se dirige a 'ninguém', mas a 'todos' ou, precisamente, a quem, dentre todos, preste o serviço, exercite o que se estipula, exiba o que se perdeu etc. (...).
>
> Na promessa de recompensa não há, no momento da formação da 'obligatio' uma coincidência entre a vontade do promitente e a do beneficiário incerto, mas não basta isto para que se negue a coincidência entre a vontade da lei e a do declarante, porque sem a estipulação legal não nasceria do ato unilateral o vínculo. (...).
>
> Os negócios jurídicos só podem ser unilaterais (isto é, pode não se dar neles a convergência das vontades de mais de um figurante) se intervém a lei, como expressão da política jurídica. Então a outra figura é a sociedade. (...). O instituto da declaração unilateral não é peculiar ao direito civil e só se opera quando a sociedade tem de acautelar interesses de alguém, que ainda ou já não pode figurar, imediata ou cientemente, no negócio bilateral. Assim na oferta de contrato, quer a pessoa indeterminada, quer determinada, por meio de cartas, anúncios, verbalmente, em pregões ou em autômatos; na estipulação em favor de terceiro; nas promessas de recompensa; nos títulos ao portador etc. Mas a explicação do fato só deve e somente poderá ser entre pessoas, porque se passa no mundo social. A oferta é obrigativa e mantém-se vinculante do seu autor, ainda que esse morra ou caia em incapacidade. Mas liga-o a quem? A si mesmo, respondem uns, sem atenderem a

que, assim, reduzem o direito a um caso de consciência, a um simples fato interno. Ao 'alter', dizemos nós. É a lei quer prescreve, no interesse social, esta vincularidade. O direito é um mínimo ético, como quer Jellinek; mas as raias do mínimo quem as fixa é a lei, o Estado, a sociedade, e no precisá-las há a política jurídica, que fecunda os atos e as omissões para a criação de laços jurídicos, de relações.[19]

SEGUNDA PARTE – A QUESTÃO FISCAL

Antes de passar a responder especificamente às questões formuladas quanto a esta segunda parte da problemática enfrentada, pelo prisma dos Consulentes, pretendo tecer rápidas considerações sobre o financiamento do sistema previdenciário.

A relação sinistro/prêmio, inerente ao contrato de seguro, estabelece que quanto maior o risco de sinistro, tanto maior deverá ser o prêmio vertido por aquele que toma o seguro. Esta relação cria diferenciação essencial e peculiar entre os tributos destinados a custear o sistema da seguridade social e as demais receitas tributárias. Pode-se mesmo dizer que, no sistema tributário vigente, as contribuições para a seguridade social possuem regime jurídico distinto dos demais tributos.

A fonte de financiamento do sistema de seguridade social se identifica, plenamente, com determinada espécie de tributo: a contribuição. Gomes de Sousa, ao lavrar o art. 95 do Projeto do atual Código Tributário Nacional deixara claramente assentado, que: "Art. 95. São contribuições ou tributos que não sejam especificamente impostos ou taxas"[20].

Um dos traços característicos dessa receita é a estreita correlação (verdadeiro nexo ontológico) que se estabelece entre a remuneração paga ao trabalhador e o benefício que o mesmo terá direito a perceber se quando ficar sujeito às situações de necessidade adrede definidas como riscos sociais.

Portanto, como se destina a financiar prestação substitutiva da remuneração, o custeio dos benefícios não pode tomar por base valores que, pela sua natureza essencialmente transitória, não se incorporam ao ganho do trabalhador. Este

---

[19] PONTES DE MIRANDA, Francisco Cavalcanti. Op. cit., p. 13, 26, 143-4.

[20] SOUSA, Rubens Gomes de. *A previdência social e os municípios. RDP* 24/236. É a redação do primeiro Anteprojeto, de 1953, do que viria a ser o Código Tributário Nacional.

último, enquanto estiver doente ou quando vier a se aposentar, não mais carecerá de recursos financeiros para cobrir tal ou qual despesa.

Há, pois, um mote determinante; quase que um pressuposto prévio para a incidência das contribuições: é a repercussão que os valores pagos ao trabalhador terão no seu futuro de seguridade social. Se e quando não houver repercussão, não há que se falar em contribuição social.

Sempre que a empresa, para atender às suas próprias conveniências de produção, proporcionar melhores condições de trabalho aos seus empregados e dirigentes, mediante o pagamento de qualquer importância, pode (e deve), de pronto, se indagar: o trabalhador deverá contar no futuro com tal quantitativo quando, em gozo de benefício, não mais estiver prestando serviços a esta instituição? Se a resposta for negativa e a legislação for omissa, estará diante do vasto campo da não incidência fiscal.

Se a resposta for negativa e, ainda assim, a legislação descrever a hipótese de incidência para aquele caso, cumpre indagar da constitucionalidade do preceito.

As contribuições sociais são tributos cujo fato gerador se relaciona de modo indireto e mediato com a atividade estatal que essas exações financiam. Deve existir repercussão necessária, tal como no seguro, do montante da contribuição sobre a prestação de benefício com que será aquinhoado, a seu tempo, o segurado.

Feita esta breve introdução, passemos ao exame das situações em que os clientes dos Consulentes premiam seus empregados e também seus colaboradores (sem vínculo de emprego), estudando os quesitos formulados.

III. HIPÓTESE DE NÃO-INCIDÊNCIA PREVIDENCIÁRIA

Cumpre-nos entender o significado dessas duas palavras: "remuneração" e "utilidade", catalogadas no Plano de Custeio mas oriundas da legislação trabalhista.

Embora o direito do trabalho empregue a palavra remuneração ora como gênero compreendendo salário (pagamento fixo) e outras figuras de natureza salarial (gratificação, adicional), ora como sinônimo de salário, pode-se dizer que remuneração é o ato pelo qual o empregado recebe pelo seu trabalho[21].

---

[21] MASCARO, Amauri. *Iniciação ao direito do trabalho*. 23. ed. São Paulo: LTr, 1997. p. 303.

A Consolidação das Leis do Trabalho prescreve, no art. 458, que além do pagamento em dinheiro, compreendem-se no salário, para todos os efeitos legais, a alimentação, habitação, vestuário e outras prestações *in natura* que a empresa, por força do contrato ou do costume, fornecer *habitualmente* ao empregado.

Outrossim, o salário *in natura,* ou utilidade, que integram a remuneração do trabalhador, consiste no pagamento em espécie, em utilidade vitais que não o dinheiro[22].

A base de cálculo do tributo contribuição social devida pelo trabalhador, comanda a Lei n. 8.212, de julho de 1991, é o denominado salário-de-contribuição.

A ordem normativa brasileira não admite, de nenhum modo, a escolha aleatória dessa base de cálculo.

A rigidez constitucional do sistema tributário (Ataliba)[23] associa a base de cálculo à hipótese de incidência.

Por tal razão, advertíamos em outra oportunidade:

> Quando, porém, o legislador deixa de estabelecer uma simetria entre a hipótese, no seu aspecto material, e a conseqüência, em seu aspecto (ou critério) quantitativo criando situação jurídica tributária distinta da que anuncia na descrição legal, está desfigurando deliberadamente o tributo em seu próprio cerne.[24]

Consiste, pois, o salário-de-contribuição em um dos conceitos fundamentais do Plano de Custeio, delineados precisamente no art. 28 da Lei n. 8.212, de julho de 1991, que enuncia, com claridade, quais as verbas que integram e quais aquelas que não integram o *salário-de-contribuição.*

Assim se acha redigido o referido preceptivo legal:

> Art. 28. Entende-se por salário-de-contribuição:
>
> I – para o empregado e trabalhador avulso: a remuneração auferida em uma ou mais empresas, assim entendida a totalidade dos rendimentos pagos, devidos ou creditados a qualquer título, durante o mês, destinados a retribuir o trabalho, qualquer que seja a sua forma, inclusive as gorjetas, os ganhos habituais sob a forma de utilidades e os adiantamentos decorrentes de reajuste salarial, quer pelos serviços efetivamente prestados, quer pelo tempo à disposição do em-

---

[22] CARRION, Valentin. *Comentários à Consolidação das Leis do Trabalho.* 30. ed. São Paulo: Saraiva, 2005. p. 308.

[23] ATALIBA, Geraldo. *Hipótese de incidência tributária.* São Paulo: Malheiros, RT, 1973.

[24] Cf. a nosso base de cálculo dos tributos. *Caderno de Pesquisas Tributárias.* n. 7, 1982, p. 363.

pregador ou tomador de serviços nos termos da lei ou do contrato ou, ainda, de convenção ou acordo coletivo de trabalho ou sentença normativa; *(Redação dada pela Lei n. 9.528, de 10.12.97)*

II – para o empregado doméstico: a remuneração registrada na Carteira de Trabalho e Previdência Social, observadas as normas a serem estabelecidas em regulamento para comprovação do vínculo empregatício e do valor da remuneração;

III – para o contribuinte individual: a remuneração auferida em uma ou mais empresas ou pelo exercício de sua atividade por conta própria, durante o mês, observado o limite máximo a que se refere o § 5º. *(Redação dada pela Lei n. 9.876, de 26.11.99)*

IV – para o segurado facultativo: o valor por ele declarado, observado o limite máximo a que se refere o § 5º. *(Incluído pela Lei n. 9.876, de 26.11.99)*

§ 1º Quando a admissão, a dispensa, o afastamento ou a falta do empregado ocorrer no curso do mês, o salário-de-contribuição será proporcional ao número de dias de trabalho efetivo, na forma estabelecida em regulamento.

§ 2º O salário-maternidade é considerado salário-de-contribuição.

§ 3º O limite mínimo do salário-de-contribuição corresponde ao piso salarial, legal ou normativo, da categoria ou, inexistindo este, ao salário mínimo, tomado no seu valor mensal, diário ou horário, conforme o ajustado e o tempo de trabalho efetivo durante o mês. *(Redação dada pela Lei n. 9.528, de 10.12.97)*

§ 4º O limite mínimo do salário-de-contribuição do menor aprendiz corresponde à sua remuneração mínima definida em lei.

§ 5º O limite máximo do salário-de-contribuição é de Cr$ 170.000,00 (cento e setenta mil cruzeiros), reajustado a partir da data da entrada em vigor desta Lei, na mesma época e com os mesmos índices que os do reajustamento dos benefícios de prestação continuada da Previdência Social. *(Valor atualizado pelo Decreto n. 5.872, de 11 de agosto de 2006, para R$2.801,82 (dois mil oitocentos e um reais e oitenta e dois centavos), válido a partir de 1º de agosto de 2006.)*

§ 6º No prazo de 180 (cento e oitenta) dias, a contar da data de publicação desta Lei, o Poder Executivo encaminhará ao Congresso Nacional projeto de lei estabelecendo a previdência complementar, pública e privada, em especial para os que possam contribuir acima do limite máximo estipulado no parágrafo anterior deste artigo.

§ 7º O décimo-terceiro salário (gratificação natalina) integra o salário-de-contribuição, exceto para o cálculo de benefício, na forma estabelecida em regulamento. (Redação dada pela Lei n. 8.870, de 15.4.94)

§ 8º Integram o salário-de-contribuição pelo seu valor total: (Redação dada pela Lei n. 9.528, de 10.12.97)

a) o total das diárias pagas, quando excedente a 50% (cinqüenta por cento) da remuneração mensal; *(Incluído pela Lei n. 9.528, de 10.12.97) b)* (Vetada)

c) (Revogada pela Lei n. 9.711, de 20.11.98)

§ 9º Não integram o salário-de-contribuição para os fins desta Lei, exclusivamente: *(Redação dada pela Lei n. 9.528, de 10.12.97)*

a) os benefícios da previdência social, nos termos e limites legais, salvo o salário-maternidade; *(Redação dada pela Lei n. 9.528, de 10.12.97)*

b) as ajudas de custo e o adicional mensal recebidos pelo aeronauta nos termos da Lei n. 5.929, de 30 de outubro de 1973;

c) a parcela *in natura* recebida de acordo com os programas de alimentação aprovados pelo Ministério do Trabalho e da Previdência Social, nos termos da Lei n. 6.321, de 14 de abril de 1976;

d) as importâncias recebidas a título de férias indenizadas e respectivo adicional constitucional, inclusive o valor correspondente à dobra da remuneração de férias de que trata o art. 137 da Consolidação das Leis do Trabalho-CLT; *(Redação dada pela Lei n. 9.528, de 10.12.97)*

e) as importâncias: *(Incluído pela Lei n. 9.528, de 10.12.97)*

1. previstas no inciso I do art. 10 do Ato das Disposições Constitucionais Transitórias; *(Incluído pela Lei n. 9.528, de 10.12.97)*

2. relativas à indenização por tempo de serviço, anterior a 5 de outubro de 1988, do empregado não optante pelo Fundo de Garantia do Tempo de Serviço-FGTS; *(Incluído pela Lei n. 9.528, de 10.12.97)*

3. recebidas a título da indenização de que trata o art. 479 da CLT; *(Incluído pela Lei n. 9.528, de 10.12.97)*

4. recebidas a título da indenização de que trata o art. 14 da Lei n. 5.889, de 8 de junho de 1973; *(Incluído pela Lei n. 9.528, de 10.12.97)*

5. recebidas a título de incentivo à demissão; *(Incluído pela Lei n. 9.528, de 10.12.97)*

6. recebidas a título de abono de férias na forma dos arts. 143 e 144 da CLT; *(Incluído pela Lei n. 9.711, de 20.11.98)*

7. recebidas a título de ganhos eventuais e os abonos expressamente desvinculados do salário; *(Incluído pela Lei n. 9.711, de 20.11.98)*

8. recebidas a título de licença-prêmio indenizada; (Incluído pela Lei n. 9.711, de 20.11.98)

9. recebidas a título da indenização de que trata o art. 9º da Lei n. 7.238, de 29 de outubro de 1984; *(Incluído pela Lei n. 9.711, de 20.11.98)*

f) a parcela recebida a título de vale-transporte, na forma da legislação própria;

g) a ajuda de custo, em parcela única, recebida exclusivamente em decorrência de mudança de local de trabalho do empregado, na forma do art. 470 da CLT; *(Redação dada pela Lei n. 9.528, de 10.12.97)*

h) as diárias para viagens, desde que não excedam a 50% (cinqüenta por cento) da remuneração mensal;

i) a importância recebida a título de bolsa de complementação educacional de estagiário, quando paga nos termos da Lei n. 6.494, de 7 de dezembro de 1977;

j) a participação nos lucros ou resultados da empresa, quando paga ou creditada de acordo com lei específica;

l) o abono do Programa de Integração Social-PIS e do Programa de Assistência ao Servidor Público-PASEP; *(Incluído pela Lei n. 9.528, de 10.12.97)*

m) os valores correspondentes a transporte, alimentação e habitação fornecidos pela empresa ao empregado contratado para trabalhar em localidade distante da de sua residência, em canteiro de obras ou local que, por força da atividade, exija deslocamento e estada, observadas as normas de proteção estabelecidas pelo Ministério do Trabalho; *(Incluído pela Lei n. 9.528, de 10.12.97)*

n) a importância paga ao empregado a título de complementação ao valor do auxílio-doença, desde que este direito seja extensivo à totalidade dos empregados da empresa; *(Incluído pela Lei n. 9.528, de 10.12.97)*

o) as parcelas destinadas à assistência ao trabalhador da agroindústria canavieira, de que trata o art. 36 da Lei n. 4.870, de 1º de dezembro de 1965; *(Incluído pela Lei n. 9.528, de 10.12.97)*

p) o valor das contribuições efetivamente pago pela pessoa jurídica relativo a programa de previdência complementar, aberto ou fechado, desde que disponível à totalidade de seus empregados e dirigentes, observados, no que couber, os arts. 9º e 468 da CLT; *(Incluído pela Lei n. 9.528, de 10.12.97)*

q) o valor relativo à assistência prestada por serviço médico ou odontológico, próprio da empresa ou por ela conveniado, inclusive o reembolso de despesas com medicamentos, óculos, aparelhos ortopédicos, despesas médico-hospitalares e outras similares, desde que a cobertura abranja a totalidade dos empregados e dirigentes da empresa; *(Incluído pela Lei n. 9.528, de 10.12.97)*

r) o valor correspondente a vestuários, equipamentos e outros acessórios fornecidos ao empregado e utilizados no local do trabalho para prestação dos respectivos serviços; *(Incluído pela Lei n. 9.528, de 10.12.97)*

s) o ressarcimento de despesas pelo uso de veículo do empregado e o reembolso creche pago em conformidade com a legislação trabalhista, observado o limite máximo de seis anos de idade, quando devidamente comprovadas as despesas realizadas; *(Incluído pela Lei n. 9.528, de 10.12.97)*

t) o valor relativo a plano educacional que vise à educação básica, nos termos do art. 21 da Lei n. 9.394, de 20 de dezembro de 1996, e a cursos de capacitação e qualificação profissionais vinculados às atividades desenvolvidas pela empresa, desde que não seja utilizado em substituição de parcela salarial e que todos os empregados e dirigentes tenham acesso ao mesmo; *(Redação dada pela Lei n. 9.711, de 20.11.98) u)* a importância recebida a título de bolsa de aprendizagem garantida ao adolescente até quatorze anos de idade, de acordo com o disposto no art. 64 da Lei n. 8.069, de 13 de julho de 1990; (Incluído pela Lei n. 9.528, de 10.12.97)

v) os valores recebidos em decorrência da cessão de direitos autorais; *(Incluído pela Lei n. 9.528, de 10.12.97)*

x) o valor da multa prevista no § 8º do art. 477 da CLT. *(Incluído pela Lei n. 9.528, de 10.12.97)*

§ 10. Considera-se salário-de-contribuição, para o segurado empregado e trabalhador avulso, na condição prevista no § 5º do art. 12, a remuneração efetivamente auferida na entidade sindical ou empresa de origem. *(Incluído pela Lei n. 9.528, de 10.12.97)* (grifos nossos)

Verifica-se, deste modo, que o prêmio instituído no programa de premiação aos empregados e colaboradores sem vínculo, consistente em dinheiro, cartões de premiação, *vouchers* substituíveis por bens ou pontos, não encontra nenhum enquadramento na definição legal de remuneração, nem tampouco no conceito de salário-utilidade.

Premiações conferidas a quem deu cabal cumprimento a certas e determinadas metas, nada mais são do que incentivos ao bom desempenho no trabalho, vantagens esporádicas e estímulos à disputa leal entre companheiros de trabalho, conferidos por simples liberalidade do empregador, que de nenhum modo remuneram o trabalho prestado.

Conforme acentuei na primeira parte deste estudo, trata-se de negócio unilateral, oferecido por tempo certo e mediante condições adrede fixadas por determinada empresa expressamente contratada para a promoção de campanha de incentivo em nome e por conta da cliente que buscou seus serviços.

Celso Ribeiro Bastos[25] sublinha ser esse um signo da boa integração entre o trabalhador e a empresa, ressaltando que a participação promove a melhoria da condição social do trabalhador e o reconhecimento da força de trabalho no crescimento da empresa, ademais de valorizar o trabalho e estimular a produtividade.

Como leciona o saudoso Valentin Carrion:

> o prêmio costuma consistir na promessa de vantagem, em dinheiro ou não, caso certo empregado ou qualquer um dos que compõem um grupo atinja certo nível de produção ou observe determinada conduta[26].

---

[25] BASTOS, Celso Ribeiro. *Comentários à Constituição do Brasil: promulgada em 1988.* São Paulo: Saraiva, 1988-1989. p. 443.

[26] CARRION, Valentin. Op. cit., p. 308.

O "prêmio-troféu", não se integra na remuneração; o habitual sim. O mesmo se diga dos abonos [27].

Da lição transcrita, denota-se a necessidade da existência de habitualidade do pagamento do prêmio e a exata tipificação da habitualidade é necessária para a configuração do caráter salarial do mesmo. A habitualidade, como é sabido, se traduz na ocorrência repetida de certo evento ao longo do tempo.

Pela natureza do prêmio sob questão, não se pode nele identificar qualquer liame com o futuro da proteção social a ser implementada pelo sistema previdenciário em favor do trabalhador que a ele se encontra filiado.

Ninguém, neste mundo, ganha sempre. Perdemos, ganhamos, lutamos, recomeçamos. São contingências aleatórias de impossível cobertura pelo sistema do seguro social.

Os prêmios pagos ao segurado empregado não integram seu salário-de-contribuição e conseqüentemente não são passíveis de incidência previdenciária, posto que não configuram nenhuma das espécies de remuneração.

Trata-se de situações esporádicas, não habituais, aleatórias, excepcionais, motivadas por campanhas promocionais com prazo determinado de duração, mediante condições fixadas em regulamentos próprios, com montantes e expressões variáveis e em caráter de recompensa pelo êxito alcançado naquela jornada.

A premiação decorre do resultado positivo da disputa de que participou cada beneficiário, por sua livre e espontânea vontade, distinta completamente das naturais atribuições que desempenha na vida ordinária do seu labor, consoante os termos de regulamento tornado público por um terceiro, alheio ao contrato de trabalho, especialmente incumbido de promover um certame que é o desdobramento de ato unilateral de vontade previsto no art. 854 do Código Civil, a saber:

> Art. 854. Aquele que, por anúncios públicos, se comprometera recompensar, ou gratificar, a quem preencha certa condição, ou desempenhe certo serviço, contrai obrigação de cumprir o prometido.

Neste sentido, entende a Jurisprudência Pátria:

> Prêmio-produção e prêmio-assiduidade. Integração à remuneração. As parcelas pagas a título de prêmio-produção e prêmio-assiduidade não integram a remune-

---

[27] CARRION, Valentin. *Op. cit.*, p. 308. Esse também é o entendimento de RUSSOMANO, Mozart Victor. *Curso de previdência social.* p. 371.

ração do empregado, pois eram concedidas apenas quando atingidas determinadas metas preestabelecidas. Os prêmios eram pagos somente àqueles empregados que correspondem as suas finalidades, visando especificamente ao estímulo. Não se trata de proventos pagos sob o título de prêmio, que correspondem, na realidade, a retribuição de serviços prestados pelos empregados, mas, sim de recompensa. O prêmio é algo a mais ou de melhor obtido pelo empregado e, não, a contraprestação do trabalho realizado.[28]

Prêmio. Produtividade. Não-integração ao salário. O prêmio produção está vinculado à produtividade e não possui natureza salarial, já que espontaneamente outorgado pelo empregador vinculado a uma meta preestabelecida pela empresa, podendo ser suprimido se o trabalhador não preencher os requisitos para o reconhecimento da vantagem.[29]

Os prêmios pagos aos obreiros, por liberalidade patronal, que dependem do implemento de determinada condição, não possuem natureza salarial, razão pela qual não integram a remuneração do empregado.[30]

Assim, os prêmios consistem em contraprestações pagas pelo empregador ao empregado ou colaborador sem vínculo, em decorrência de evento ou circunstância relevante para a empresa e vinculada à conduta individual ou coletiva dos trabalhadores da empresa. Ou seja, os prêmios decorrem do êxito de cada trabalhador que voluntariamente adere a uma campanha especial, destinada a durar por determinada temporada, nos termos de regulamentação específica.

A rígida discriminação normativa não dá margem a qualquer dúvida. O legislador instituiu o *tipo fechado,* o conceito pleno de conteúdo regrado, diante do qual pouco ou quase nada resta ao trabalho do aplicador da norma jurídica, ao intérprete. *In claris cessat interpretatio,* já lecionavam os jurisconsultos romanos[31].

---

[28] TRT, 3ª R. ,4T., RO/5343/97, Rel. Juíza Deoclécia Amorelli Dias – *DJMG* 11/10/1997.

[29] TRT, 3ºR., 6T., RO/9719/02, Rel. Juíza Maria José Castro Baptista de Oliveira, *DJMG* 10.10.2002, p. 16.

[30] RR 316.466/96, Ac 2ª T., Rel. Min. José Bráulio Bassini – TST.

[31] Há quem faça referência ao princípio da legalidade tal como aparece no Direito Penal: *nullum crimen sine tipo.* No Direito Tributário também se fala em *nullum tributum sine tipo.* Cf., a propósito o meu: Princípios constitucionais tributários, *Caderno de Pesquisas Tributárias,* n. 18, co-edição Centro de Extensão Universitária e Editora Resenha Tributária, 1993. p. 371-98; e, igualmente, sobre a rígida discriminação normativa dos tributos no sistema jurídico brasileiro, os seguintes autores: XAVIER, Alberto. *Os princípios da legalidade e da tipicidade da tributação.* São Paulo: RT, 1978; DERZI, Mizabel de

Não se pode situar o prêmio dentre as bases de cálculo da contribuição social de seguridade porque o legislador, elaborando a rígida catalogação das situações que dão lugar à incidência, exclui dessa estrutura normativa fechada do tipo tributário social, toda e qualquer possibilidade de subsunção item 7 do § 9º, do art. 28 da Lei n. 8.212/91 – não integram o salário-de-contribuição, vale dizer: não são considerados integrantes do tipo tributário contribuição social os ganhos eventuais.

É bom que se reproduza, mais uma vez, o preceito colocado sob questionamento:

> § 9º Não integram o salário-de-contribuição para os fins desta Lei, exclusivamente:
>
> (...)
> e) as importâncias:
> (...)
> 7. recebidas a título de ganhos eventuais e os abonos expressamente desvinculados do salário.

Ao Poder Público não é dado fixar critérios de incidência que representem uma mais larga definição de base de cálculo de tributo, cujo teor já fora enunciado pela Constituição e pela Lei. Qualquer alargamento do conceito normativo, pela via estranha do lançamento, será manifesto desvio de poder.

Com efeito. Dentre as limitações constitucionais implícitas ao poder de tributar pela via das contribuições sociais está a da exigência do Plano de Custeio, no qual devem ser discriminadas todas as receitas da seguridade social.

No caso das contribuições sociais, tenho sustentado que às exigências regulares da tipicidade acrescentam-se outras próprias desse modo de financiamento da seguridade social, cuja peculiaridade reside na previsão das receitas aptas e suficientes para a cobertura integral das despesas[32].

Essa previsão impõe os mais rígidos padrões de definição normativa, único modo apto a permitir que os especialistas na ciência atuarial prevejam que montante de arrecadação é necessário para o pagamento das prestações.

Tudo depende da elaboração prévia do assim denominado PLANO DE CUSTEIO, cuja definição vinha estampada no antigo Regulamento do Regime da Previdência Social, nos seguintes termos:

Abreu Machado. *Direito tributário, direito penal e tipo*. São Paulo: RT, 1988; CARRAZZA, Roque Antonio. *Curso de direito constitucional tributário*. 12. ed. São Paulo: Malheiros, 1999.

[32] Cf. o meu: As contribuições sociais no sistema tributário. *Revista de Direito Tributário*, n. 62, p. 169 e seguintes.

Art. 273. O Plano de Custeio consistirá em um conteúdo de normas e previsões de despesas e receitas estabelecidas com base em avaliações atuariais e destinadas à planificação econômica do regime e seu conseqüente equilíbrio técnico-financeiro. (Decreto n. 72.771, de 6 de setembro de 1973, *DOU* – 10.9.1973.)

A Lei n. 8.212, de 1991, conquanto pretenda em sua ementa arrogar-se a função de Plano de Custeio, bem em verdade apenas arrola as fontes de custeio mediante as quais se compõe e estrutura o financiamento da seguridade social.

O Plano de Custeio propriamente dito consistirá, conforme a definição anteriormente transcrita, e em obediência ao disposto no art. 96 da mesma Lei Federal, em um quadro demonstrativo que, anualmente, acompanhará a proposta orçamentária da seguridade social a ser encaminhada ao Poder Legislativo.

A rigidez do sistema, impondo o itinerário apto à definição das diversas hipóteses de incidência de contribuições sociais, deve levar em conta três elementos essenciais: *a)* a experiência dos riscos; *b)* a prestação dos serviços, e *c)* as expectativas futuras de desenvolvimento do sistema[33].

É vedado ao administrador instituir, a seu talante, nova base de cálculo do tributo, violando a rigidez do sistema, a estrutura peculiar da seguridade social e a ordem jurídica vigente no Estado Democrático de Direito, valores todos que exigem constitucionalidade, legalidade e representatividade na atividade normativa.

Sublinho, entre parênteses, que é de todo indiferente ao raciocínio até aqui desenvolvido o indagar-se do preceituário legal que disciplina a premiação aos empregados. Esse assunto diz respeito, evidentemente, ao modo pelo qual serão creditadas em favor dos trabalhadores tais verbas, assunto de todo estranho ao fenômeno da tributação.

Voltemos ao ponto que nos interessa abordar melhor.

A premiação aos empregados e colaboradores sem vínculo, nada mais é do que ato unilateral. Para além dos rígidos esquemas salariais, os empresários oferecem e os trabalhadores conquistam, através de seu desempenho extraordinário, metas preestabelecidas.

Entendo que o procedimento levado a efeito pelas Consulentes é legítimo, neutro do ponto de vista da incidência das contribuições sociais, principalmente se

---

[33] Assim definia o Plano Plurianual de Custeio aprovado pelo Decreto n. 88.011, de 30.12.1982.

realizados em bens, serviços ou utilidades, excluindo-se a premiação em dinheiro, de que especificamente, tratarei mais adiante.

Estamos, pois, diante do fenômeno que certa doutrina denomina, com acerto, hipótese de não incidência tributária.

Como cautela, cumpre cuidar bem do documentário que demonstre a disputa entre os empregados e colaboradores sem vínculo. Até mesmo – se já não existe – o estabelecimento de cláusula no regulamento da campanha para a formação de um ranking, tudo a demonstrar as aleatórias condições de disputa de tal benesse, evitando-se, também, que a mesma se dê em espécie e sim por meio de bens, serviços ou utilidades, tais como, *vouchers* para compras em rede de lojas credenciadas, em bens (TV, DVD etc), serviços (viagens) ou utilidades, que podem ser escolhidos pelos trabalhadores, além da acumulação de pontos que serão trocados por bens à sua livre escolha.

Constatado que o montante pago representa premiação, portanto excluído da tributação, não pode existir nenhum interesse jurídico do Poder Público em invadir a seara de negócio específico, subordinado ao Direito Civil, livremente ofertado pela empresa a determinado grupo de participantes.

Assim sendo, a premiação oferecida aos empregados e colaboradores sem vínculo, participantes das campanhas, está excluída do conceito jurídico positivo fiscal de salário-de-contribuição, não devendo ser efetuado nenhum recolhimento ao cofre público sobre as premiações oferecidas pelas Consulentes com base em tais programas de incentivo e cumprimento de metas.

IV. SUJEITO PASSIVO DAS CONTRIBUIÇÕES SOCIAIS

Inicialmente cumpre esclarecer que, conforme aduzido, entendo que não incidem contribuições sociais sobre os prêmios pagos em virtude da implementação de planos de incentivo nos moldes elaborados pelas Consulentes.

Com efeito, a natureza jurídica da relação sob exame é a da promessa de recompensa na modalidade de concurso, regida pelos arts. 854 e ss. do Código Civil. Como espécie que tem por gênero as obrigações por declaração unilateral de vontade, o referido instituto tem como característica a voluntariedade por parte daquele que desempenhe a condição ou serviço anunciado.

Como se vê, a natureza obrigacional decorre não da manifesta vontade de ambas as partes, regra geral para o nascimento das relações de trabalho, mas do interesse social no cumprimento do que foi prometido por quem armou tal concurso, desde que cumpridas as condições regulamentares em que o mesmo deveria se desenvolver.

É a lei, portanto, que substitui a vontade de um dos pólos da relação, impondo o adimplemento do pagamento da recompensa, ainda que, quando tenha sido executado o estipulado, não tenha o destinatário feito com a intenção de receber o prêmio.

Ademais, restou devidamente explicitado que o tipo tributário, como tipo fechado, deve ter todos os seus critérios traçados em lei para que, verificada a conduta no plano fenomênico que perfeitamente se ajuste aos seus termos, nasça a relação jurídica através da qual o sujeito ativo será titular da pretensão de exigir prestação pecuniária de outrem.

Conforme asseverado, a Lei de Custeio da Seguridade Social não previu o prêmio ofertado pelas Consulentes dentre as diversas bases de incidência de contribuição social, nem tampouco elegeu aquele que seria o sujeito passivo de eventual relação de custeio (relação tributária) na hipótese em debate. Com efeito, restou cabalmente explicitado que está expressamente excluído do rol taxativo estampado no art. 28 do referido Diploma Legal o mecanismo eventual e determinado em que se traduz, nos termos da Lei Civil, a recompensa de pagamento de prêmios nos moldes propostos pelas Consulentes.

Feitas essas considerações iniciais, *ad argumentandum tantum,* aventarei situação hipotética de incidência, imaginando que, em devida regulamentação legal do tipo tributário adequado, o legislador trabalhasse sobre o sujeito passivo da obrigação tributária que, nos termos do CTN, pode ser ora o contribuinte ora o responsável pelo recolhimento dos tributos.

Para tanto, devo explicitar aspectos da relação jurídico-tributária que denomino, na seara previdenciária, calcado nos ensinamentos de Mattia Persiani, *relação de custeio.*

A relação de custeio nasce através de um pressuposto fático (Tatbestand), legalmente previsto, que, se e quando concretizado, ligará dois sujeitos, dando vida à pretensão de um defronte ao outro. Internamente presente na estrutura dos enunciados normativos encontra-se o operador deôntico, que caracteriza a relação no plano normativo como um "dever-ser", de modo que, dado um determinado antecedente, deverá ocorrer uma conseqüência, prevista no conseqüente da norma[34].

---

[34] Cf. CARVALHO, Paulo de Barros. *Fundamentos jurídicos da incidência tributária.* Tese apresentada ao concurso para professor-titular do Departamento de Direito Econômico e Financeiro, área de Direito Tributário, da Faculdade de Direito da Universidade de São Paulo. São Paulo: USP, 1996. p. 147.

Verificada no mundo fenomênico, a concretização do fato que perfeitamente se encaixe à hipótese legalmente prevista, nasce a relação de custeio, estabelecendo o liame necessário entre os sujeitos descritos na estrutura normativa[35].

Didaticamente, é por meio da dissecação da estrutura normativa, através da composição da regra-matriz de incidência tributária, que podemos com precisão reconhecer não apenas os sujeitos dessa relação, mas qual o critério material ou fato a ser verificado que, quando realizado pelo sujeito passivo, criará o vínculo obrigacional. A caracterização da regra-matriz nos permite, ainda, estipular a precisa quantificação da prestação devida, bem como o exato momento e em que espaço territorial que a verificação do fato descrito terá relevância jurídica.

Relativamente ao custeio da Seguridade Social, as hipóteses de incidência das contribuições sociais foram constitucionalmente previstas nos termos do art. 195 da Constituição Federal, 1988 que, atualmente, possui a seguinte redação:

> Art. 195. A seguridade social será financiada por toda a sociedade, de forma direta e indireta, nos termos da lei, mediante recursos provenientes dos orçamentos da União, dos Estados, do Distrito Federal e dos Municípios, e das seguintes contribuições sociais:
>
> I – do empregador, da empresa e da entidade a ela equiparada na forma da lei, incidentes sobre: *(Redação dada pela Emenda Constitucional n. 20, de 1998)*
>
> a) a folha de salários e demais rendimentos do trabalho pagos ou creditados, a qualquer título, à pessoa física que lhe preste serviço, mesmo sem vínculo empregatício; *(Incluído pela Emenda Constitucional n. 20, de 1998)*
>
> b) a receita ou o faturamento; *(Incluído pela Emenda Constitucional n. 20, de 1998)*
>
> c) o lucro; *(Incluído pela Emenda Constitucional n. 20, de 1998)*
>
> II – do trabalhador e dos demais segurados da previdência social, não incidindo contribuição sobre aposentadoria e pensão concedidas pelo regime geral de previdência social de que trata o art. 201; *(Redação dada pela Emenda Constitucional n. 20, de 1998)*
>
> III – sobre a receita de concursos de prognósticos.
>
> IV – do importador de bens ou serviços do exterior, ou de quem a lei a ele equiparar. *(Incluído pela Emenda Constitucional n. 42, de 19.12.2003)*

Como se vê, o financiamento da seguridade social segue o clássico modelo do seguro social, tendo sido eleitos pelo constituinte como responsáveis pelo custeio os empregadores e os empregados[36].

---

[35] Cf. BALERA, Wagner. A organização e o custeio da seguridade social. In: *Curso de direito previdenciário em homenagem a Moacyr Velloso Cardoso de Oliveira.* São Paulo: LTr, 2002. p. 51.

[36] Do meu: *Noções preliminares de direito previdenciário.* São Paulo: Quartier Latin, 2004. p. 127.

Os primeiros são chamados com base no princípio da solidariedade, proporcionando-se a distribuição do capital; os segundos são propriamente aqueles que irão usufruir diretamente dos benefícios, mormente no tocante à previdência social.

Conforme se depreende das alíquotas do inc. I do artigo em comento, são previstas três contribuições devidas pelas empresas e empregadores, com incidências: a) nos rendimentos pelo trabalho; b) na receita ou faturamento; c) no lucro.

Para este estudo, mostra-se necessário atermo-nos à contribuição incidente sobre rendimentos do trabalho.

Como pressuposto lógico para a incidência das contribuições instituídas com base nos rendimentos devidos pelo trabalho, faz-se mister a existência de vínculo empregatício entre o trabalhador e a empresa. Com efeito, os rendimentos serão pagos em remuneração aos serviços prestados, verificando-se, desta forma, o liame jurídico laborativo entre empresa e empregado.

Anoto que o vínculo obrigacional que liga o Poder Público e o empregador não se confunde com aquele que se estabelece entre o empregado e o Sistema de Seguridade Social.

Com efeito, outra relação de custeio pode ser instituída entre o segurado e o Poder Público, sendo que, por conta do princípio da autonomia da relação de custeio, jamais poderia o trabalhador ser responsabilizado pelo não repasse dos valores das contribuições que lhe são descontadas, nos termos da lei, pelo empregador, qualificado como responsável tributário.

Aliás, ainda que a retenção das contribuições não tivesse sido operada no plano fático, a lei presume que tal desconto tenha sido a tempo e a hora efetuado[37].

Não obstante a independência das diversas situações jurídicas verificadas entre os três sujeitos jurídicos que confluem no custeio da seguridade – trabalhador, empresa e Estado – conforme o desenho tracejado pelo constituinte de 1988, no tocante às contribuições sociais devidas pelas empresas, cumpre verificar a relação jurídica que estas venham a estabelecer com quem lhes preste serviços, ainda que sem vínculo empregatício.

De fato, a relação de trabalho é o único fato apto a gerar as duas relações jurídicas em torno das quais irá gravitar o fenômeno da seguridade social[38]. Os

---

[37] É o que estabelece o § 5º do art. 33 da Lei n. 8.212, de 1991.
[38] Op. cit., p. 129.

diversos aspectos que delineiam, de forma precisa e objetiva, os contornos desta modalidade de tributo foram enunciados na Lei n. 8.212, de 24 de julho de 1991, definidora do Custeio da Seguridade Social.

Nos termos do art. 22 da referida Lei ficará a cargo da empresa o recolhimento de contribuição social destinada à seguridade social de:

> I – vinte por cento sobre o total das remunerações pagas, devidas ou creditadas a qualquer título, durante o mês, aos segurados empregados e trabalhadores avulsos que lhe prestem serviços, destinadas a retribuir o trabalho, qualquer que seja a sua forma, inclusive as gorjetas, os ganhos habituais sob a forma de utilidades e os adiantamentos decorrentes de reajuste salarial, quer pelos serviços efetivamente prestados, quer pelo tempo à disposição do empregador ou tomador de serviços, nos termos da lei ou do contrato ou, ainda, de convenção ou acordo coletivo de trabalho ou sentença normativa. *(Redação dada pela Lei n. 9.876, de 26.11.99)*

Se considerarmos a estrutura normativa como ferramenta lógica para a incidência da matéria sobre a qual incide a contribuição social, o *critério material*, segundo a linguagem precisa de Paulo de Barros Carvalho[39], será a remuneração paga pela empresa à pessoa física, ainda que sem vínculo empregatício. A quantificação econômica de tal fato, ou o dito critério quantitativo, na linguagem do mesmo autor[40], corresponderá a 20% do total das remunerações pagas a esse título.

Desta forma, realizando a empresa a conduta descrita na hipótese, desencadear-se-á a relação de custeio da qual resulta o direito do Poder Público, sujeito ativo da obrigação tributária, em arrecadar da empresa, sujeito passivo da mesma obrigação, o montante referente ao percentual estipulado do total das remunerações que tenha pago aos seus empregados.

Note-se que, como não poderia deixar de ser, no *critério quantitativo* dá-se confirmação do critério material, enfatizando-se a conduta a ser realizada, capaz de dar vida à relação jurídica.

A mesma sistemática se aplica às contribuições devidas pelos empregados que, nos termos do art. 195 da Constituição Federal, são igualmente chamados a financiar a seguridade social.

De fato, dispõe o inc. II do referido artigo que os trabalhadores e demais segurados da previdência social deverão contribuir, excetuando-se da base de cál-

---

[39] CARVALHO, Paulo de Barros. *Teoria da norma tributária*. São Paulo: RT, 1974. p. 113.
[40] Op. loc. cit., p. 161.

culo os valores percebidos a título de aposentadoria e pensão concedidos pelo regime geral da previdência social.

O emprego do termo "contribuição dos trabalhadores" mostra-se adequado, pois toda a comunidade de trabalhadores tem especial interesse na seguridade social. Portanto, são sujeitos passivos da relação de custeio não somente o empregado, mas também os que prestam serviços sem vínculo empregatício, como autônomos, avulsos, administradores de empresa etc.[41]

Nessa esteira, conforme anteriormente debatido, sendo o empregado o maior beneficiário do sistema de proteção social, será obviamente chamado a custear os benefícios a que fará jus, nos casos da concretização dos riscos cobertos.

Os critérios utilizados para configurar a contribuição vêm previstos nos arts. 20 e 28, I, da Lei 8.212/91, estabelecendo-se como critério material o exercício de atividade remunerada e como base-de-cálculo o salário-de-contribuição, que corresponderá à totalidade da remuneração auferida, limitada no teto legalmente previsto. A alíquota será proporcionalmente variável ao valor da remuneração, nas frações de 7,65 a 11% no caso dos segurados empregados, limitada ao teto do salário-de-contribuição.

Não obstante ser o segurado aquele que realiza a conduta apta a desencadear a relação jurídico-tributária, por força do art. 34, I, da Lei de Benefícios, não está ele obrigado a providenciar o recolhimento de suas contribuições, tarefa que ficará ao cargo da empresa, como ordena a Lei n. 8.212, de 1991, em seu art. 30, I, *a* e *b*. Trata-se da figura da retenção tributária.

A figura da retenção, no que diz respeito à sua natureza jurídica, é tida por alguns como obrigação de fazer. Melhor é, sem dúvida, considerar essa situação jurídica subjetiva como modo de alteração do pólo passivo da relação tributária que o Código Tributário Nacional irá qualificar como responsável[42]. Nesse caso, se trata do responsável por substituição.

De toda sorte, em última análise, a retenção foi concebida em ordem a facilitar a arrecadação e a fiscalização, mediante a cominação de responsabilidade tributária a terceiro que não praticou a conduta descrita no tipo tributário pelo repasse do tributo aos cofres públicos.

---

[41]   SOUZA, Hamilton Dias de. Contribuições para a seguridade social. *Caderno de Pesquisas Tributárias*, São Paulo: Editora Resenha Tributária, n. 17, 1992.

[42]   Vide arts. 121, 128 e ss. do Código Tributário Nacional, que descrevem com minúcias não pertinentes a este estudo as diversas figuras de responsabilidade tributária.

Uma coisa é ter aptidão para concretizar o êxito descrito abstratamente no texto normativo; outra, bastante distinta, é integrar o liame que se instaura no preciso instante em que o fato adquire proporções concretas[43].

De ordinário, o sujeito passivo da relação jurídica tributária é aquele cujo rendimento vem descrito como base-de-cálculo da hipótese normativa. Entretanto, colocar tal pessoa no pólo passivo da relação jurídica tributária pode se revelar impraticável ou, pura e simplesmente, trazer dificuldades ao natural nascimento, vida e extinção desta mesma relação jurídica. Por tais razões, o legislador pode optar por eleger uma outra pessoa em lugar daquela, criando a figura do substituto legal tributário[44].

Sublinhe-se: sujeito passivo da relação tributária é a pessoa de quem se exige o pagamento do tributo.

Sumariamente, temos por descritas as relações de custeio que podem envolver as distintas partes que transitam pelo programa de incentivo elaborado pelas Consulentes e a relevância destas relações para efeitos jurídico-tributários.

Conforme adrede debatido, a lei considerou o vínculo que se estabelece entre empresa e trabalhador de relevância para a instituição das contribuições sociais. Em suma, o ato de remunerar, por esse liame, será o fato gerador das obrigações tributárias tanto para a empresa como para o empregado.

Alheia à relação trabalhista que liga empresa e empregado, a empresa instituidora do programa de incentivo não poderia, de nenhum modo, ser qualificada como responsável pelo recolhimento de contribuições sociais devidas ao Poder Público.

Deveras, se fosse de meu parecer que os prêmios se subsumem à incidência de contribuições sociais, nos moldes atualmente previstos pela Lei n. 8.212, de 1991, caberia à empresa que contratou os serviços das Consulentes efetuar o recolhimento das contribuições sociais por ela devidas, nos já transcritos termos do art. 22 do citado Diploma de Custeio da Seguridade Social, bem como efetuar a retenção das exações devidas pelo trabalhador.

A sistemática implementada pela Lei n. 8.212, de 1991, e as hipóteses constitucionalmente previstas excluem, como já expliquei antes, a agência responsável pela realização do plano de incentivos do pólo passivo da relação de custeio porque sua

---

[43] CARVALHO, Paulo de Barros. *Fundamentos jurídicos da incidência tributária*. São Paulo: Saraiva, 1998. p. 153.

[44] BECKER, Alfredo Augusto. *Teoria geral do direito tributário*. 3. ed. São Paulo: Lejus, 1998. p. 553.

atividade é de intermediação, cabendo-lhe, apenas e tão somente, a intermediar o pagamento da recompensa anteriormente prometida, desde que tenha sido realizada a condição publicamente divulgada pelo programa.

Sempre *ad argumentandum gratiae,* é possível cogitar-se da figura da retenção no caso em estudo. A impossibilidade de tal procedimento decorreria do fato de, ainda que em nome e por conta da cliente, o pagamento do prêmio ser efetuado pela agência, inviabilizando a possível retenção pela empresa, que não teria como efetuar o recolhimento das contribuições devidas pelos seus empregados.

Trata-se, porém, de questão meramente operacional, que não poderia ser colocada como entrave capaz de desfigurar a estrutura talhada pela Lei de Custeio que minuciosamente definiu aqueles que deverão figurar no pólo passivo da relação tributária.

A matéria poderia ser, até mesmo, disciplinada no Regulamento da lei ou em simples instrução normativa expedida pela autoridade administrativa incumbida pela lei da gestão do referido tributo social.

Seria plenamente factível, por exemplo, que a contratante dos serviços representados pelo programa de incentivo, quando da entrega do valor correspondente ao prêmio para as Consulentes, prêmio esse a ser pago aos participantes vitoriosos no concurso, discriminasse na nota representativa da operação o valor devido a título de recompensa, efetuando o devido desconto correspondente à contribuição social.

Concluo, para efeito de argumentação, que se admitisse a incidência de contribuição social sobre o valor pago a título de promessa de recompensa, nos termos do art. 195, I, *a* e II, da Superlei, e dos arts. 22, I e III; 20 e 28, I, c.c. 30, I, da Lei de Organização e Custeio da Seguridade Social, de 1991, caberia ao empregador contribuir com a alíquota de 20% sobre o total dos prêmios pagos, bem como efetuar a retenção do valor correspondente a 11% relativos à contribuição social devida pelos seus empregados, limitado ao valor teto do salário-de-contribuição fixado pela multicitada Lei de Custeio.

V. O TERCEIRO COMO SUJEITO PASSIVO DAS CONTRIBUIÇÕES SOCIAIS

Colocadas em sinótico podem ser consideradas como situações distintas as que afetam a relação jurídica entre empregado e empresa e entre esta e os terceiros que lhe prestam serviços. E, de fato, enquanto a primeira dessas situações se encontra emoldurada pelo contrato de trabalho, a segunda é um negócio jurídico de natureza civil, na modalidade contratual da locação de serviços. Em perspectiva previdenciária, igualmente, podem ser apresentadas como situações distintas.

Deveras, o terceiro que não detenha vínculo empregatício com a empresa é objeto de tratamento fiscal previdenciário diferenciado, por força não tanto das peculiaridades do liame que o relaciona com o tomador dos serviços e, sim, pela distinta proteção jurídica que o sistema de seguridade social lhe oferece.

Ponhamos as coisas, pois, em seu devido lugar.

O distinto tratamento fiscal previdenciário é conseqüência da diferenciada cobertura que o seguro social oferece ao trabalhador sem vinculo empregatício com a empresa, o que justifica as alíquotas diferenciadas da contribuição social que o mesmo é chamado a verter na sua própria relação de custeio.

No entanto, do ponto de vista da natureza jurídica do liame obrigacional fiscal não há diferenças substanciais a serem consideradas em um estudo como o que estamos levando adiante.

Consoante pacífica e iterativa lição da doutrina mais autorizada, as contribuições sociais são espécies do gênero tributo e sua cobrança se encontra disciplinada nas denominadas normas gerais da legislação tributária, dentro das quais iremos encontrar os critérios pertinentes à interpretação[45].

Portanto, também ao terceiro, assim como ao tomador dos seus serviços, se aplica o chamado *Estatuto do Contribuinte*[46]. Sintetizando, racionalmente, diretrizes do sistema que tendem ao mesmo objetivo, a fórmula, conquanto tenha sido proposta há mais de trinta anos, por seu poder de síntese ganhou o favor permanente dos que se dedicam aos temas tributários.

Advirta-se que os próprios termos por meio dos quais o tal conceito é lançado, não apontam na direção de um catálogo completo de garantias organizado de modo objetivo e racional.

---

[45] Sobre as contribuições sociais como espécies de tributo, vide meu: A organização e o custeio da seguridade social. In: *Curso de direito previdenciário*, p. 50.

[46] O Projeto de Lei Complementar do Senado n. 646, de 1999, cria o chamado Código de Defesa do Contribuinte. Não confundamos as idéias, porém. O Estatuto do Contribuinte não é propriamente uma lei escrita. É, antes, um ideário que decorre do sistema constitucional tributário brasileiro tal como concebido pelo constituinte pátrio.

De feito, Louis Trotabas afirma:

> Le caractère légal de l'impôt détermine la nature des rapports qui existent entre le contribuable et le fisc en fixant le statut du contribuable que est du type géneral et impersonnel, comme pour toutes les situations légales ou réglementaires[47].

Integram o Estatuto do Contribuinte não apenas as regras do direito material mas também o preceituário processual que concretiza a exigência fiscal em toda a sua extensão.

Podemos, então, falar de uma legalidade processual, para além da simples legalidade material, como garantia constitucional que coloca sob seu pálio o processo administrativo de cobrança das contribuições sociais de seguridade social.

Quando se cogita sobre o princípio da legalidade, que o Diploma Fundamental define como direito e como garantia (art. 5º, II), se está diante do comando que predomina como fundamento tanto da tributação como da administração tributária.

Sem lei que defina a obrigação, estará o sujeito a salvo do dever de colaborar com o Estado para a satisfação das necessidades gerais da população. E, ainda que haja tal lei, sem outra norma que delineie o procedimento de cobrança de seus créditos, estará o Poder Público desprovido da legitimação formal para cobrar parcela dos bens pertencentes às pessoas privadas.

Há, pois, uma reserva de lei tanto para os aspectos materiais, de incidência dos tributos, quanto para os aspectos formais que conformam a obrigação tributária e sua execução.

A legalidade, atributo inerente ao moderno Estado de Direito, impondo o dever de prestação ao súdito, também fixa os limites processuais de que se pode valer o Fisco para obrigar a pessoa ao cumprimento de tal dever. Entendida assim tanto na dimensão substancial quanto na formal, é definida, pela Lei Maior, como limitação ao poder de tributar (vide Seção II, do Título VI).

Tanto as regras de direito material – estampadas na Lei de Custeio – quanto as regras de direito processual – que configuram o procedimento de identificação e cobrança do tributo – devem ser interpretados com harmonia. Ao mencionar como primeiro dos princípios constitucionais que devem ser observados pela Administração Pública a legalidade, o art. 37 da Lei Suprema congloba as duas realidades.

---

[47] TROTABAS, Louis. *Précis de science et technique fiscales*. Paris: Dalloz, 1958. p. 259.

Tudo isso nos faz chegar a uma conclusão inexorável, a única compatível com nosso sistema jurídico: o Estado só pode agir em matéria tributária em conformidade com os comandos legais.

Deste modo, as contribuições sociais em relação aos pagamentos realizados às pessoas físicas que prestem serviços às empresas sem vínculo empregatício, serão cobradas nos termos do art. 22 da Lei de Custeio, cujo art. 22 prescreve:

> Art. 22. A contribuição a cargo da empresa, destinada à Seguridade Social, além do disposto no art. 23, é de:
>
> (...)
>
> III – vinte por cento sobre o total das remunerações pagas ou creditadas a qualquer título, no decorrer do mês, aos segurados contribuintes individuais que lhe prestem serviços;
>
> IV – quinze por cento sobre o valor bruto da nota fiscal ou fatura de prestação de serviços, relativamente a serviços que lhe são prestados por cooperados por intermédio de cooperativas de trabalho. (Lei Orgânica da Seguridade Social – L-008.212–1991)

Em momento algum as Consulentes exigem que os prestadores de serviço realizem atividade diferente daquela que eles normalmente executam, somente intermediando o pagamento dos prêmios em razão das metas atingidas, conforme definidas pelo cliente.

A Lei supracitada, denominada Plano de Custeio da Previdência Social, no art. 28 define o salário de contribuição como sendo "a totalidade dos rendimentos pagos, devidos ou creditados a qualquer título, durante o mês, *destinados a retribuir o trabalho,* qualquer que seja a sua forma, inclusive as gorjetas, *os ganhos habituais, sob a forma de utilidades* e os adiantamentos decorrentes de reajuste salarial, quer pelos serviços prestados, quer pelo tempo à disposição do empregador ou tomador de serviços, nos termos da lei ou do contrato ou, ainda, de convenção ou acordo coletivo de trabalho ou sentença normativa".

O valor esporadicamente pago pelo cliente como prêmio de incentivo a terceiro, que com ele não tenha vínculo empregatício, não cabe na definição do mencionado artigo, posto que além de não ser habitual, não é destinado a retribuir trabalho.

O pagamento de prêmio efetuado pelas clientes das Consulentes às pessoas que com elas não possuam vínculo empregatício não integra a remuneração porque não é habitual (ganho eventual), decorre de promessa de recompensa em razão do preenchimento de condições estabelecidas, de metas determinadas pelo cliente, mediante campanha específica, devidamente regulamentada.

O próprio Poder Público demonstra tal entendimento.

De fato, estampado no bojo da Instrução Normativa n. 3, de 14 de julho de 2005, expedida pela Secretaria da Receita Previdenciária, assim se encontra prescrito:

> Seção V
> Parcelas não-integrantes da base de cálculo
> Art. 72. Não integram a base de cálculo para incidência de contribuições:
> VI – as importâncias recebidas a título de:
> j) *ganhos eventuais* e abonos expressamente desvinculados do salário por força de lei. (grifo nosso)

Seria, pois, de manifesta afronta ao Estatuto Processual do Contribuinte e à diretriz sobranceira da legalidade se o Poder Público resolvesse operar lançamento que qualificasse como integrante do salário-de-contribuição a parcela que, consoante o sistema legal pátrio foi dele expressamente excluída.

Como vimos, a definição de salário-de-contribuição introduzida em nosso ordenamento jurídico pelo art. 28 da Lei 8.212, de 1991, especifica quais as verbas que irão compô-lo para cada modalidade de segurado e o § 9º do mesmo artigo cataloga um elenco de situações de não incidência de contribuição.

Tanto a doutrina quanto a jurisprudência excetuam o valor do prêmio pago como incentivo, quer a empregado, quer a terceiros, *enquadrando-o na letra "e", item n. 7 do § 9º do art. 28 da Lei 8.212/91.*

Encontra-se explicitado no comando legal que o prêmio, importância recebida a título de ganho eventual, não constitui remuneração, mas tão-somente, reconhecimento do bom desempenho de alguém que se destaca numa campanha.

Nesse sentido propende o entendimento da jurisprudência, como a ora transcrita:

> Ementa:
> Processual civil. Embargos de declaração. Omissão. Inexistência. esclarecimentos. Norma vetada quando da conversão da mp 1.596-14/97 na lei 9.528/97. *Ganhos eventuais excluídos da base de cálculo do salário-de-contribuição.* acolhimento sem alteração do julgado.
> 1. Os embargos de declaração têm como escopo eliminar do julgamento obscuridades ou contradições, ou ainda para suprir omissão.
> 2. Caracteriza-se a omissão quando há no acórdão falta de manifestação sobre ponto em que o seu pronunciamento se impunha.

3. A alínea *b* de § 8º do art. 28 da Lei 8.212/91 não existe no mundo jurídico, porque foi expressamente vetada quando da conversão da Medida Provisória 1.596-14/97 na Lei 9.528/97.

4. *A exclusão legal da incidência da base de cálculo do salário-de-contribuição das importâncias recebidas a título de ganhos eventuais e dos abonos expressamente desvinculados do salário, de que trata a alínea e, n. 7, do § 9º do art. 28 da Lei 8.212/91, reforça os argumentos do voto condutor*[48].

Verifica-se, deste modo, que o prêmio instituído no programa de metas, consistente em viagens, eletrodomésticos etc, não se pode ver enquadrado na definição legal de remuneração, nem tampouco no conceito de salário-utilidade.

Prêmios conferidos a quem deu cabal cumprimento a certas e determinadas metas nada mais são do que vantagens esporádicas, estímulo à disputa leal entre companheiros de trabalho; conferidos por simples liberalidade do empregador ou de terceiros, que de nenhum modo remuneram o trabalho prestado.

Nota-se que às Consulentes cabe apenas, através de seu *know-how,* organizar e/ou desenvolver campanhas motivacionais e intermediar o pagamento da premiação prometida aos terceiros sem vínculo empregatício com seu cliente – que a contratou formalmente para tanto – e que se destacaram na campanha específica divulgada aos colaboradores participantes.

Entendo que o procedimento levado a efeito pelas Consulentes é legítimo, neutro do ponto de vista da incidência das contribuições sociais.

Não há dúvidas, portanto, que o pagamento de prêmios para terceiros sem vínculo empregatício com o cliente, sem habitualidade e esporadicamente, não forma parte da base de cálculo da contribuição social de seguridade.

As ponderações que fiz no tópico anterior a respeito da responsabilidade tributária são aplicáveis, tomadas as mutantes e guardadas as devidas proporções, ao fenômeno da tributação social devida pelas relações entre as empresas e terceiros.

Como asseverei, entendo que não será devido qualquer recolhimento ou retenção a título de contribuição social relativamente à situação jurídica descrita como promessa de recompensa, regulada pela Lei Civil.

---

[48] TRF 1ª Região. Embargos de declaração na remessa *ex officio* n.199901000289184, 3ªT., rel. Juiz Eustaquio Silveira, *DJ* 10.11.2000, p. 55, v.u.

Se, equivocadamente, o Poder Público interpretar a Lei de maneira diversa, entendo que o cliente será o responsável pela retenção do valor bruto das notas fiscais ou faturas de serviços emitidas pelos seus prestadores de serviço, atualmente com a alíquota de 11% (onze por cento).

As Consulentes cumprem papel de intermediação entre as partes interessadas, inclusive recebendo comissão para tanto, tudo em conformidade com a cláusula ajustada com a contratante.

Portanto, só para argumentar, entendo que, caso seja devida a contribuição social, a retenção deverá ser feita pelo cliente das Consulentes, nos limites estabelecidos em Lei, com base no disposto no art. 4º da Lei n. 10.666, de 2003:

> Art. 4º Fica a empresa obrigada a arrecadar a contribuição do segurado contribuinte individual a seu serviço, descontando-a da respectiva remuneração, e a recolher o valor arrecadado juntamente com a contribuição a seu cargo até o dia dois do mês seguinte ao da competência.

Entretanto, caso o prestador de serviço, contribuinte individual, comprove já ter efetuado por si mesmo outros recolhimentos que atingiram o teto contributivo, não haverá qualquer necessidade da retenção.

VI. IMPACTO PREVIDENCIÁRIO NAS DIVERSAS MODALIDADES DE PREMIAÇÃO

Dentre as diversas formas de premiação utilizadas pelas Consulentes podem ser encontradas aquelas representadas por bens, serviços, dinheiro e utilidades.

Da mesma forma que se premia com bens ou com serviços é possível haver premiação em dinheiro, sem que com isso, o benefício perca sua natureza não salarial. O Direito não veda pagamento da premiação em moeda.

Tendo em vista que a premiação em dinheiro também é variável, esporádica e não habitual, não pode ser qualificada como remuneração, mas como conseqüência do cumprimento de metas pré-estabelecidas no ato unilateral consubstanciado na promessa de recompensa, que mereceu disciplina em regulamento próprio.

Se o concurso previu o pagamento em dinheiro, não se pode deduzir, só desse fato, a natureza salarial da paga.

Com efeito, premiando de forma não habitual, esporádica e em valores variáveis quem tenha obtido êxito na campanha engendrada pelas Consulentes, o concurso estará chegando ao seu termo como disciplinado em seu regulamento.

Diante de tão adequado quanto regrado procedimento, não se pode constatar, como tenho sustentado ao longo do presente estudo, a hipótese de incidência da contribuição social de seguridade social.

O salário é quantia entre partes ajustada. O empregador propõe determinado valor e o empregado o aceita. A bilateralidade da negociação salarial é uma das características do contrato de trabalho.

Nenhum dever jurídico terá o empregador de prosseguir pagando indefinidamente a quantia do prêmio a quem não participe ou seja vitorioso em concurso.

Com clareza posiciona-se Pontes de Miranda a respeito ao dizer:

> Se não há lei (direito), a obrigação (jurídica) de manter não existe. A obrigação de cumprir deriva da outra, extrinsecamente; entre elas há mais do que justaposição: aquela é preforma dessa. Nasce o dever, com a conclusão da promessa; nasce a obrigação, com a apresentação do *unus ex publico*[49].

A premiação em dinheiro, nesse caso, decorre do cumprimento de metas preestabelecidas pela Consulente e não de contraprestação de trabalho realizado junto à Consulente nem mesmo de contrato acessório ao seu contrato de trabalho.

Aliás, não é outro o entendimento da jurisprudência que, de modo firme, constata:

> Prêmios entregues em alguns meses ao empregado quando atingida a meta de produção pré-determinada não correspondem a contraprestação pelos serviços prestados. Indevida a integração à remuneração[50].
>
> Ementa: Prêmio-desempenho. Natureza jurídica. Tratando-se de verba aleatória, com caráter de recompensa, não se amolda ao conceito de salário, tomado na exata acepção de contraprestação do trabalho realizado[51].

Força concluir que em termos de impacto previdenciário não há distinção entre os diversos tipos de premiação oferecidos pelas Consulentes aos que lograram obter resultado favorável nas campanhas de que participaram.

Melhor dizendo, fato do pagamento em dinheiro não é, de per si, apto a modificar a natureza jurídica do modelo de negócio existente entre as clientes e as Consulentes.

---

[49] PONTES DE MIRANDA, Francisco Cavalcanti. *Tratado de direito privado.* t. XXXI, atualizado por Vilson Rodrigues Alves. Campinas: Bookseller, 2004. p. 341, 357, 361, 363.

[50] TRT, PR RO 6.626/98, Ac. 3ª T., 4.898/99, Rel. Juíza Wanda Santi Cardoso da Silva. *DJ* de 12.3.1999.

[51] RR 406791/97.8, Rel. Min. Armando de Brito, TST, *DJU* 22.5.1998.

Porém, um enfoque no presente caso, da premiação em dinheiro, me parece de fundamental importância.

Alguém pode fazer jus a diversos recebimentos em um mesmo mês.

O pagamento em espécie do prêmio pode provocar confusão contábil com os demais recebimentos.

Tal confusão, evitável decerto pela boa conformação do lançamento contábil, pode dar margem a interpretações equivocadas por parte da fiscalização previdenciária que, em qualquer movimentação diferente, acaba identificando os valores como revestidos de natureza salarial.

Essa confusão pode catalogar as verbas pagas como salário indireto e, com essa qualidade, objeto da incidência.

Surgirão, destarte, os indevidos lançamentos; as indevidas repercussões em outras normas, como por exemplo as relativas ao FGTS, tudo levando a litígios.

A abertura desse contencioso faz lembrar a atual problemática envolvendo o vale-transporte.

Mesmo com a autorização expressa dos acordos coletivos de trabalho, se a empresa efetua o pagamento do vale-transporte em dinheiro fica sujeita ao lançamento fiscal.

Assim sendo, conquanto seja possível e lícito, entendo que não é conveniente que a premiação se dê em dinheiro, ainda que os valores sejam variáveis em cada campanha; ainda que sejam devidos em caráter eventual e esporádico.

É preferível que outras formas de premiação (bens, serviços e utilidades) sejam utilizadas daqui em diante.

VII. A RESPONSABILIDADE TRIBUTÁRIA E SEUS REQUISITOS

Especifiquemos, de início, alguns conceitos tributários necessários à compreensão do assunto.

Conforme já expliquei aqui, a relação jurídico-tributária se configura a partir do suporte fático: verificando-se que o fato do mundo fenomênico se conforma com a descrição legal surge o liame obrigacional tributário (a obrigação tributária, como expressa o CTN) entre dois sujeitos de direito: o sujeito ativo, credor do tributo, e o sujeito passivo, que deverá efetuar o pagamento do valor apurado.

Quando trata do sujeito passivo, o Código Tributário, em seu art. 121 assim o descreve:

Art. 121. Sujeito passivo da obrigação principal é a pessoa obrigada ao pagamento de tributo ou penalidade pecuniária.

Parágrafo único. O sujeito da obrigação principal diz-se:

I – contribuinte, quando tenha relação pessoal direta com a situação que constitua o respectivo fato gerador;

II – responsável, quando, sem revestir a condição de contribuinte, sua obrigação decorra de disposição expressa de lei.

Percebe-se que o legislador estabeleceu duas importantes distinções. Pela primeira são catalogadas as duas obrigações estabelecidas na norma tributária: a obrigação principal e a obrigação dita acessória.

A norma transcrita prevê que somente o sujeito passivo da obrigação principal está obrigado, nos termos da lei, ao pagamento do tributo ou da penalidade pecuniária.

A segunda distinção contida no referido artigo se refere às figuras do contribuinte e do responsável. As relações jurídicas sempre são estabelecidas entre pessoas naturais ou jurídicas.

Logicamente, a escolha daqueles que deverão suportar os custos da manutenção do aparelho do Estado – é para isso que servem os tributos – deve levar em conta os critérios normativos e, em nosso direito, os princípios constitucionais, merecendo especial relevo à capacidade contributiva e o seu específico viés no campo do financiamento da seguridade social, a equidade no custeio.

Constatados os nexos obrigacionais[52], incumbirá ao sujeito passivo cumprir a tarefa de levar dinheiro ao cofre público.

Segundo a definição contida no art. 121 do CTN, será contribuinte o sujeito passivo que possua relação direta com a conduta prevista na hipótese de incidência.

Por seu turno, a responsabilidade tributária ocorre nas hipóteses em que, como explicam Ataliba e Barreto:

> a) a obrigação é estruturada tendo em consideração as características objetivas do fato imponível implementado pelo contribuinte. O responsável, na verdade, não realiza o fato relevante para determinar o surgimento da obrigação – tão só é posto, pela lei, no dever de prover o recolhimento do tributo decorrente de fato provocado ou produzido por outrem[53].

---

[52] CARVALHO, Paulo de Barros. *Curso de direito tributário*. São Paulo: Saraiva, 1985. p. 179.

[53] ATALIBA, Geraldo; BARRETO, Aires. Substituição e responsabilidade tributária. *Revista de Direito Tributário,* n. 49, p. 83.

É a também chamada sujeição passiva indireta porquanto o responsável está, de certo modo, relacionado com a situação jurídica que deu causa à tributação.

Certa doutrina considera a responsabilidade tributária em seu sentido lato, ou seja, comum a todo o dever jurídico, claramente expressa no art. 128 do Código Tributário Nacional, enquanto outros restringem a figura a uma mera técnica tributária de arrecadação[54].

As contribuições sociais são, ordinariamente, cobradas das empresas. O art. 195 da Constituição, ao estipular com tanta objetividade a atividade que será objeto da tributação – salários, faturamento ou receita e lucro – já enuncia que todo aquele que realiza a conduta prevista no tipo deverá pagar o tributo.

Diferentemente, no caso da retenção prevista no art. 30, I, da Lei n. 8.212/91, assim como na hipótese prevista no art. 4º da Lei n. 10.666, de 2003, a empresa será, por força de lei, colocada no pólo passivo da relação tributária porque efetuou o pagamento de quantias aos trabalhadores.

Naturalmente, as exigências para a atribuição de responsabilidade tributária, além da vinculação indireta ao fato que gerou o tributo, são as próprias da tributação. Só o legislador pode definir quem será o responsável[55]. O legislador consagra pessoa distinta daquela que realizou a conduta prevista no antecedente normativo, como sujeito passivo da obrigação.

Tal é o rigor na adjudicação da responsabilidade, no caso das contribuições sociais que, mesmo não efetuado o desconto das contribuições no montante das remunerações, a lei configura presunção desse desconto para melhor proteção do segurado.

Conforme adrede debatido, a relação obrigacional que estabelece o dever de pagar contribuição social nasce como substrato da relação de trabalho. É em decorrência do vínculo empregatício existente entre empresa e trabalhador, ou através da prestação de serviços executado pelo contribuinte individual, que nascerá a pretensão do Estado em cobrar contribuições sociais.

---

[54] BALEEIRO, Aliomar. *Direito tributário brasileiro*. 11. ed. Rio de Janeiro: Forense, 1999. p. 722.

[55] Em notas que inseriu à supra-citada obra de Baleeiro, Mizabel Derzi cognomina essa exigência de "legalidade expressa e exclusiva". Op. cit., p. 736. E tem razão porque somente a lei poderá impor ao indiretamente relacionado com o fato tributário o dever de recolher o tributo.

Naturalmente, conforme explicitado em outro ponto deste estudo, as duas relações mostram-se independentes e inconfundíveis. Não obstante, a relação de trabalho é único fato apto a gerar as duas relações jurídicas em torno das quais irá gravitar o fenômeno da seguridade social[56].

A sujeição passiva indireta se insere na relação de custeio porque o sujeito passivo indireto fica obrigado pela lei a deduzir do montante a ser pago ao trabalhador a quantia que será devida ao Estado. Trata-se de responsabilidade tributária em sentido estrito que, como ensina Hugo Machado, é:

> A submissão, em virtude de disposição legal expressa, de determinada pessoa que não é contribuinte, mas está vinculada ao fato gerador da obrigação tributária, ao direito do Fisco de exigir a prestação respectiva[57].

Conforme exposto neste estudo, a lei não previu o pagamento do prêmio percebido em razão de promessa de recompensa, de caráter eventual. Nem tampouco estabeleceu a empresa de marketing, alheia ao vínculo existente entre empresa e empregado ou empresa e prestador de serviços, como sujeito passivo indireto da relação tributária.

Bastaria para afastar tal figura jurídica constatar que, tanto nos casos em que a empresa de marketing de incentivo organiza a integralidade do programa como naqueles em que apenas promove a intermediação do pagamento do prêmio, não realiza conduta típica (Tatbestand) apta a desencadear a obrigação tributária, nem tampouco poderia ser infiltrada em relação fiscal inexistente.

VIII. REGULAMENTAÇÃO DA ATIVIDADE

O prêmio pago em decorrência de campanha de marketing de incentivo, por ter natureza de promessa de recompensa decorrente de ato unilateral, não configura remuneração pelo trabalho e, portanto, não integra o conceito de salário-de-contribuição estampado no art. 28 da Lei 8.212/91.

Entretanto, para evitar que a fiscalização questione sua natureza, fazendo incidir sobre o montante pago a esse título as contribuições sociais, caberia regu-

---

56 Do meu: *Noções preliminares de direito previdenciário*. São Paulo: Quartier Latin, 2004. p. 129.

57 MACHADO, Hugo de Brito. *Curso de direito tributário*. 12. ed. São Paulo: Malheiros, 1997. p. 105.

lamentação da matéria através de lei própria, bem como alteração da Lei de Custeio, como demonstraremos a seguir.

No Diploma Legal a ser elaborado poderiam figurar os mais relevantes aspectos desse negócio jurídico, especialmente sobre os sujeitos que estão habilitados a oferecê-los; sobre o objeto, com descrição sumária das eventuais modalidades de programas de incentivo que, a título enunciativo, podem ser implementados. Finalmente, o projeto deveria dispor sobre as vantagens trabalhistas, fiscais e previdenciárias que os programas em questão podem oferecer.

Trata-se, naturalmente, de lei de iniciativa do Poder Executivo porque sua natureza implicará em modificações de diversos regimes jurídicos atualmente existentes.

Recomenda-se a alteração do art. 28 da Lei 8.212, de 1991, para melhor definir o salário-de-contribuição.

Sugere-se que, no § 9º, seja acrescentada às parcelas que estão excluídas dessa incidência a seguinte referência:

> § 9º Não integram o salário-de-contribuição para os fins desta Lei, exclusivamente:
>
> e) as importâncias:
>
> 1 (...)
>
> 7. *recebidas a título de ganhos eventuais, prêmios de incentivo e os abonos expressamente desvinculados do salário;*

Acatada a sugestão, o setor estaria disciplinado e deixaria de estar em situação lacunosa, imprópria para a melhor caracterização do respectivo regime jurídico.

Ademais, a Lei n. 8.212, de 1991, ou seu Regulamento, após prever a exclusão do prêmio da incidência tributária, remeteria o intérprete aos parâmetros estabelecidos em lei ordinária, tal como operou em relação a outras situações específicas como o vale-transporte, previsto na alínea *f,* que indica a definição e critérios previstos na Lei n. 7.418, de 1985 e no Decreto n. 95.247, de 1987; a parcela paga *in natura* recebida de acordo com os programas de alimentação aprovados pelo Ministério do Trabalho, que remete para a Lei n. 6.321, de 1976, dentre outros exemplos de parcelas expressamente excluídas, que encontraremos no mesmo dispositivo.

IX. RESPOSTA SINTÉTICA AOS QUESITOS OFERECIDOS

1. Trata-se de promessa de recompensa, como definida na lei civil.

2. Tal incidência não encontra previsão em nenhuma das hipóteses legais de contribuição social.

3. Não havendo incidência, não há que se pode falar em responsabilidade. De todo modo, se houvesse incidência – o que se admite apenas e tão somente para argumentar – a responsabilidade seria da contratante do concurso.

4. Tal incidência não encontra previsão em nenhuma das hipóteses legais de contribuição social.

5. Não havendo incidência, não há que se falar em responsabilidade. De todo modo, se houvesse incidência – o que se admite apenas e tão somente para argumentar – a responsabilidade seria da contratante do concurso.

6. A disciplina regulamentar da campanha de incentivos é essencial para a caracterização do negócio jurídico unilateral em que se constitui a promessa de recompensa. Igualmente se torna imprescindível o estabelecimento de prazo de duração do certame.

7. Não há diferença de impacto previdenciário relativamente às modalidades de prêmios oferecidos.

8. A responsabilidade tributária consiste na definição de sujeito passivo indireto pela lei. Nenhuma lei regula a atividade sob estudo, não sendo configurada, por conseguinte, a responsabilidade tributária das empresas de marketing de incentivo.

9. É conveniente que se dê disciplina legal à atividade de premiação, inclusive mediante oportuna alteração na Lei n. 8.212, de julho de 1991. Tal legislação é de iniciativa do Poder Legislativo.

Eis o meu parecer.

Wagner Balera

Conseqüências trabalhistas da atividade de marketing de incentivo e natureza jurídica do prêmio

Nelson Mannrich

I. DA CONSULTA

Solicitam-nos os prezados clientes parecer acerca da atividade de *marketing de incentivo* com enfoque em premiação, abordando aspectos trabalhistas. Informam-nos que a referida atividade tem por objeto a motivação de empregados e terceiros sem vínculo empregatício com o cliente, bem como o reconhecimento daqueles que se destacam, mediante premiação.

Para tanto, os clientes contratam empresas de *marketing de incentivo,* que, tendo em vista seu *know-how,* planejam, criam, organizam e desenvolvem campanhas motivacionais e eventos para esse fim. Por outro lado, as campanhas também podem ser concebidas pelo próprio cliente. Neste caso, as empresas de *marketing de incentivo* são contratadas somente para organizar a premiação.

O empregado ou terceiro sem vínculo empregatício que se destacar na campanha de incentivo pode receber simplesmente troféu simbólico ou prêmios, assim ofertados pelos clientes:

(i)   por meio de cartões de débito para compra de bens e serviços em estabelecimentos afiliados às bandeiras Visa, Visa Electron, Redeshop e/ou para saque em dinheiro junto a bancos credenciados (Banco do Brasil, Itaú, HSBC, Banco 24 horas etc.);

(ii) por meio de cartões de débito somente para compras em redes de lojas que vendem bens e serviços;

(iii) por meio de *vouchers* de compras com valor expresso em reais, somente para compras em rede de lojas credenciadas por empresas de *marketing de incentivo;*

(iv) diretamente em bens ou serviços;

(v) por pontos que, acumulados, são trocados por prêmios anunciados em catálogos.

Em vista de tais fatos, formulam-se os seguintes quesitos:

(i) Qual a natureza da relação que se estabelece entre agência, cliente e beneficiário?

(ii) Há incidência de reflexos trabalhistas sobre prêmios ofertados a empregados? Esses prêmios integram o salário?

(iii) Há incidência de reflexos trabalhistas sobre prêmios ofertados a terceiros sem vínculo empregatício com o cliente? Esses prêmios integram o salário?

(iv) Há riscos trabalhistas para a empresa à qual os terceiros premiados estão vinculados sob o regime da CLT ou como prestadores de serviços?

(v) É importante ter uma campanha de incentivo com regras bem definidas, demonstrando que somente tem direito ao prêmio o empregado ou terceiro sem vínculo que se destaque e cumpra os objetivos previamente definidos?

(vi) Há diferença no impacto trabalhista dependendo da forma de premiar (dinheiro, bens, cartões de premiação, *vouchers* substituíveis por bens ou pontos)?

(vii) As empresas de marketing de incentivo são prestadoras de serviços de intermediação em premiação, ora organizando campanhas e premiação, ora organizando somente a distribuição dos prêmios. Há responsabilidade trabalhista das empresas de marketing de incentivo sobre os prêmios ofertados pelos clientes a seus empregados e/ou a terceiros sem vínculo?

Da exposição e das indagações apresentadas, verifica-se a preocupação da consulente com entraves em nosso ordenamento jurídico, alheio aos desafios impostos pela reestruturação produtiva, com reflexos no modo de remuneração aos empregados.

A par do apontado desajuste, observa-se certo descompasso por parte considerável da fiscalização do Ministério do Trabalho, INSS e do próprio Judiciário

Trabalhista. Invariavelmente, tais operadores do Direito insistem em aplicar às novas realidades regras antigas e obsoletas. Em que pese o fato de o Direito do Trabalho não perder sua vocação protecionista, encontrar novos paradigmas e respectivos enquadramentos representa seu maior desafio, notadamente diante da necessidade de integração de novos modos de remuneração desvinculados do conceito clássico de salário.

Como se vê, há necessidade de previamente se enfrentar certos temas centrais, como reenquadramento dos paradigmas do Direito do Trabalho (Capítulo 1), interdisciplinariedade do salário (Capítulo 2), conceito de salário (Capítulo 3) e sua evolução (Capítulo 3), surgimento de novas formas de remuneração (Capítulo 4), além da natureza singular dos prêmios (Capítulo 5).

Após analisar tais questões preliminares, passaremos a responder especificamente aos quesitos apresentados.

1 Das transformações do Direito do Trabalho

A noção de salário é essencial para compreensão da evolução do Direito do Trabalho. Ainda que o critério da subordinação econômica não seja modernamente essencial para a determinação do vínculo de emprego, não há dúvidas de que, na ótica do empregado, o salário representa um dos elementos essenciais do contrato.

O estudo do salário e das transformações do seu conceito encontra-se intrinsecamente vinculado à própria evolução do Direito do Trabalho[1]. Com efeito, as mutações das relações no mundo do trabalho têm inexorável impacto na forma de atuação e regulamentação do Direito do Trabalho e implicam alterações no modo de remuneração dos trabalhadores e de intervenção do Estado na fixação de política salarial.

Do mesmo modo, o moderno Direito do Trabalho reconhece a liberdade dos atores sociais em negociar condições de trabalho e remuneração, inclusive prêmios e gratificações destituídos de natureza salarial, vez que resultantes de mera expressão de liberalidade do empregador.

Na verdade, esse ramo do direito surgiu em momento histórico de crise, como resposta aos problemas sociais decorrentes do liberalismo exacerbado.

---

[1] LYON CAEN, Gérard. Le salaire. *Traité de droit du travail.* 2. ed. Dalloz, t. 2, 1981. p. 1.

Segundo Maria do Rosário Palma Ramalho, a questão social levou o Estado a intervir no campo normativo de forma programática: intervenção assumidamente em favor do trabalhador e em moldes imperativos, expediente para mitigar a liberdade do empregador na fixação do conteúdo contratual[2].

Essa intervenção, ainda segundo a autora, coloca em xeque dois dogmas do direito privado. De um lado, o da igualdade dos entes jurídicos privados. Nesse ponto, a formal posição de igualdade do empregado perante o empregador corresponde a uma posição material de inferioridade negocial, devendo-se compensá-lo. De outro, o dogma da liberdade contratual. A intervenção normativa no âmbito privado evidencia que a liberdade é ilusória num ambiente de desequilíbrio econômico, observando-se "ditadura contratual" do mais forte.

Ora, se o contrato acaba se transformando em instrumento de opressão, impõem-se sistemas de freios, mediante a necessária intervenção do Estado. Desde o início, há um determinismo de tutela do trabalhador, impondo-se o Direito do Trabalho, inicialmente denominado Direito Operário, como um direito dos trabalhadores[3].

Desse modo, a proteção impulsiona a formação do Direito do Trabalho e condiciona sua consolidação, constituindo-se seu princípio fundamental e paradigma do novo ramo.

Nesse mesmo sentido, escreve Alice Monteiro de Barros:

> Por longo tempo, a orientação da legislação do trabalho no Brasil e na América Latina, em geral, também caracterizou-se pelo garantismo dispensado pelo Estado, com restrição das relações coletivas, e as modificações havidas foram no sentido de aprofundar essa tendência, em virtude de razões políticas, econômicas e ideológicas.[4]

Todavia, as relações individuais de trabalho vêm sofrendo diversas modificações nesses últimos anos, em face notadamente da conjunção de diversos fatores econômicos. Assim, as soluções apontadas pelo modelo clássico não atendem aos reclamos atuais, impondo-se uma série de modificações necessárias para adaptação àquelas exigências impostas pelas transformações econômicas e pelo novo papel do Estado.

---

2 RAMALHO, Maria do Rosário Palma. *Direito do trabalho – Parte I. Dogmática geral.* Coimbra: Almedina, 2005. p. 50.

3 Idem, p. 47 e ss.

4 BARROS, Alice Monteiro de. *Curso de direito do trabalho.* São Paulo: LTr, 2005. p. 79.

Seguindo a moderna tendência das legislações contemporâneas, o Direito do Trabalho não pode desprezar as novas formas de produção, de organização e funcionamento do mercado de trabalho, mesmo sem abandonar o tradicional papel de proteção ao trabalhador. Portanto, além de suas atribuições tradicionais de proteção e distribuição da riqueza, tornou-se um direito também da produção e de regulação do mercado de trabalho.

A própria Maria do Rosário Palma Ramalho, ao referir-se às diversas fases pelas quais passou o Direito do Trabalho, como da consolidação até final dos anos 20; da publicização, com o término da Segunda Grande Guerra; e reprivatização e relançamento da área jurídica, entre os anos 50 e meados da década de 70, lembra que, a partir da década de 70; passou-se à fase de "crise do Direito do Trabalho" que perdura até hoje[5].

Como se vê, a legislação, doutrina e jurisprudência trabalhistas se vêem forçadas a encontrar formas de adaptação às novas realidades sociais, econômicas, tecnológicas, políticas e culturais. Ora, manter-se alheio à nova realidade das relações sociais é papel que certamente não cabe ao Direito, ciência cultural, pela necessidade de se adaptar às novas realidades.

Por tal razão, as transformações pelas quais passa o Direito do Trabalho atingem em cheio o conceito de remuneração, destacando-se o mesmo fenômeno de valorização crescente de novas modalidades de salário.

No conceito tradicional de salário, três elementos são decisivos na sua composição: a contraprestação (trabalho efetivamente prestado), a disponibilidade (tempo à disposição) e obrigações decorrentes do contrato de trabalho (interrupções remuneradas do contrato).

No entanto, como relatado, mais recentemente, diversos fatores, como reorganização dos processos produtivos, segundo módulos articulados e descentralizados em dimensões internacionais, de um lado, e revolução decorrente das novas tecnologias de informação, de outro, levaram a empresa a relacionar-se diferentemente com o trabalhador, que passa a atuar com ampla margem de autonomia organizativa.

Em conseqüência, além do salário, instituíram-se prêmios atrelados a campanhas motivacionais, destituídos de qualquer natureza contraprestativa.

---

[5] RAMALHO, Maria do Rosário Palma. Op. cit., p. 48.

Como se vê, diversas mudanças ocorreram no mundo das relações trabalhistas, como diminuição dos empregos fixos e aumento de outras modalidades de trabalho; passagem de responsabilidades, antes confiadas à cúpula dirigente, aos trabalhadores da base; perda de prestígio por parte das entidades sindicais, aumento da negociação direta com o trabalhador e predomínio das relações coletivas sobre as individuais.

Porém, observa-se certa tendência de o Estado abandonar sua posição de protagonista e garantidor dos direitos do empregado por meio da legislação, competindo aos interlocutores sociais conquistar o que lhes é mais favorável, nos termos da lei, e sem ofensa à ordem jurídica trabalhista, como facilmente se depreende do art. 4º, do recente Código do Trabalho, de Portugal (2003).

Assim, no âmbito coletivo, as condições de trabalho passam a ser reguladas por meio de instrumentos normativos, sem prejuízo dos limites impostos pelo Estado; no âmbito individual, com forte influência civilista, predomina o negócio jurídico individual.

Nesse cenário de mudanças, as grandes transformações observam-se relativamente ao salário: de fixo, tende a ser substituído por valores variáveis, levando-se em conta a produtividade, com tendência, em alguns países, de substituir parcelas adicionais por valor único a partir de certo montante.

Do mesmo modo, o novo modelo de produção da sociedade pós-industrial que se esboça, vincula cada vez mais o trabalhador aos resultados da produção em equipe, sem prejuízo de seu desempenho individual. Planos de premiação em dinheiro ou em utilidades integram nova cultura remuneratória das empresas e sinaliza tendência de introduzir incentivos de longo prazo, transformando-se em ferramenta de retenção de empregados e valorização da mão-de-obra.

Com a importância crescente dessa modalidade de pagamento, o debate em torno da natureza do prêmio, se salarial ou não, é de extrema importância.

Por sua vez, na América Latina, o salário representa tema central para os atores sociais: não se relaciona apenas com distribuição de renda; passa a ser instrumento de maior competitividade e produtividade das empresas.

Observa-se, na região, nítida tendência do legislador de conceituar de forma mais precisa o salário, para efeito de contribuições sociais e cálculo de verbas rescisórias. Tais mudanças, resultantes de reformas trabalhistas, estão presentes em diversos países da América Latina. Assim, em 1992, a legislação panamenha excluiu do conceito de remuneração os adicionais de "produção e outros bônus". Outras reformas, como na

Colômbia e no Peru, introduziram o conceito de salário integral, fórmula que permite acumular em uma única denominação todas as prestações salariais percebidas a esse título em um ano, com exceção das férias (na Colômbia) e das utilidades (no Peru).

Tal conceito é aplicável unicamente para trabalhadores que percebem salário dez vezes maior que o mínimo legal (Colômbia). No Peru, tal remuneração não poderá ser inferior a duas "unidades impositivas tributárias"[6].

Levando-se em conta questões relacionadas a salário, no âmbito da Comunidade Européia a preocupação restringe-se tão somente a aspectos gerais de uma política social dos países membros. Volta-se à melhoria da condição de vida e de trabalho – como previsto no art. 117 do Tratado originário e constante na Diretiva 75/117.

Nossa legislação, ao contrário, é extremamente minuciosa, com excesso de interferência dos tribunais especializados, provocando grave insegurança jurídica e extrema conflitividade.

A preocupação central é tornar possível a convivência do econômico com o social, de sorte a convergir os ideais do liberalismo econômico com o necessário progresso social[7].

Como se vê, a evolução do conceito de salário está intimamente ligada à mutação dos paradigmas de proteção do Direito do Trabalho. Dessa forma, visando a melhor compreender tal processo, impõe-se, de plano, conceituar salário e diferenciá-lo da remuneração, bem como estudar sua evolução legislativa, doutrinária e jurisprudencial.

2 Considerações preliminares sobre salário. A interdisciplinaridade do conceito

2.1 Evolução histórica do conceito

São inúmeras as situações em que se impõe qualificar de forma exata a soma recebida pelo empregado, seja para efeito de contribuições sociais, compensação ou prescrição, seja para gravá-lo com o *status* de valor privilegiado, conferido pela constituição.

---

[6] RUIZ, Maria Luz Veja. *La reforma laboral em América Latina. Un análisis comparado.* OIT: Lima, 2001. p. 44.

[7] ROCCELLA, Massimo; TREU, Tiziano. *Diritto del lavoro della Comunità Europea.* 3. ed. Pádua: Cedam, 2002. p. 206.

A noção de salário é mais ampla no âmbito da Previdência Social e do Direito Fiscal[8] que no do Direito do Trabalho, por se vincular diretamente aos paradigmas e princípios próprios desse ramo da ciência do Direito.

Historicamente, ao longo da evolução do conceito de salário, as teorias econômicas foram decisivas para reduzir o homem a fator de produção e o trabalho a simples mercadoria. O Código Civil de Napoleão, de 1804, com forte influência do Direito romano, funda-se numa concepção de trabalho-mercadoria, sujeita à lei da oferta e procura, ao contrário da concepção de Marx, segundo a qual salário é preço de uma mercadoria determinada: o trabalho[9].

Dessa forma, passa-se de visão liberal para concepções mais preocupadas com a proteção da subsistência do trabalhador. A substituição da fórmula "valor da força do trabalho" pela "valor do trabalho" corresponde à introdução de dois elementos: um físico, limitado às necessidades vitais; outro, de caráter social, para atender necessidades levando-se em conta aspecto mais social.

Entretanto, em sua noção atual rompe-se com a visão do salário garantidor do mínimo vital para o indivíduo. Não se trata mais de simplesmente reconhecer a natureza alimentar do salário, mas conferir-lhe novo papel. Nesse sentido, busca-se não somente garantir necessidades vitais básicas elementares dos trabalhadores, mas necessidades relativas às condições sociais em que está inserido[10].

Com efeito, diversas teorias explicam a evolução do conceito de salário. A primeira o qualifica como contraprestação do trabalho prestado, típica do período liberal, cujo valor preponderante era o lucro. Como se vê, há forte influência da economia, pois sem trabalho não há salário. Segundo tal concepção, o trabalho representava apenas fator da produção e preço do trabalho, simples mercadoria, sujeita à lei da oferta e da procura.

Em razão disso, não há trabalho sem salário, inserindo-se o aspecto sinalagmático, correspondente a uma obrigação exigível pelo empregado apenas quando cumprida a sua: a de trabalhar.

Tal rigor foi substituído pela teoria da contraprestação das disponibilidades: vinculou-se o salário ao conceito de jornada, considerando-se esta tempo à dispo-

---

[8] HENNEBELLE, Diane. *Essaie sur la notion de salaire*, Puam, 2000, p. 19.

[9] Ibidem, p.22.

[10] Ibidem, p.24.

sição em que o empregado está aguardando ordens. Desse modo, imperioso o sinalagma, mas não resulta de rigorosa relação entre salário e trabalho.

Apesar de certos avanços a nova teoria não explicava pagamentos das férias e demais hipóteses de interrupção contratual. Por essa razão, passou-se a desvincular o salário do trabalho, relacionando-o ao próprio contrato de trabalho.

Assim, o salário não se restringe apenas à contraprestação do trabalho prestado ou à disponibilidade do trabalhador, mas abrange também as paralisações remuneradas. Tal argumentação permitiu a introdução de perspectivas mais amplas: correspondência entre salário e contrato de trabalho. Em conseqüência, o salário é contraprestação do contrato de trabalho e não necessariamente do serviço prestado.

Nessa perspectiva histórica, esta teoria refletiu-se no ônus da prova: presume-se ser salário qualquer prestação devida ao empregado em razão do trabalho.

2.2. Da valorização do trabalhador por meio da noção de salário

Modernamente, vem ganhando importância a dignidade do trabalhador cidadão por meio da valorização do trabalho e conseqüentemente do salário.

O trabalho corresponde a instrumento de realização do trabalhador, sendo o salário uma de suas medidas, inclusive para efeito de manutenção de seu padrão de vida perante a sociedade.

Fala-se, portanto, em "remuneração de conforto"[11], o que justifica a existência de múltiplas parcelas salariais.

Como se vê, o trabalho apresenta-se como instrumento de integração do trabalhador na sociedade e a remuneração, um corolário. A empresa não pode ser concebida unicamente como fonte de exploração do trabalho alheio. Como centro de geração de riquezas, facilita o implemento de carreiras pessoais baseadas no desenvolvimento integral do indivíduo.

Com essa marca de empresa-cidadã, o empregador está cada vez mais presente na elaboração de planejamentos estratégicos, sempre consciente da necessidade de valorização do capital humano[12].

---

[11] Ibidem, p. 28.

[12] MEDA, Dominique. *Le traval une valeur en disparition.* Flammarion, 1995, p. 190.

A inclusão de campanhas de incentivo e respectivo pagamento de prêmios, além das técnicas de participação dos trabalhadores em lucros ou resultados, está em sintonia com a referida dimensão da remuneração.

Destituídos de caráter contraprestativo, os prêmios assim oferecidos visam à estimular e reconhecer talentos, propiciando como que a renovação de seu compromisso, quando da admissão do empregado, de empenhar-se ao máximo no desempenho de suas atribuições, segundo o princípio da boa-fé.

Conforme esclarece Antonio Baylos, com a adesão ao fim comum da empresa

> estimula-se o envolvimento dos trabalhadores através de estruturas que facilitam a mobilidade individual e a carreira profissional e também da implantação generalizada de políticas de formação e requalificação no interior da própria empresa.[13]

Essa forma de examinar o salário é fundamental para compreensão da natureza jurídica tanto dos prêmios quanto de outras vantagens oferecidas por ocasião de campanhas de incentivo. Nesses casos, não há que se falar em "contraprestatividade", uma vez que não decorrem do ajuste contratual.

Ora, o salário corresponde unicamente à quantia que o empregado espera auferir pelo trabalho prestado e cuja obrigatoriedade venha a gerar legítima expectativa, por força da habitualidade e em função da contraprestação. O prêmio, no entanto, apresenta-se com outras feições, desvinculando-se daqueles fatores determinantes do caráter salarial, como se infere do acórdão a seguir transcrito:

> Condicionado o prêmio de assiduidade à realização de um objetivo e não tendo o recorrido almejado-o durante todos os meses de vigência do contrato de trabalho, indevida a sua incorporação. (TRT – 2ª Região – Recurso Ordinário – Acórdão n. 20000611977. Relator: Plinio Bolivar de Almeida)

Em outras palavras, o prêmio se apresenta entre as modernas técnicas aptas à criação de ambiente positivo de trabalho, desvinculando-se da órbita das obrigações do empregado. Ao contrário, por intermédio dele busca-se a valorização e o crescimento profissional num ambiente de produtividade que interessa tanto ao trabalhador quanto ao empregador, num contexto mais de parceria do que de rancoroso conflito de classes.

---

[13] BAYLOS, Antonio. *Direito do trabalho, modelo para armar.* Tradução de Flavio Benites e Cristina Schultz. São Paulo: LTr, 1999. p. 119.

2.3 O salário no Direito do Trabalho e outros ramos da ciência jurídica

Como anteriormente salientado, o salário se apresenta como núcleo em torno do qual se construiu o Direito do Trabalho[14], representando a subsistência do empregado (i) e, ao mesmo tempo, sendo fonte de custeio para a Previdência Social (ii) e custo para as empresas (iii).

Com efeito, (i) em contraprestação ao serviço prestado, o empregado recebe salário, fonte de sua sobrevivência como trabalhador subordinado e dependente economicamente do emprego. Em razão de sua natureza alimentar, o salário recebe proteção especial contra o empregador, contra os credores do empregador e contra o próprio empregado, sendo facilmente compreensíveis os princípios aí envolvidos: irredutibilidade, impenhorabilidade, inalterabilidade prejudicial e intangibilidade salarial, respectivamente.

Por sua vez, (ii) como nosso sistema de seguridade social é financiado pelas contribuições sociais, levam-se em conta valores de natureza salarial constantes da folha de pagamento, sendo fácil compreender como o salário acaba gerando inúmeros conflitos, ocupando lugar de destaque nos planejamentos empresariais.

Por fim, (iii) o salário se apresenta como custo para a empresa, sendo natural a tensão entre a resistência empresarial ao aumento da carga tributária e à voracidade do fisco. Tal quadro se agrava ainda mais por conta de um regime legal de salário extremamente complexo.

Em torno da noção de salário, na atualidade, convergem interesses específicos relacionados tanto à proteção e garantia da dignidade da pessoa do empregado, de um lado, quanto ao equilíbrio das contas públicas da Seguridade Social e diminuição de custos da produção, de outro.

De acordo com nosso ordenamento jurídico, a principal base de incidência de contribuição para efeito de recolhimento de INSS e FGTS é a remuneração, que compõe o denominado-salário-de-contribuição.

No entanto, conceitualmente impõe-se distinguir salário e remuneração. Com efeito, remuneração compreende não só os salários pagos diretamente pelo empregador em contraprestação dos serviços prestados pelo empregado, como as gorjetas. Por sua vez, no conceito de salário inclui-se toda vantagem econômica

---

[14] PELISSIER, Jean et al. *Droit du travail.* 20. ed. Paris: Dalloz, 2000. p. 1000.

expressa em dinheiro ou utilidade que o empregado recebe diretamente do empregador, de forma regular e permanente, em contraprestação dos serviços prestados, e cuja obrigatoriedade venha a gerar legítima expectativa por parte do empregado por força da habitualidade. Portanto, excluem-se da base da contribuição, para efeito de recolhimento do INSS e FGTS, verbas de caráter indenizatório e outras expressamente previstas em lei.

Como se vê, por conta do caráter oneroso do contrato de trabalho, parte-se da presunção de que os valores recebidos por conta do contrato de trabalho têm natureza de remuneração.

Assim, sendo a onerosidade elemento essencial do contrato de trabalho, o salário se apresenta como contraprestação dos serviços prestados. Em conseqüência, presume-se salário toda e qualquer vantagem econômica atribuída ao empregado por força do vínculo de emprego.

A aludida presunção é fonte de grande insegurança jurídica, ainda, pelo fato de a determinação do montante do salário representar elemento relevante em face de outros direitos trabalhistas: não só o salário fixo, como as demais parcelas variáveis refletem o pagamento das férias, gratificação de Natal, repousos remunerados, entre outros.

Para resolver questões de tamanha gravidade, nosso ordenamento jurídico ressente-se de um sistema consolidado e unificado para regular o salário, cabendo ao legislador conceituá-lo, com indicação das verbas expressamente excluídas, como indenizações ou outros valores, ao contrário do que se observa em nosso ordenamento jurídico.

Com efeito, nosso regime legal de salário é disperso (i) e contraditório (ii), o que explica a intensa atuação dos tribunais especializados, que não se limitam a simplesmente corrigir distorções do ordenamento jurídico, mas acabam regulando a matéria pontualmente, com requintes de casuísmos, como se depreende da pletora de súmulas e orientações jurisprudenciais, em particular, e da copiosa jurisprudência emanada dos tribunais especializados em geral. Tão intensa atuação pretoriana acaba tendo efeito contrário, provocando em alguns casos mais conflitualidade.

(i)   A dispersão legislativa do regime salarial é patente, como se infere de simples apontamento das principais fontes de sua regulação, entre as quais se destacam três sistemas básicos, com seus respectivos subsistemas, a saber: (a) a CLT, (b) legislação previdenciária e (c) a relativa a FGTS.

(a) No primeiro sistema, encontra-se a maior incidência normativa. O fato de a legislação consolidada reservar capítulo específico à remuneração, a partir do art. 457, da CLT, não esgota aí sua regulação, encontrando-se inúmeros dispositivos dispersos com sérios prejuízos à melhor técnica interpretativa. Assim, além do salário mínimo ser regulado em capítulo apartado (art. 76 e ss.), outros artigos esparsos regulam o tema, destacando-se, apenas para exemplificar, os seguintes, todos da CLT: 5º; 29, § 1º; 58, § 1º; 59, § 1º; 61, § 2º; 62, parágrafo único; 64; 65; 71, § 4º; 73; 142; 161, § 5º; 224, § 2º; 241, parágrafo único; 296; 305; 320; 323; 358; 381; 393; 413, II; 477, § 5º; 503; e 624.

Inúmeras outras Leis e Decretos-Leis complementam a CLT com o intuito de regular, de forma sistemática, o salário, podendo-se destacar, entre outras, as seguintes normas relativas a: atraso e mora salarial (D.Lei n. 368/68); pagamento em cheque (Portaria n. 3.281/84); política salarial (Leis ns. 8.073/90; 8542/1992; e 8.880/94); adicionais ao salário (Lei n. 7.369/8.510.192/01); gratificação de Natal (Leis ns. 4.090/62; e 4.749/65); redução salarial motivada por crise econômica (Lei n. 4.923/65); multas por atraso (Lei n. 7.855/89); participação nos lucros ou resultados (Lei n. 11.101/00); desconto em folha de pagamento (Lei n. 10.820/04); e garantias na recuperação judicial, extrajudicial e falência da empresa (Lei n.11.180/05), apenas para citar as normas mais expressivas.

(b) No segundo sistema, localizam-se normas relativas à Previdência Social, destacando-se a Lei n. 8.212/91, cujo art. 28 regula o salário-de-contribuição. Sua regulamentação detalhada ficou a cargo do art. 214 , do Decreto n. 3.048/99 e, de modo particular, à I.N. n. 3/05, em seu art. 67 e ss. A minúcia de detalhes desses diplomas legais acaba suprindo o aparente inexpressivo número de leis no âmbito previdenciário.

(c) Por fim, a Lei n. 8.036/90 regula a matéria salarial para efeito de recolhimento do FGTS. Coube ao Decreto n. 99.684/90 aprovar seu regulamento. Cabe menção, ainda, à Lei Complementar n. 110/01, relativa à contribuição adicional do FGTS, cuja regulamentação coube aos Decretos ns. 3.913/01 e 3.914/01. Por fim, a I.N. 25/01, da Secretaria de Inspeção do Trabalho, do Ministério do Trabalho e Emprego, determina as bases de cálculo, bem como as parcelas com natureza salarial e aquelas que não integram a remuneração para efeito de recolhimento do FGTS.

Simples análise conjunta dos três sistemas anteriormente apontados leva o intérprete à conclusão de que são fechados e distintos. É patente a falta de harmonia, pois o salário para um não o é necessariamente para o outro, quando na verdade o Direito é um só.

Pelo atual modelo legislativo, o salário tem regras específicas no âmbito da CLT para regular o contrato de trabalho, que por sua vez não se confundem, necessariamente, com outras regras específicas, seja para efeito de INSS, seja de FGTS.

Não bastasse o fato de a legislação relativa a salário espalhar-se pelos diversos sistemas, como apontado, onde cada um deles conta com outro tanto número de normas, a dispersão verifica-se no interior de cada um dos sistemas apontados. Apenas para exemplificar, basta citar o tratamento dispensado às horas extras: em determinadas situações, sua integração no salário depende do fator habitualidade; em outras, basta simples prestação de trabalho extraordinário.

De acordo com o art. 142, da CLT, as horas extras integram o salário para efeito de pagamento de férias, independentemente da habitualidade; no entanto, nos termos do art. 7º, da Lei n. 605/49, levam-se em conta, para efeito de pagamento do repouso semanal, as horas extras quando habitualmente prestadas.

(ii)   Não bastasse o fator dispersão, as contradições entre as subunidades do sistema contribuem decisivamente para tamanha desordem em matéria salarial.

Assim, enquanto a CLT desvincula do salário a previdência privada (art. 458, § 2º. Inc. VI), por determinação constitucional (art. 202, § 2º, da Constituição da República), a legislação previdenciária condiciona o fornecimento da referida utilidade a todos os empregados para autorizar sua desvinculação (Lei n. 8.212/91, art. 28, § 9º, p).

Idêntica observação pode ser feita em relação aos valores pagos a título de assistência médica e odontológica: enquanto a CLT (art. 457, IV) exclui do conceito de salário tais utilidades, sem qualquer condição, a legislação previdenciária (Lei n. 8.212/91, art. 28, § 9º, q) condiciona a exclusão dos referidos valores do salário-de-contribuição à cobertura a *todos os empregados e dirigentes da empresa*.

Nesse mesmo sentido, ainda, a utilidade concernente a educação: para a Previdência Social (Lei n. 8.212/91, art. 28, § 9º, t), os valores destinam-se à educação básica ou a cursos de capacitação e qualificação profissionais, exigências ausentes na CLT.

Tais contradições geram grande insegurança jurídica: eventuais vantagens oferecidas pela CLT, no sentido de incentivar as empresas a fornecer planos de previdência privada, assistência médica ou mesmo custear os mais diversos estudos

dos empregados, ficam prejudicadas em face das exigências impostas pelo "legislador previdenciário".

A análise da legislação do FGTS permite-nos chegar a idênticas conclusões: as mesmas contradições apontadas relativamente à legislação previdenciária verificam-se com a legislação relativa a FGTS.

Muitos avanços podem ser apontados, como a retirada da natureza salarial dos valores pagos a título de participação nos lucros ou resultados. Além disso, impõe-se o registro das diversas utilidades destituídas de natureza salarial, como se depreende do já referido art. 458, da CLT.

Apesar do esforço do legislador, nos últimos tempos, no sentido de aprimorar o sistema, determinando quais parcelas têm natureza salarial e quais não têm, ainda persistem conflitos decorrentes de atos normativos.

A título exemplificativo, pode-se citar a atual controvérsia referente à incidência de contribuições previdenciárias sobre o aviso prévio indenizado.

Com efeito, a Lei n. 8.212/91, em sua redação original (art. 28, § 9º, *e*), expressamente excluía da base de incidência o aviso prévio indenizado[15], sendo esta a regulamentação contida no Decreto n. 3.048/99 (art. 214, V, *f*) e na Instrução Normativa MPS/SRP n. 3, de 14.07.2005 (art. 72, VI, *f*).

Com a reforma introduzida pela Lei n. 9.528/97, apesar de não haver mais exclusão do aviso prévio indenizado da base de incidência, o Decreto permaneceu inalterado.

Nesse mesmo sentido, havia clara orientação dos Tribunais Trabalhistas, para excluir o aviso prévio indenizado da base de incidência do INSS, como se infere da seguinte decisão:

> Não incide, pois, contribuição previdenciária sobre o aviso prévio indenizado, vez que este não se configura em retribuição ao serviço prestado, tampouco tempo do empregado à disposição do empregador, sendo evidente a sua natureza estritamente indenizatória. Agravo de instrumento a que se nega provimento.[16]

---

[15] Lei n. 8.212/91 – Art. 28 (...) § 9º Não integram o salário-de-contribuição (...) e) a importância recebida a título de *aviso prévio indenizado*, férias indenizadas, indenização por tempo de serviço e indenização a que se refere o art. 9º da Lei n. 7.238, de 29 de outubro de 1984.

[16] Agravo de Instrumento. 1ª Turma do TST, decisão de maio de 2006 (AIRR 154/2003-731-04-40.0). Cf., nesse mesmo sentido: Recurso de Revista da 3ª Turma, dezembro de 2006 (AIRR 1105200320104402).

Todavia, a Secretaria da Receita Previdenciária resolveu alterar essa regra, passando o aviso prévio indenizado a integrar o salário-de-contribuição para efeito de recolhimento de INSS (art. 72, da IN n. 20/2007, de 11.01.2007).

Como se vê, a omissão legislativa e o excesso de regulamentação infralegal comportam efetiva insegurança jurídica no sistema, de modo que os Tribunais se vêem forçados a colmatar o sistema, tarefa duramente criticada em face de determinadas soluções inaceitáveis, quando simples reforma legislativa bastaria para corrigir as distorções apontadas.

3   O conceito de salário e suas transformações

3.1 Na Legislação

3.1.1 Estrangeira

Na Espanha, o art. 26 do "Estatuto de los Trabajadores" – Ley 8/1980, de 10 de março, assim conceitua salário:

> Se considerará salario la totalidad de las percepciones econômicas de los trabajadores, en dinero o en especie, por la prestación professional de los sevicios laborales por cuenta ajena, ya retribuyan el trabajo efetivo, cualquiera que sea la forma de remuneración, o los períodos de descanso computables como de trabajo.

Para o legislador espanhol, o salário não se vincula diretamente à contraprestação do serviço prestado. Leva-se em conta o fato de o empregado colocar sua força de trabalho à disposição do empregador (períodos de descanso computáveis como de trabalho).

Na França, segundo art. L.140-2, do Código do Trabalho, deve-se entender por remuneração "o salário ou o pagamento ordinário, básico ou mínimo, bem como as demais vantagens e acessórios pagos direta ou indiretamente, em espécie ou *in natura*, pelo empregador ao trabalhador, em razão do emprego deste".

Para o legislador francês, portanto, distingue-se a noção ampla de remuneração de um conceito mais restrito de salário. Em outras palavras, salário corresponde à remuneração básica ou ordinária, de modo que o Código do Trabalho, na França, emprega ambas as expressões como sinônimas.

3.1.2 Nacional

A CLT tem um capítulo intitulado "Da remuneração", onde faz referências tanto à remuneração quanto ao salário. De acordo com o art. 457, remuneração compreende não só o salário, pago diretamente pelo empregador, como a gorjeta. Por sua vez, o legislador, de forma incompleta, enumera os elementos integrantes do salário, e os que nele não se incluem, segundo os §§ 1º e 2º, do art. 457, respectivamente.

Como se vê, o legislador brasileiro não define salário nem remuneração; embora estabeleça distinção entre ambos os institutos, não há critério rigoroso nem sistemático na sua denominação.

Segundo o professor Amauri Mascaro Nascimento, a legislação é incompleta, quando enumera os componentes salariais; omissa, por não explicitar a distinção entre salário e remuneração; contraditória, ao apontar ora remuneração como gênero, ora o salário como gênero; fragmentada, ao dispersar as noções que poderia reunir num único texto[17].

Caberia ao legislador conceituar salário, distinguindo-o, de forma clara, da remuneração. Além disso, como ocorre com outras legislações, seria melhor discriminar as parcelas sem natureza salarial, para todos os efeitos, de forma sistemática em um único diploma legal, como fez o atual Código do Trabalho em Portugal.

3.2 Salário na doutrina

3.2.1 Estrangeira

Autores franceses, como Gérard Lyon-Caen, Jean Pélissier e Alain Supiot, na clássica obra "Droit du Travail", demonstram a passagem de uma concepção puramente civilista, de cunho sinalagmático, quando havia vínculo de causalidade recíproca entre prestação do serviço e correspondente contraprestação patronal para uma noção de salário típica do Direito do Trabalho[18].

Assim, segundo os referidos autores, salário é "toda soma ou vantagem concedida por ocasião do trabalho prestado pelo empregado no âmbito da empresa", pouco importando seu caráter paternalista, ou o fato de se tratar de pagamento de terceiro, como ocorre com a gorjeta, ou seu caráter coletivo, como prêmios de produtividade, de forma que o "salário não é o preço estrito do trabalho, mas a remuneração vinculada ao emprego".

---

[17] MASCARO, Amauri. *Manual do salário*. São Paulo: LTr, 1984. p. 39.
[18] LYON CAEN et al., op. cit, p. 1139.

Na Alemanha, segundo Hueck e Nipperdey, no contrato de trabalho há um dever do empregado de trabalhar e do empregador, geralmente de prestar uma remuneração, que se chama salário. Segundo os referidos autores, num sentido amplo, salário compreende toda remuneração e, num sentido estrito, salário é a remuneração em dinheiro paga ao obreiro[19].

Após essas considerações, os autores alemães partem da constatação de que, sob a influência dos tribunais, o salário corresponde à contraprestação do trabalho em decorrência do caráter sinalagmático do contrato de trabalho.

Entretanto, tendo em vista o caráter alimentar do salário e a importância de se garantir ao trabalhador recursos necessários às suas necessidades alimentares, ocorre pagamento de salário nos casos de interrupção contratual. Tal conclusão decorre da socialização do salário que se opera num quadro profissional ou inter-profissional para atingir o sistema de segurança social, inclusive ampliando seu conceito para abranger a participação dos trabalhadores nos lucros da empresa.

Na lição de Antônio de Lemos Monteiro Fernandes, sob o ponto de vista jurídico-formal, a retribuição surge como contraprestação do trabalho efetiva-mente prestado. Entretanto, levando-se em conta o conteúdo preciso da relação de trabalho, é a disponibilidade que corresponde ao salário[20].

3.2.2 Nacional

A doutrina nacional não se distancia da orientação acima apontada. Basta conferir o seguinte conceito formulado por Amauri Mascaro Nascimento:

> Salário é o conjunto de percepções econômicas devidas pelo empregador ao em-pregado não só como contraprestação do trabalho, mas, também, pelos períodos em que estiver à disposição daquele aguardando ordens, pelos descansos remune-rados, pelas interrupções do contrato de trabalho ou por força de lei.[21]

Essa noção civilista é abandonada, passando-se a vincular o salário ao con-trato de trabalho que, pela sua natureza, é essencialmente oneroso, motivo pelo

---

[19] HUECK, Alfred; NIPPERDEY, Hans Carl. *Compendio de derecho del trabajo*. Madrid: Rev. de Derecho Privado, 1963. p. 125.

[20] MONTEIRO, Fernandes Antônio de Lemos. *Noções fundamentais de direito do trabalho*. Coimbra: Almedina, 1983. p. 288.

[21] MASCARO, Amauri. *Iniciação ao direito do trabalho*. 27. ed., p. 325.

qual presume-se que as vantagens percebidas por conta do referido contrato de trabalho têm natureza salarial.

Segundo Octavio Bueno Magano:

> remuneração é o conjunto de vantagens habitualmente atribuídas ao empregado, de acordo com algum critério objetivo, em contraprestação de serviços prestados e em montante suficiente para satisfazer as necessidades próprias e da família[22].

Segundo Orlando Gomes e Elson Gotttschalk, do ponto de vista jurídico e considerando-se o aspecto da contraprestação, "só há salário quando há trabalho" [23].

Se o conceito clássico de salário foi superado, as novas teorias não solucionaram de vez o problema, pois nem tudo quanto o empregado percebe por força do contrato de trabalho é salário. Essa presunção generalizada acaba desestimulando o empregador a conceder determinadas vantagens, devendo restringir o caráter salarial generalizado atribuído pelos Tribunais especializados.

3.3 Na jurisprudência

Houve inegável influência dos tribunais especializados sobre o legislador. Nesse sentido, o Decreto-lei n. 1.535/77 determina a integração das horas extras para efeito de remuneração das férias. Por sua vez, a Lei n. 7.415/85 ao alterar o art. 7º da Lei n. 605/49 ordenou a integração das horas extras na remuneração do repouso semanal, tudo por conta da influência pretoriana.

Outra contribuição da jurisprudência foi reconhecer como salário todo pagamento habitual. O conceito de habitualidade, no entanto, como se infere das decisões dos tribunais, não é preciso, não oferecendo segurança ao aplicador do direito.

Veja-se, nesse sentido, os seguintes acórdãos, aplicáveis ao presente estudo:

> Horas extras. Habitualidade. Enunciado n. 291/TST . Aplicabilidade. "Na caracterização da habitualidade com que prestado o serviço extraordinário há que se relacionar o respectivo período com a duração do contrato de trabalho: assim, horas extras laboradas em todo o tempo do contrato são habituais, ainda que o mesmo tenha durado apenas dois meses, ao passo em que horas extras prestadas por um ano não

---

[22] MAGANO, Octavio Bueno. *Manual de direito do trabalho*. 2. ed., v. II, p. 176.

[23] GOMES, Orlando; GOTTSCHALK, Elson. *Curso de direito do trabalho*. São Paulo: LTr, 1999. p. 259.

o serão, se o contrato de trabalho vigeu por muitos anos (TRT/MG, RO 6.815/94, Carlos de Paula)." Assim sendo, constatada a supressão da jornada extraordinária praticada com habitualidade, forçosa a aplicação da indenização prevista no Enunciado n. 291 do Colendo TST. (TRT 10ª R. – RO 1.037/99 – 3ª T. – Rel. Juiz Lucas Kontoyanis – DJU 02.07.1999, p. 39)

Horas extras. Integração. Habitualidade. Para a caracterização do trabalho habitual extra, não se exige uniformidade ou invariabilidade dos serviços suplementares. Nem a quantidade ínfima em alguns meses desfigura a habitualidade que se materializa pela reiteração do trabalho extra por mais de dois anos e mais recentemente, por 12 (doze) meses (Súmula n. 291 do TST). Devida, pois, a integração nessas circunstâncias. (TRT 15ª R. – Proc. 7603/88 – 2ª T. – Rel. Juiz Ralph Candia – DOESP 06.12.1990, p. 117)

Prêmio-desempenho. Natureza jurídica. Incontroverso nos autos que o prêmio-desempenho era pago habitualmente ao Reclamante, devendo integrar o salário, nos termos do artigo 457, § 1º, da CLT, que dispõe: "§ 1º Integram o salário, não só a importância fixa estipulada, como também as comissões, percentagens, gratificações ajustadas, diárias para viagens e abonos pagos pelo empregador". As gratificações ajustadas, a que alude a lei, são aquelas que possuem características de habitualidade, *periodicidade e uniformidade*. Na hipótese, o prêmio-desempenho possui natureza salarial, devendo, portanto, integrar o salário do Reclamante para efeito de cálculo do décimo terceiro salário. (TST, SDI, ERR-419315/98, Rel. Min. Maria Cristina Irigoyen Peduzzi, DJ 02.05.2003, decisão unânime)

Prêmio de produção. Natureza jurídica. O entendimento majoritário no âmbito desta c. Corte, é no sentido de que inúmeras atribuições econômicas, independente de título e natureza originária, desde que se constituam prestações permanentes e estáveis, são elementos que se incorporam ao salário para todos os efeitos. Assim é o caso do prêmio, que pode assumir a feição de salário ou de indenização, a depender da forma do ajuste e da habitualidade da prestação. Recurso de revista não conhecido. (TST, 4ª T, Proc. n. TST-RR-439235/98.6)

Nesse mesmo sentido, pode-se citar a Súmula 152, do TST:

Súmula 152: Gratificação. Ajuste tácito: O fato de constar do recibo de pagamento de gratificação, o caráter de liberalidade não basta, por si só, para excluir a existência de ajuste tácito. Ex-prejulgado n. 25. (RA 102/1982, DJ 11.10.1982 e DJ 15.10.1982)

Apesar de sua utilização constante, omitiram os Tribunais em precisar o conceito de habitualidade, contribuindo assim para reforçar a apontada insegurança jurídica.

3.4 Distinção entre salário e remuneração

Como já demonstrado, o conceito de salário evoluiu no sentido de se abandonar a visão civilista de contraprestação decorrente do seu caráter sinalagmático para vincular-se ao contrato de trabalho como um todo. Além disso, o salário passou a não limitar-se mais a uma parcela fixa, como se dá com o salário mínimo.

O salário deve continuar relacionado com o trabalho efetivo. Corresponde à contraprestação do serviço prestado, inexistindo sinalagma perfeito, pois não há correspondência absoluta, mas relativa, entre prestação e contraprestação.

Devido a essa transformação, passou-se a adotar a denominação "salário" para a parte fixa e "remuneração" para indicar a multiplicidade de formas complementares do salário. Essa técnica acabou dificultando a conceituação de salário, abrangendo prestações sem caráter salarial, como as de natureza assistencial. Em razão disso, há divergências quanto à natureza de determinadas parcelas, como o prêmio.

Para o legislador, no entanto, a distinção entre salário e remuneração não leva em conta a maior ou menor complexidade da forma de pagamento, mas sua fonte, como se infere do art. 457, da CLT. É salário a vantagem econômica paga diretamente pelo empregador, em virtude do contrato de trabalho; gorjeta corresponde à gratificação de terceiros. Ambos, salário e gorjeta, integram a remuneração.

Com efeito, segundo o citado art. 457 da CLT, é salário a quantia devida e paga diretamente pelo empregador, em contraprestação dos serviços prestados pelo empregado. Por sua vez, na remuneração se compreende, além dessa parcela, a quantia paga por terceiros a título de gorjeta.

Com isso, o legislador não permite que a gorjeta venha a compor o salário mínimo, que deverá ser pago, na sua totalidade, diretamente pelo empregador. Por outro lado, levam-se em conta, para efeito de contribuições sociais, além do salário, as gorjetas. Em outras palavras, a distinção legal entre salário e remuneração atinge apenas a gorjeta, que não é salário, mas integra a remuneração.

4 Composição do salário e política de integração de diversas parcelas

Como já assinalado, o salário passou por grande evolução. Inicialmente, correspondia a valores fixos; com o tempo, outras parcelas foram-lhe agregadas. Nesse sentido, respaldado nos clássicos ensinamentos de Ludovico Barassi, Arnaldo Süssekind descreve esse fenômeno:

> A necessidade de ajustar a taxa de salário às exigências da vida, à possibilidade da produção e ao rendimento do trabalho, a experiência, mestra sempre das coisas, e o engenho sutil dos homens consideram indispensável decompor a retribuição – identificada como tal a composição global devida ao trabalhador – em elementos múltiplos, cada um dos quais como um regime próprio. E desta variada conjunção se pode conseguir o melhor ajuste possível da retribuição.[24]

Assim, em decorrência do processo de integração de diversas parcelas ao complexo salarial e por conta do caráter oneroso do contrato e da presunção salarial de qualquer pagamento, a doutrina passou a se utilizar da expressão *morfologia salarial* para designar as múltiplas formas que a remuneração pode assumir, tais como: salário-base, comissões, gratificações, bônus, décimo-terceiro salário, prêmios, gorjetas, adicionais ao salário e tantas outras. Algumas dessas denominações, como o prêmio, sequer têm previsão na CLT.

Todavia, adicionais da remuneração, ou adicionais ao salário, correspondem a parcelas complementares, destinadas a compensar o maior esforço do empregado em determinadas condições em que o serviço é prestado, daí porque já se defendeu sua natureza indenizatória, como fez Barassi.

Essa teoria da indenização hoje está superada, tendo o legislador acolhido o entendimento dos tribunais especializados no sentido de que os adicionais, como complementos da remuneração, também têm natureza salarial, mesmo porque destinam-se a remunerar serviços prestados em condições mais agressivas à saúde do trabalhador, como se dá com os adicionais de periculosidade, de transferência, noturno, de horas extras, entre outros.

Nesse sentido, ensina Amauri Mascaro Nascimento:

> Os adicionais não têm a natureza jurídica de indenização. O que o empregado recebe por trabalhar em condições desfavoráveis não deixa de ser salário: a respectiva taxa é que varia, por força desses mesmos fatores que agravam as circunstâncias nas quais a prestação de serviços será desenvolvida e que são, como na Economia, as causas de variação das tarifas salariais.[25]

---

[24] SÜSSEKIND, Arnaldo et al. *Instituições de direito do trabalho*. 21. ed. São Paulo: LTr, 2005. p. 348.

[25] MASCARO, Amauri. *Manual do salário*. 1983.

Como se vê, a doutrina e a jurisprudência pouco a pouco alargaram o espectro do salário e consolidaram a natureza salarial de distintas parcelas, dando margem ao fenômeno da morfologia salarial, tomando o salário diversas formas.

A natureza salarial das diversas parcelas da remuneração é reconhecida pela jurisprudência, integrando o salário para todos os efeitos legais.

No entanto, em decorrência de fatores econômicos e tecnológicos da informação, entre outros como anteriormente referido, surgem paradigmas menos restritivos quanto à estrutura do salário e outras alternativas à construção do salário integral.

Com efeito, o conceito de salário integral, como se observa em muitos países latino-americanos, é próximo do "salário à *forfait*", cunhado pelo direito francês. Na França, nos contratos por prazo determinado, é possível contratar o não-pagamento de horas extras, caso o valor do salário convencionado seja superior àquele que receberia caso fosse pago o adicional por horas extras. No caso dos contratos por prazo indeterminado, é possível aceitar tal contrato à *forfait* em determinadas situações, como se verifica com a categoria de executivos *(cadres),* e sua licitude é admitida quando em razão da natureza das tarefas o controle de jornada é difícil ou impossível de ocorrer[26].

Como se vê, a despeito de historicamente o Direito do Trabalho ter construído, paulatinamente, um complexo salarial, integrado por diversas formas, atualmente observa-se tendência no sentido de retornar ao conceito de salário unitário e global, apto a remunerar os serviços prestados e eventuais vicissitudes provocadas em função de determinadas circunstâncias em que o referido serviço é prestado.

Tais tendências não se observam claramente no Brasil, apesar das propostas de "salário à *forfait*", apresentadas sobretudo quando da fixação do salário-comissão: o percentual ajustado seria destinado a cobrir o pagamento do serviço prestado, com a devida remuneração do descanso semanal remunerado e das horas extras. A Justiça do Trabalho entendeu incabível tal disposição, por caracterizar salário complessivo, ou seja, o sistema de pagar, em uma única verba, diversas parcelas sem a respectiva discriminação, impedindo o controle do seu correto pagamento por parte do empregado.

---

[26] PÉLISSIER, Jean et al. *Droit du travail.* 20. ed. Dalloz: Paris, 2000. p. 928.

Embora sem amparo legal, a jurisprudência veda o salário complessivo, como se depreende da Súmula 91, do Tribunal Superior do Trabalho, de seguinte teor:

> Súmula 91 – Nula é a cláusula contratual que fixa determinada importância ou percentagem, para atender englobadamente vários direitos legais ou contratuais do trabalhador.

Porém, conforme ensina Arnaldo Süssekind, impõe-se distinguir entre salário complessivo e salário à *forfait*: este é fixado para cada uma das parcelas salariais; aquele engloba o pagamento de diversas parcelas, numa única prestação. E conclui:

> Na Justiça do Trabalho, as duas expressões têm sido usadas como sinônimas, contudo, os tribunais têm concluído, diversamente, conforme se trate de uma só verba concernente a várias parcelas ou de distintas verbas, ajustadas a priori, para remuneração das diferentes prestações. E está certo, porque, a circunstância de ser o pagamento de uma obrigação salarial estabelecido a forfait não importa em afirmar que se trata de salário complessivo.[27]

Em recente acórdão, contudo, o TST assumiu posicionamento inovador, sinalizando a possibilidade de admissão de agrupamento de parcelas salariais por meio de Convenção Coletiva:

> Recurso de revista. Agrupamento de parcelas. Instrumento coletivo. Salário complessivo. Não caracterização.
>
> Esta Corte tem se mostrado atenta ao fato de que devem prevalecer os termos acordados mediante negociação coletiva, que atende mutuamente aos interesses das categorias envolvidas, em respeito ao comando emanado do artigo 7º, inciso XXVI, da Constituição Federal de 1988, restando inaplicável o disposto na Súmula n. 91, do TST, aos casos em que o agrupamento de parcelas se deu mediante a estipulação de cláusula de instrumento coletivo, não havendo de se falar em salário complessivo. Recurso de Revista conhecido e provido. Vistos, relatados e discutidos estes autos de Recurso de Revista n. TST-RR-1122/2001-002-13-00.4, em que é recorrente OGMO – Órgão de Gestão de Mão-de-obra do Porto de Cabedelo e recorrido João Francisco de Brito." (TST PROC. n. TST-RR- 22/2001-002-13-00.4, 4º T, DOU 02.03.2007)

Como se vê, o surgimento de distintas parcelas agregadas ao salário derivam da integração de novos elementos ao complexo salarial. O novo posicionamento do

---

27   SÜSSEKIND, Arnaldo et al. Op. cit., p. 358.

TST salienta a necessidade de valorizar e incentivar a autonomia da vontade das partes, permitindo, em determinados casos, o agrupamento das parcelas salariais.

Contudo, a mais alta Corte trabalhista é ainda bastante tímida no reconhecimento da autonomia dos atores sociais quanto ao estabelecimento de vantagens por meio de acordo coletivo, demonstrando ainda excesso de conservadorismo[28].

5   Prêmios: a revolução do Direito do Trabalho por conta da motivação

Antes de examinar a natureza do prêmio, impõem-se algumas observações preliminares.

O exame do prêmio implica visão interdisciplinar, não apenas no âmbito do Direito, onde deve ser examinado sob o enfoque constitucional, tributário, comercial e civil, como numa perspectiva econômica.

De qualquer forma, a presente análise será limitada ao campo do Direito do Trabalho. Nesse sentido, ao mesmo tempo em que não se pode perder aquele enfoque de maior amplitude, há que se levar em conta particularismos deste ramo especializado do Direito.

Como é cediço, originário do Direito Civil, o Direito do Trabalho se estruturou e se consolidou contrariando a lógica civilista em relação a dois pilares: da igualdade das partes e da liberdade contratual.

Relativamente ao primeiro, a desigualdade econômica entre empregado e empregador é corrigida por meio do contrato de trabalho, instrumento que introduz desigualdades jurídicas. Quanto ao segundo, a liberdade contratual foi mitigada com a noção de contrato realidade, onde prevalece o mundo real quando em conflito com o mundo formal.

Tais particularismos do Direito do Trabalho estão sendo revisitados e, em nome de sua eficácia, o próprio princípio de proteção está em xeque, por conta da crise vivida pelo Direito do Trabalho[29].

---

[28] Ver notícia publicada no site do Tribunal Superior do Trabalho, seção de notícias (<http://www.tst.gov.br/noticias/>) em 12.02.2007, referente ao processo n. RR 44809/2002-900-04-00.5, julgado pela 2ª Turma, do TST, cujo acórdão ainda não foi publicado até a presente data. No presente caso, o TST reconheceu natureza salarial de adicional de produtividade, apesar de acordo coletivo negar-lhe referida natureza jurídica.

[29] ROMITA, Arion Sayão. *O princípio da proteção em xeque e outros ensaios.* São Paulo: LTr, 1993.

Nesse quadro, um dos grandes desafios consiste em superar a bipolaridade quanto ao papel reservado ao Direito do Trabalho. No lugar da solução maniqueísta entre proteger exclusivamente o trabalhador ou a empresa, há que se levar em conta a plenitude da eficácia social e econômica. Nesse sentido, escreve Antonio Baylos:

> Revalorizando ao máximo a função de coordenação de atividades no processo de produção, busca-se a inserção real dos trabalhadores no âmbito organizativo da empresa, motivando-os intensamente e tentando uni-los ao destino econômico desta.[30]

De qualquer forma, o Direito do Trabalho foi profundamente afetado pelas transformações econômicas e sociais, bem como pelas novas tecnologias de comunicação e informação, com impactos significativos no salário.

A velha lógica do conflito permanente de interesses dentro da empresa é absorvida pela busca do consenso na dinâmica da gestão empresarial. Se o empregado teve que abandonar antigas práticas para envolver-se no processo produtivo de forma global, mediante tomadas de decisões, o mesmo ocorreu em relação às empresas.

Com efeito, o empregador/empresário, além de competir num mundo globalizado, foi compelido a desenvolver estratégias de marketing externo visando a captar e "fidelizar" sua carteira de clientes, sem prejuízo da criação de nova cultura organizacional.

O chamado *endomarketing* busca oferecer aos empregados e terceiros colaboradores condições diferenciadas de trabalho, capazes de proporcionar envolvimento e estímulo.

O *marketing de incentivos* atua junto a canais intermediários (públicos internos de empresas, distribuidores, cadeias de serviços, filiais, redes) estimulando a adoção de novas posturas, o aprendizado de novos comportamentos, a compreensão de metas e objetivos de empresas, produtos e serviços.

As campanhas de motivação podem ser implantadas com ou sem o auxílio específico de empresas especializadas, por meio de diversos eventos, reuniões de trabalho, palestras motivacionais e dinâmicas de interação de equipes com os objetivos estratégicos das empresas.

Ademais, normalmente são seguidas do oferecimento de prêmios simbólicos (e.g, troféus) ou catálogos de premiação, cartões de compra ou de débito, além de viagens de incentivos.

---

[30] BAYLOS, Antonio. Op. cit., p. 119.

Referidas campanhas são realidade nas grandes empresas no Brasil e têm revolucionado o modo de trabalhar. Além do salário contraprestativo, o empregado ou colaborador externo sente-se motivado a fazer parte de competição, buscando o atingimento de metas específicas por meio de sadia concorrência.

Tais campanhas têm o condão de motivar equipes, gerando sua coesão e valorizando o potencial de cada trabalhador. Como sua participação é voluntária, não há qualquer interferência do poder diretivo do empregador, nem qualquer sanção ao empregado.

A lógica da campanha é diferenciada da lógica do poder. A motivação não é estimulada pela força, mas pelo estímulo à conquista de prêmios, que podem inclusive não ter caráter econômico.

Os prêmios situam-se no mundo da motivação e reconhecimento. Resultam de técnicas voltadas à divulgação de produtos, para muitos ainda causando perplexidade, como se tais instrumentos não fossem adequados ao Direito do Trabalho ou contrários aos seus princípios.

Não se pode enquadrar esse novo instrumento entre as antigas modalidades de remuneração até porque ausente a contraprestatividade. Ademais, em razão de seu caráter aleatório e não habitual, não geram qualquer expectativa por parte do empregado/terceiro.

Em outras palavras, o componente econômico passa a ser apenas uma das variáveis no complexo sistema de interação construtiva de indivíduos dentro das organizações.

Dessa forma, diversos autores buscaram estudar as técnicas motivacionais, visando à melhoria do processo produtivo. Entre as diversas teorias motivacionais, a mais difundida atualmente é a Teoria da Hierarquia das Necessidades, de Maslow.

Tal teoria busca compreender e explicar o que sustenta o comportamento humano. Segundo o autor, o comportamento é motivado por necessidades fundamentais, baseadas em dois agrupamentos: deficiência e crescimento.

As necessidades de deficiência envolvem elementos fisiológicos, de segurança, de afeto e de estima, enquanto que as necessidades de crescimento relacionam-se ao auto-desenvolvimento e auto-realização dos seres humanos[31].

---

[31] KOTLER, P. *Administração de marketing: análise, planejamento, implementação e controle.* São Paulo: Atlas, 1998.

Para Maslow, tais necessidades apresentam-se numa hierarquia de importância e premência, na seguinte ordem: fisiológicas, segurança, social, estima e auto-realização. Visam a oferecer sentido às atividades do ser humano. Denominadas atividades cognitivas, relacionam-se à busca de sistematização e organização do ser humano.

Desse modo, uma vez reconhecidas as necessidades de cada indivíduo, busca-se integrar tais elementos dentro da estrutura organizacional.

Nesse ambiente, reconhece-se a capacidade própria, a criatividade e o infinito potencial de cada indivíduo, motivando-o a interagir dentro de novas realidades.

Embora o resultado mensurável mais visível do *marketing de incentivos* seja o lado econômico, tais questões representam uma ínfima parcela de tal atividade.

Com efeito, para as empresas participantes, os maiores benefícios são justamente o crescimento pessoal e profissional de cada empregado/terceiro colaborador ao buscar compreender e atingir os objetivos estabelecidos.

A face mais aparente das campanhas de incentivo são os prêmios em viagens, cupons ou cartões de débito. Porém, o alcance dos objetivos, resultante de fatores quantitativos e qualitativos, traz aos participantes conhecimentos e práticas profissionais, atualização profissional e auto-estima.

Tais valores, ainda mais importantes que os prêmios, não têm diretamente qualquer mensuração econômica imediata.

São fonte de crescimento pessoal e profissional, estimulando relacionamentos positivos não só em face da equipe, como da empresa, família e comunidade. Nesse sentido, essa política oferece ferramental apto a valorizar o ser humano de forma plena, garantindo a realização pessoal pelo trabalho.

No entanto, o *marketing de incentivo* traz à lume nova lógica que contrapõe a idéia do conflito permanente, antigo paradigma do Direito do Trabalho clássico.

Na verdade, concepções ultrapassadas chegam a repudiar a noção de empresa não só como centro de geração de riquezas como de motivação e inserção do indivíduo.

Tal concepção aparentemente coaduna-se com a teoria da empresa como instituição, organizada e constituída como comunidade. Segundo tal teoria, não haveria lugar para autonomia contratual, pois só há relação de emprego quando o trabalhador integra a comunidade organizativa[32].

---

[32] GOMES, Orlando; GOTTSCHALK, Elson. *Curso de direito do trabalho*. Rio de Janeiro: Forense, 1978. v. I, p. 204.

Entretanto, a valorização motivacional do indivíduo nada tem a ver com a referida teoria institucional. Fundada em idéias corporativistas, percebe a empresa como centro de atuação da autoridade exclusiva do chefe, ligado à estrita relação de obediência e fidelidade.

Como contraponto, surge a teoria contratualista, reconhecendo a existência da vontade do trabalhador na formação do contrato. Em face do sinalagma, o contrato de trabalho é fundado em interesses distintos dos sujeitos contratantes. Nesse sentido, o empregado trabalha exclusivamente em função do salário, sem espaço para realização pessoal pelo trabalho. Ademais, em função da posição de inferioridade do trabalhador, presume-se salário todo pagamento em dinheiro ou em utilidade efetuado pelo empregador, salvo expressamente disposto em lei.

As modernas teorias motivacionais percebem a empresa como instrumento de promoção e valorização dos potenciais do indivíduo. Contudo, não se relacionam com as idéias corporativas ou autoritárias intrínsecas à teoria institucional. Nesse sentido, a lição de Magano:

> Quando se considera que a empresa não é apenas capital à procura de maior lucro, mas desempenha a função social de criar riqueza, aumentar empregos, aperfeiçoar técnicas, elevar o produto nacional, distribuir rendas, atrair divisas, ampliar mercados, promover assistência social, tendo a oportunidade de perdurar indefinidamente e de modo independente de vidas concretas, admite-se que possa ser tida como instituição.[33]

Como se vê, as campanhas de incentivo rompem com certas concepções clássicas do Direito do Trabalho, que necessitam revisitação.

Revelam que o "trabalho" não é somente meio pelo qual o indivíduo garante sua subsistência, mas mecanismo de fomento ao crescimento pessoal e realização. O "trabalho" perde seu sentido etimológico – *tripalium,* instrumento de tortura medieval – para transformar-se em meio de integração do indivíduo na sociedade.

Desse modo, além do sentido econômico, diversas circunstâncias devem ser levadas em conta, a fim de compreender as novas técnicas de premiação, seu conceito e sua natureza jurídica, desvinculados tais valores do salário, como será demonstrado.

---

[33] MAGANO, Octávio Bueno. *As novas tendências do direito do trabalho.* São Paulo: LTr, 1974. p. 82.

5.1 Do conceito de prêmio

Prêmio, do latim *premium,* com o sentido de dinheiro ou vantagem, indica forma de recompensa monetária por ato praticado ou serviço prestado.

A instituição do prêmio tem em vista determinado resultado: incentivar o empregado e motivá-lo, seja no sentido de obter maior produtividade, tanto no aspecto quantitativo quanto qualitativo, seja para influenciá-lo relativamente a determinado comportamento, como não provocar acidente ou combater o absenteísmo, neste caso, prêmio-assiduidade. Levam-se em conta critérios objetivos para aferir resultados.

Há inúmeras modalidades de prêmio. Na França, há os destinados a recompensar a fidelidade, com o intuito de incentivar a permanência do empregado; outros vinculam-se a recompensar determinadas condições de trabalho, como envolvendo penosidade: excesso de calor, de frio, de altura, bem como de insalubridade.

No Brasil, apontam-se prêmios de produção, de rendimento, de produtividade, de assiduidade, de poupança, entre outras modalidades.

Ao enumerar as diversas formas do salário, o § 1º, do art. 457, da CLT, refere-se a gratificações, comissões, abonos, entre outras modalidades. Apenas o art. 193, § 1º, da CLT a ele faz referência.

De acordo com a clássica lição de Orlando Gomes, "o prêmio é um suplemento de salário, destinado ao trabalhador que demonstra maior eficiência ou diligência no serviço"[34].

Segundo Octavio Bueno Magano, os prêmios correspondem a "salários suplementares visando, geralmente, à maior produtividade do trabalhador". Entre as características do prêmio, o autor aponta a complementaridade, não se constituindo em elemento único, mas complemento de um salário-base[35].

Para Amauri Mascaro, o prêmio constitui forma de salário atrelado a determinados fatores de ordem pessoal do trabalhador, daí sua denominação "salário por rendimento" ou "salário por produção"[36].

---

[34]   GOMES, Orlando. *O salário no direito brasileiro.* São Paulo: LTr, edição fac-similada, 1996. p. 53.

[35]   MAGANO, Octavio Bueno. *Manual de direito do trabalho.* 2. ed., v. II, p. 43.

[36]   MASCARO, Amauri. *Teoria jurídica do salário.* p. 256.

O referido autor esclarece, em obra mais recente, no entanto, que

> os prêmios não tem natureza salarial unicamente quando não habituais, assim considerados os pagamentos feitos a esse título, por exemplo, uma vez por ano ou em função de campanhas de incentivo à produção eventualmente realizadas pela empresa, especialmente quando não pagos em dinheiro, mas em outras vantagens, como uma viagem ao exterior.[37]

Segundo Arnaldo Süssekind

> os prêmios constituem um suplemento à remuneração do empregado, destinado a recompensá-lo pela eficiência na prestação dos serviços, pela assiduidade com que comparece ao trabalho, por ter atingido determinado número de anos sem qualquer punição etc. Correspondem assim, a uma gratificação de incentivo, visando o melhor rendimento e comportamento do empregado.[38]

Em geral, o pagamento do prêmio vincula-se tradicionalmente ao preenchimento de determinada condição; uma vez cumprida, torna-se devido. Em geral, visa-se a corrigir distorções provocadas pelas modalidades de aferição salarial, seja unidade de tempo, seja unidade de obra. Trata-se do prémio-produção distinto do prêmio de incentivo.

Isso não ocorre com a gratificação, sempre devida na forma do ajuste, que se presume, quando habitual. Além disso, na gratificação, podem-se levar em conta aspectos subjetivos, ao contrário do prêmio, sempre fundado em critérios objetivos.

Os prêmios, por sua vez, não se confundem com a participação nos lucros ou resultados (PLR), uma vez que independem do atingimento de lucros ou resultados específicos. Ademais, o prêmio é outorgado unilateralmente pelo empregador, constituindo-se mera liberalidade, enquanto a PLR depende de previsão específica em Convenção Coletiva ou outro instrumento negociado diretamente com comissão de empregados.

Distinguem-se das comissões, pois estas têm por base percentual fixo sobre negócio fechado pelo empregado, com nítido caráter salarial, enquanto o prêmio decorre de mera liberalidade do empregador. Em outras palavras, o prêmio não está condicionado a percentual sobre as vendas, mas ao implemento das condições estabelecidas para seu pagamento.

---

[37] MASCARO, Amauri. *Curso de direito do trabalho*. 19. ed. São Paulo: Saraiva, 1996. p. 838.
[38] SÜSSEKIND, Arnaldo et al. *Instituições de direito do trabalho*. p. 380.

Finalmente, o prêmio difere do salário por produção, pois este é calculado em função do volume específico da produção do trabalhador, enquanto o prêmio, como mera liberalidade do empregador, é devido quando do adimplemento de condição, não gerando qualquer expectativa ao empregado.

Entretanto, em razão da inexistência de conceito legal, há divergências doutrinárias a respeito da natureza de tal instituto.

5.2 Natureza jurídica

A questão central consiste em determinar se o prêmio tem ou não natureza salarial. Ou, em outras palavras, se o prêmio é sempre salário ou apenas quando pago com habitualidade. Como corolário, surge outra questão: se o prêmio integra ou não o contrato de trabalho, podendo ou não o empregador suprimi-lo.

Finalmente, é necessário distinguir os prêmios tradicionais daqueles pagos no âmbito das campanhas de incentivo. Como afirmado, o foco de tais campanhas não se concentra na natureza econômica do prêmio, mas em objetivos motivacionais muito mais amplos, visando ao reconhecimento do indivíduo sob múltiplos aspectos. Como se vê, impõe-se refletir sobre suas particularidades, notadamente diante da inexistência de expectativa e sua aleatoriedade.

5.2.1 Natureza salarial ou não do prêmio

Ao conceituar prêmio, certos autores deixam claro sua natureza salarial. Nessa primeira hipótese, trata-se de verba complementar ao salário. Para outros, o prêmio não habitual corresponde à mera liberalidade, não constituindo contraprestação pelos serviços prestados.

Na Itália, o pagamento de incentivos de produção e lucro suscita duas questões principais: se tais pagamentos têm ou não natureza salarial, se pagamentos diferenciados não violam o princípio da paridade de tratamento.

De acordo com Luisa Galantino, o debate em torno da natureza salarial do prêmio justifica-se pelo fato de o art. 36, da Constituição italiana, determinar que a remuneração seja proporcional à quantidade e à qualidade do serviço prestado. Ora, como os prêmios em geral não se atrelam aos referidos critérios constitucionais, não se vinculando, inclusive, a fatores tradicionais como tempo, intensidade e penosidade do trabalho, a doutrina põe em dúvida sua natureza salarial.

Entretanto, segundo a jurisprudência, não se pode, nesse debate, prender-se à finalidade do incentivo e seu caráter aleatório, devendo-se levar em conta que o prêmio corresponde à uma "prestação contratualmente obrigatória", com caráter de regularidade e freqüência num período determinado[39].

Em relação à segunda questão – paridade de tratamento, de acordo com a jurisprudência italiana –, o referido princípio não é violado quando o empregador tratar de forma diferenciada trabalhadores com mesmas funções, sempre que o referido tratamento não resultar de discriminação ou arbítrio patronal nem der motivo para qualquer discriminação[40].

Por sua vez, para o direito português, o critério de qualificação retributiva resulta da conjugação dos "princípios gerais" contidos no art. 249, do Código do Trabalho:

> corresponde a um conjunto de valores (pecuniários ou não) que a entidade patronal está obrigada a pagar regular e periodicamente ao trabalhador em razão da atividade por ele desempenhada – ou seja, em razão da disponibilidade da força de trabalho colocada á disposição.[41]

Note-se, porém, que a lei portuguesa exclui o caráter retributivo de certos prêmios de mérito ou de assiduidade quando regulamentados pelo empregador e que se relacionam, por sua natureza, com a prestação de trabalho[42]. O mecanismo de exclusão assenta-se no fato de a atribuição desses prêmios não estar antecipadamente garantida – justamente por depender da verificação dos fatores a considerar – e não constituir, por conseguinte, fundamento de qualquer expectativa legítima de ganho, não sendo, nesse sentido específico, obrigatório seu pagamento.

De um modo geral, somente são obrigatórias as prestações realizadas pelo empregador quando decorram diretamente da lei, de estipulações expressas nos contratos individuais, de regulamentação interna ou dos usos laborais[43]. De qualquer forma, vinculam-se sempre à contrapartida de seu trabalho.

---

[39] GALANTINO, Louisa. *Dirito del lavoro*. Turim: G. Giappichelli, 1994. p. 315.

[40] Ibidem.

[41] MONTEIRO FERNANDES, António. *Direito do trabalho*. 13. ed. Lisboa: Almedina, p. 455.

[42] Art. 261.º/1, do Código do Trabalho português.

[43] Art. 249.º/1, do Código do Trabalho português.

Da mesma forma, para a doutrina francesa, os prêmios e gratificações de caráter facultativo e variável constituem mera liberalidade em razão do *animus donandi* e completa ausência de contraprestação. Tal fato decorre da inexistência de manifestação de vontade do empregado na sua constituição, uma vez que depende exclusivamente da discricionariedade do empregador[44].

Nesse sentido, ainda na França, inexiste direito adquirido em face da gratificação e do prêmio, pois ausente de contraprestação, são colocados fora do espectro salarial. Assim, não serão considerados para o cálculo das horas extras, aviso prévio ou férias. Ademais, diversas convenções coletivas excluem expressamente gratificações e prêmios dos pisos profissionais e das indenizações de dispensa.

Entretanto, caso a gratificação ou prêmio não tenham caráter de mera liberalidade, para a jurisprudência francesa tais elementos integram o contrato de trabalho por passarem a constituir complementos do salário.

De tal modo, ainda em montante e valor distintos, caso a gratificação ou prêmio sejam habituais a ponto de gerar fundada expectativa por parte do empregado, o direito francês reconhece sua natureza salarial.

No entanto, os sindicatos denunciam a proliferação do sistema de pagamentos por meio de prêmios e reclamam o reconhecimento de sua natureza salarial, com apoio na doutrina. Para se atribuir natureza salarial ao prêmio, deve-se provar a periodicidade de seu pagamento[45].

Para alguns autores brasileiros, como Amauri Mascaro Nascimento, prêmio é verba complementar ao salário, conforme já exposto. O citado autor adverte, em obra de edição mais recente: "No entanto, há que se distinguir entre prêmio eventual, que não é salarial, e prêmio habitual que, pela reiteração, é salarial"[46].

Porém, a natureza salarial do prêmio não se vincula, via de regra, exclusivamente ao critério habitualidade. Mais do que isso, apresenta-se destituído de caráter sinalagmático, desvinculado que está de qualquer contraprestação.

Impõe-se distinguir o tradicional prêmio-produção dos modernos prêmios, resultantes de campanhas de incentivo. Em consequência, estes não representam para o empregado qualquer expectativa.

---

[44]   PELISSIER, Jean et al. *Droit du travail*. 23. ed. Paris: Dalloz, 2006. p.1150.

[45]   Ibidem, p.11550-51.

[46]   MASCARO, Amauri. *Iniciação ao direito do trabalho*. 27. ed., p. 366.

Conforme esclarecido anteriormente, o prêmio de incentivo encontra-se fora do estrito círculo do núcleo salarial que merece *status* constitucional e outras formas de proteção.

As modernas técnicas remuneratórias e a própria evolução do Direito do Trabalho, conforme esclarecido, vinculam o salário à idéia de manutenção de padrão de vida ou determinado *nível de conforto* perante a sociedade.

O prêmio, quando resultar de campanhas de incentivo, encontra-se desvinculado deste núcleo, constituindo-se apenas um *plus remuneratório,* sem qualquer caráter contraprestativo. Trata-se simplesmente de mera liberalidade, apta a reconhecer o bom desempenho do trabalhador e motivá-lo na execução do contrato de trabalho.

Muitas vezes os prêmios decorrentes de campanhas de incentivo não têm relação direta com o objeto do contrato de trabalho (e.g., campanhas de boas idéias), visando somente a recompensar o empregado ou terceiro colaborador pelo atingimento de metas organizacionais ou melhoria no processo produtivo.

Do mesmo modo, as campanhas de incentivo em geral são meramente facultativas e não constrangem o empregado por meio do poder diretivo do empregador, pois a não-participação não gera qualquer sanção.

Nesse sentido, é possível sustentar que as campanhas de incentivo, a cargo de empresas especializadas, pelo *know-how* envolvido, ou mesmo realizadas por departamento de marketing interno, conferem ao prêmio particularidades próprias.

Obviamente que, em casos específicos de fraudes, quando parcelas contraprestativas são pagas reiteradamente sob a denominação de prêmio, haverá reconhecimento da sua natureza salarial, independentemente de campanha. Entretanto, fraude não se presume, devendo ser comprovada, nem havendo necessidade de tamanho aparato, geralmente envolvendo valores elevados.

De todo modo, quando o pagamento se dá de forma não habitual, o prêmio está destituído de natureza salarial, sendo possível enquadrá-lo no art. 28, § 9º, alínea *e,* n. 7, da Lei n. 8.212/91 (Plano de Custeio da Previdência Social), assim redigido:

> § 9º Não integram o salário-de-contribuição, para fins desta Lei, exclusivamente: (...)
>
> e) as importâncias: (...)
>
> 7. recebidas a título de *ganhos eventuais* e os abonos expressamente desvinculados do salário.

Idêntico raciocínio deve-se aplicar relativamente ao FGTS, tendo em vista o art. 15, § 6º da Lei n. 8.036/90, com a redação dada pela Lei n. 9.711/98.

Ora, se o prêmio não constitui modalidade de salário, nos termos do § 1º do art. 457, da CLT, e se a jurisprudência condiciona a natureza salarial de determinado valor ao critério da habitualidade, é razoável retirar-se do prêmio não habitual o caráter remuneratório.

Em outras palavras, é possível concluir que os prêmios eventuais não têm natureza salarial, não incidindo sobre eles contribuições previdenciárias nem FGTS, da mesma forma como não integram a remuneração para qualquer efeito.

Veja-se, nesse sentido, os seguintes acórdãos, embora para construção pretoriana nem sempre importa a distinção entre prêmio-produção e o prêmio ora analisado:

> Salário (em geral). Prêmio. Prêmio produção. Integração à remuneração. Habitualidade: é assente o entendimento de que o prêmio sobre a produção tem natureza salarial, caracterizando-se como parcela da remuneração. Contudo, sua efetiva integração à remuneração não prescinde da habitualidade. Pagamento único dessa vantagem, em contrato que durou cerca de dois anos, não enseja a integração. (TRT 2ª R. – AC. 02960397503 – 4ª T. – Rel. Juiz Sylmar Gaston Schwab – DOESP 16.08.1996)

> Prêmio de produção. Não sendo habitual, o prêmio de produção não integra a remuneração do empregado. (TRT – 2ª Região – Recurso Ordinário – Acórdão n. 02980499913. Relator: Ildeu Lara de Albuquerque)

A jurisprudência não oferece subsídios seguros no sentido de que qualquer prêmio, eventual ou não, tenha natureza salarial em que pese o acórdão a seguir transcrito:

> Salário (em geral). Verba paga ao empregado sob a rubrica de gratificação, mas que no fundo apresenta condições para o seu recebimento, caracteriza-se como prêmio e, como tal, não tem natureza salarial. (TRT 2ª R. – 02960295441 – Ac. 1ª T. 02970655076 – Rel. Braz José Mollica – DOESP 25.11.1997)

Ao contrário, quando os prêmios são pagos com habitualidade, têm natureza salarial, como se depreende da jurisprudência dominante a seguir transcrita:

> Salário (em geral). Prêmio produção. Integração. O prêmio produção pago de forma habitual, integra o contrato de trabalho para todos os efeitos legais (CLT, art. 457, § 1º). (TRT 2ª R. – 02960467498 – Ac. 3ª T. 02970733719 – Rel. Edilson Rodrigues – DOESP 27.01.1998)

Recurso ordinário. Prêmio extracontratual. Hipótese em que o prêmio não consistiu em um suplemento à remuneração do empregado, destinado à recompensá-lo, mas, sim, em uma contraprestação habitual, a caracterizar a natureza salarial da parcela e a justificar a sua integração em repousos e feriados, horas extras, 13º salário e férias relativas ao período. (TRT 4ª R. – RO 96.019394-4 – 4ª T. – Rel. Juiz Sebastião Alves de Messias – J. 15.04.1998)

Prêmio. Prêmio de freqüência revelando a prova documental que a autora percebia, habitualmente, a verba denominada "prêmio de freqüência", seu caráter salarial salta à vista, constituindo parcela integrante do salário (art. 457, § 1º, da CLT), pelo que o adicional de horas extras deve ter seus reflexos computados, também, sobre esse título. Apelo obreiro provido. (TRT 2ª R. – Ac. 19990481345 – 7ª T. – Relª Juíza Amelia Li Chum – DOESP 24.09.1999)

Salário (em geral). Prêmio. Prêmio produção. Integração à remuneração. Habitualidade: é assente o entendimento de que o prêmio sobre a produção tem natureza salarial, caracterizando-se como parcela da remuneração. Contudo, sua efetiva integração à remuneração não prescinde da habitualidade. Pagamento único dessa vantagem, em contrato que durou cerca de dois anos, não enseja a integração. (TRT 2ª R. – AC. 02960397503 – 4ª T. – Rel. Juiz Sylmar Gaston Schwab – DOESP 16.08.1996)

Os acórdãos refletem antiga realidade, o chamado prêmio produção, destinado a corrigir distorções provocadas pelo sistema de remunerar igualmente esforços desiguais.

Os prêmios de incentivo, ao contrário, vinculados a campanhas motivacionais, apresentam-se com finalidade diversa. A inexistência de caráter contraprestativo vincula-se à estrutura teleológica do prêmio e à ausência de qualquer expectativa do empregado quanto ao recebimento de tais verbas.

5.2.2 Do conceito de habitualidade

Independentemente da importante distinção anteriormente apresentada, a modalidade de prêmio ainda submete-se nos Tribunais a parâmetros tradicionais para detectar seu caráter salarial, como é o critério habitualidade.

O conceito de habitualidade ainda é demasiadamente vago e ambíguo, causando inexorável insegurança jurídica, não existindo interpretações conclusivas e sistemáticas por parte dos Tribunais especializados.

Contudo, é possível delinear os contornos específicos de tal conceito.

Segundo o vocabulário jurídico elaborado por Gerard Cornu, "habitual é aquilo que corresponde a um hábito, uma prática corrente ou atividade repetitiva"[47]. No âmbito da jurisprudência, a habitualidade deve gerar efetiva expectativa do empregado, conforme se infere dos acórdãos seguintes:

> Prêmio de produção. Natureza jurídica. O entendimento majoritário no âmbito desta c. Corte, é no sentido de que inúmeras atribuições *econômicas, independente de título e natureza originária, desde que se constituam prestações permanentes e estáveis, são elementos que se incorporam ao salário para todos os efeitos*. Assim é o caso do prêmio, que pode assumir a feição de salário ou de indenização, a depender da forma do ajuste e da habitualidade da prestação. (Precedente da SDI-1/TST). Recurso de revista não conhecido. (TST-RR-439235/98.6)

> Horas extras. Habitualidade. Integração. Conquanto seja dos mais controvertidos na doutrina e na jurisprudência o conceito de habitualidade, para os fins de integração da parcela remuneratória, é possível afirmar que aquele se configura em contraposição à eventualidade, à esporadicidade e, não, à continuidade, que tem contraponto na intermitência. Tal entendimento é plenamente ajustável no Enunciado 291, do C. TST, que prevê, como requisito objetivo para a caracterização da habitualidade, a prestação pelo interregno de um ano, sem determinar que esta tenha que ter sido de forma contínua, ou permanente, mas admitindo, implicitamente, esporádicas interrupções. No caso, comprovado pagamento de horas extras durante quase exatos 6 (seis) anos de contrato, com ligeiras e esporádicas interrupções, que somam apenas 10 (dez) meses descontínuos, devem aquelas ser tidas por habituais, para todos os fins. Correta a integração determinada. Recurso conhecido e desprovido. AC. 3T. J.: 17.02.1997. TRT RO-3238/96. DJ 07.03.1997. Rel: Juiz Bertholdo Satyro.

Como se vê, tal conceito é importante para vários institutos do Direito do Trabalho (horas extras, gratificações, utilidades). Ocorre que não há nenhum dispositivo legal que o delimite. Apenas a Súmula n. 76, do TST, que estabelecia serem habituais horas extras prestadas desde o primeiro dia do contrato ou por mais de dois anos. Esta única sinalização jurisprudencial não persiste mais, pois foi cancelada pela Súmula n. 291, do TST.

Embora ausente definição legal ou jurisprudencial, o conceito de habitualidade deve ser encontrado tanto em elementos subjetivos quanto em análise objetiva

---

[47] CORNU, Gerard. *Vocabulaire juridique*. 2. ed. Paris: PUF, 2000. p. 422.

do caso concreto. Conforme assinalou Durval Lacerda, "é preciso que o empregado considere a parcela como resultante de seu trabalho e, para tanto, somente a habitualidade pode criar tal situação"[48].

A habitualidade resulta, nesse sentido, de atitude inequívoca das partes, apta a gerar expectativa no empregado do recebimento de tais parcelas em função do contrato de trabalho.

5.2.3 Integração do prêmio ao contrato de trabalho

Por sua vez, a Súmula 209, do Supremo Tribunal Federal, está assim redigida:

> O salário-produção, como outras modalidades de salário-prêmio, é devido, desde que verificada a condição a que estiver subordinado, e não pode ser suprimido, unilateralmente, pelo empregador, quando pago com habitualidade.

Esta orientação da mais alta Corte da Justiça brasileira parte do pressuposto de que o pagamento do prêmio está condicionado ao preenchimento da condição oferecida.

Ainda segundo a súmula, é vedada a supressão unilateral do prêmio, por iniciativa do empregador, se ocorreu pagamento habitual.

Em outras palavras, a súmula transcrita vincula o pagamento do prêmio ao preenchimento da condição, impedindo sua supressão, pois a habitualidade determina sua integração ao contrato de trabalho.

Como se vê, a súmula não se manifesta expressamente a respeito da natureza do pagamento, embora vincule o prêmio à modalidade de salário-produção.

Nesse mesmo sentido é a orientação da jurisprudência dominante dos tribunais especializados, como se pode ver do seguinte acórdão:

> Salário (em geral). Prêmio produção. Integração. O prêmio produção pago de forma habitual integra o contrato de trabalho para todos os efeitos legais (CLT, art. 457, § 1º)." (TRT 2ª R. – 02960467498 – Ac. 3ª T. 02970733719 – Rel. Edilson Rodrigues – DOESP 27.01.1998)

Resta indagar da habitualidade e sua caracterização para serem determinadas em que condições o prêmio integra o contrato de trabalho. É possível eliminar-se o fator habitualidade do prêmio pela simples mudança de metas e critérios?

---

[48] LACERDA, Durval. *O contrato individual de trabalho*. p. 173.

Além disso, pode-se confundir a habitualidade do pagamento do prêmio, para efeito de determinar sua natureza, se salarial ou não, com a habitualidade das campanhas, hipótese em que passam a integrar o contrato de trabalho?

É possível a realização, por parte da empresa, de mais de uma campanha e/ou referencial, beneficiando o mesmo empregado, ou ainda, de forma rotativa, o conjunto de empregados?

A doutrina não aprofundou melhor esse tema nem encontramos maiores subsídios junto aos tribunais especializados. Deve-se atentar para o fato de que, em países como França e Itália, essa questão não oferece maiores obstáculos tendo em vista a tradição de se introduzir prêmios por meio da negociação coletiva.

Enquanto essa prática não integrar nossa cultura, manteremos a tradição de depender os legislador e de nos socorrer do judiciário, correndo o risco de aumentar os passivos trabalhistas das empresas ou, o que é pior, desestimular os empregadores a introduzir novas políticas de incentivo.

De qualquer forma, é possível afirmar que a ausência de habitualidade não constitui o único elemento para retirar do prêmio sua natureza jurídica. É necessário aferir, no caso concreto, a ausência de obrigatoriedade a gerar legítima expectativa de pagamento. Além disso, o fato de não haver relação entre prêmio e serviço prestado é fator decisivo a retirar do prêmio sua natureza salarial.

É óbvio que certos pagamentos nada têm de contraprestação, mas são salário, como férias ou descanso semanal. Tais prestações, no entanto, são devidas por força do contrato de trabalho.

Por fim, para retirar do prêmio seu caráter salarial, deve vincular-se ainda a dois fatores: resultar de campanha e quando inexistir fraude.

Quanto às campanhas, mesmo por iniciativa da empresa, expressam a condição e contém o incentivo. Sem elas, o prêmio se confundiria com técnica de repor perdas ou com parcela a *latere* do salário.

Nesse sentido, a participação de empresas de incentivo é fundamental para atribuir à campanha caráter especializado, buscando de fato a integração dos empregados e terceiros diante de finalidade comum.

Quanto à fraude, embora elementar, pois no fundo o Direito do Trabalho acaba introduzindo, por meio do contrato de trabalho, desigualdades jurídicas para compensar desigualdades econômicas, facilmente o empregado aceitaria qualquer rótulo ao pagamento, dado sua incapacidade de resistir ao empregador. Em conseqüência, poderia facilmente o empregador ardilosamente escamotear a natureza do prêmio, verdadeiro salário, quando se apresentasse com caráter de contraprestação ao serviço prestado.

Porém, a participação dos atores sociais é fundamental na legitimação da campanha e na definição de objetivos comuns. Nesse sentido, recentemente decidiu o Tribunal Superior do Trabalho:

> Recurso de revista. Prêmio-produção. Supressão mediante acordo coletivo. Pretensão do Reclamante de integração do prêmio-produção suprimido por meio de norma coletiva. Decisão regional em que se consigna que a supressão do prêmio-produtividade não poderia ter ocorrido, dada a habitualidade do seu pagamento, mesmo que tenha ocorrido a fim que a empresa instituísse o pagamento de participação nos lucros. Acordo a ser interpretado pelo conjunto das respectivas cláusulas, debatidas e aceitas pela categoria profissional. Impossibilidade de integração da parcela em questão, por força do disposto no art. 7º, inc. XXVI, da Constituição Federal. (Proc. N. TST-RR-9.472/2002-900-09-00.2, 5ª T.)

Trata-se de medida de grande importância, visando à diminuição da insegurança jurídica e valorização do papel dos parceiros sociais como instâncias negociadoras.

Como já assinalado, importa distinguir o prêmio-produção, verdadeiro complemento do salário, do prêmio pago em decorrência de campanhas de incentivo.

Os prêmios de produção, quando pagos como complemento de salário básico, representam contraprestação pelo trabalho executado pelo empregado, proporcional à produção obtida. Já os prêmios, quando pagos como mera liberalidade, não têm caráter contraprestativo. Conforme Arnaldo Süssekind:

> para a conceituação do prêmio como salário ou como dádiva patronal, pouco importa o rótulo com que é concedido: se corresponder a trabalho executado por força do contrato de emprego, será sempre salário; se constituir recompensa à forma pela qual o trabalhador cumpriu suas obrigações (já remuneradas pelo salário ajustado), será uma liberalidade da empresa, cuja repetição não a obrigará *ad futurum*[49].

Em outras palavras, no prêmio pago por meio de campanha de incentivo, concebido como mera liberalidade, busca-se a realização dos ideais de cidadania

---

[49] SÜSSEKIND et al. Op. cit., p. 390.

do trabalhador, pelo menos estimulando ao atingimento de metas, o que acaba a integrá-lo na empresa, bem como valorizando o desenvolvimento pessoal e a competência de cada um.

Nesse sentido, não corresponde à lógica contraprestativa do prêmio-produção, não lhe sendo aplicável os conceitos a este inerentes. Na verdade, conforme esclarecido, o prêmio resultante de campanhas de incentivo não se limita a fatores econômicos, pois visa a motivar tanto empregados e terceiros sob amplos aspectos.

5.3 Do pagamento de prêmios a terceiros sem vínculo empregatício

A elaboração de campanhas de incentivo pode beneficiar não somente empregados, mas terceiros sem vínculo de emprego. Impõe-se definir os contornos dessa relação jurídica, bem como sua integração ao contrato de trabalho.

Nesse caso, o pagamento de prêmios, mesmo não havendo contrato específico, resulta de relação comercial com características de trabalho autônomo. Enquanto para parte da doutrina tais prêmios são modalidade de gorjeta, para outra parte, denomina-se *guelta*.

Na hipótese de se configurar tais pagamentos como gorjetas – o que seria possível por uma interpretação extensiva do disposto no citado parágrafo 3°, do artigo 457, da CLT[50] – tais valores integrariam o salário-de-contribuição daqueles empregados.

Ademais, se o pagamento for diretamente vinculado a vendas de produtos da empresa, poderiam ser considerados verdadeira guelta, de modalidade de pagamento efetuado com habitualidade, a título de incentivo, de feição retributiva – ainda que por conta de terceiros.[51]

---

[50] "Art. 457. Compreendem-se na remuneração do empregado, para todos os efeitos legais, além do salário devido e pago diretamente pelo empregador, como contraprestação do serviço, as gorjetas que receber.

§ 1° Integram o salário não só a importância fixa estipulada, como também as comissões, percentagens, gratificações ajustadas, diárias para viagens e abonos pagos pelo empregador.

(...)

§ 3° Consideram-se gorjeta não só a importância espontaneamente dada pelo cliente ao empregado, como também aquela que for cobrada pela empresa ao cliente, como adicional nas contas, a qualquer título, e destinada à distribuição aos empregados."

[51] BARROS, Alice Monteiro. *Curso de direito do trabalho.* p. 744.

Por conseqüência, se considerados forma de gorjeta, os referidos valores estariam submetidos ao regime salarial e às contribuições incidentes sobre o restante da remuneração. Porém, nesse cenário, a obrigação seria dos efetivos empregadores dos titulares dos referidos prêmios.

Para o deslinde desse embate, a despeito do enquadramento – se gorjeta ou *guelta* – e se esta tem ou não natureza salarial, há dois posicionamentos jurisprudenciais.

O primeiro – majoritário – caracteriza tais pagamento como espécie de gorjetas e, portanto, integrantes do salário-de-contribuição dos empregados, em nada diferindo do acima exposto, como se infere do seguinte acórdão:

> Gueltas. Integração à remuneração enunciado 354/TST. O r. acórdão regional assim se posicionou (fl. 122): A sentença ao contrário do que alega o recorrente deferiu a integração desta parcela como dispõe o enunciado 354 do C. TST. A alegação de que tal paga era proveniente de terceiro para afastar a integração desta parcela, já há muito está superada pelo entendimento jurisprudencial e doutrinário. Este fato não afasta delas a natureza remuneratória, insculpida no art. 457 consolidado mas lhes atribui natureza idêntica à das gorjetas que, incontroversamente integram o salário. (TST – AIRR – 81399/2003-900-01-00 – DJ 06.08.2004 – 3ª T. – Juíza Convocada Dora Maria da Costa)

> Gueltas. Integração à remuneração. Tratando-se as 'gueltas' de típica contraprestação pelo labor realizado, assemelhando-se às gorjetas, pois consistiam num incentivo pelas vendas realizadas de determinado produto comercializado pela empregadora, independentemente de serem pagas por terceiros (fornecedores), já que repassadas pela própria empregadora, devem integrar o salário do empregado, em razão da aplicação analógica do artigo 457, caput, § 3º, do Texto Consolidado e no entendimento consubstanciado no Enunciado n. 264 do C. TST. (...) As gueltas são, contrariamente ao aduzido pela recorrente, valores concedidos habitualmente ao empregado pelos fabricantes dos produtos vendidos pelo empregador, com natureza salarial, pois decorriam da prestação de serviços realizados pelo empregado, durante a jornada de trabalho e decorrentes do contrato de trabalho, mormente porque eram repassadas pelo próprio empregador. Neste contexto, eram típica contraprestação pelo labor realizado, assemelhando-se às gorjetas, pois como acertadamente concluiu o Juiz de primeiro grau, tratava-se de "um incentivo, um estímulo, um prêmio pelas vendas de determinados produtos comercializados pela reclamada" (fl. 291), tendo como objetivo remunerar exatamente a realização da atividade-fim da empresa e do reclamante na prestação de seus serviços, atingindo a meta comum das partes, qual seja, a venda. Destarte, irrelevante o fato de as gueltas serem pagas por terceiros (fornecedores), vez que ocorriam por intermédio da recorrente, o que não constitui óbice à sua integra-

ção ao salário, em razão da aplicação analógica do artigo 457, *caput,* § 3º do Texto Consolidado e no entendimento consubstanciado no Enunciado n. 264 do C. TST. Assim, comprovado o pagamento da parcela com habitualidade, conforme prova oral e afirmado pela própria reclamada, entendo devida a integração nas férias acrescidas do terço constitucional, 13ºs salários, FGTS acrescido de 40%, conforme reconhecido no *decisum* de primeiro grau. Portanto, deve ser mantida a decisão de primeiro grau, pelo seus próprios fundamentos. (TRT 3ª R – 6 T – RO/3680/03 – Rel. Juíza Lucilde D'Ajuda Lyra de Almeida – DJMG 15.05.2003, p. 13, Casas Bahia Comercial Ltda e Jose Redelvino Paraguay)

O segundo posicionamento apresenta as gueltas como pagamento *sui generis,* desvinculado do contrato de trabalho e não submetido à incidência de contribuições sociais por ausência de previsão legal, ou ainda, se pagos diretamente pelos fornecedores, sem qualquer ingerência do empregador. Todavia, nesta hipótese, poderiam ser as gueltas consideradas remuneração, paga por serviços autônomos.

Nesse sentido, os seguintes acórdãos:

Gueltas. Natureza jurídica. A teor do art. 457 da CLT, a parcela denominada "guelta" não tem natureza salarial quando a prova indica que os valores recebidos pelo reclamante eram pagos pelos fornecedores dos produtos comercializados na empresa, com o objetivo de incrementar as vendas, e não pela reclamada. (TRT – 3ª Região – RO 01507-2002-016-03-00-0 RO – 7ª T. – Relator: Luiz Ronan Neves Koury)

Prêmio pelo atingimento. Não-integração ao salário. Restando demonstrado o pagamento de 'prêmio', patrocinado pelos fornecedores do empregador e que levou em conta o efetivo atingimento de meta de produtividade, não há como integrá-lo à remuneração, por não se enquadrar no alcance do art. 457, §1º, da CLT (gueltas). (TRT-PR-RO-1291/2000-PR-AC 23939/2000-2ª. T – Relator Arnor Lima Neto – DJPr. TRT-27-10-2000).

Gueltas. Natureza jurídica. A parcela denominada 'guelta' não tem natureza salarial quando a prova dos autos sinaliza que era quitada pelos fornecedores no intuito de fomentar as vendas de seus produtos comercializados no estabelecimento comercial da reclamada através do incentivo pecuniário aos vendedores que privilegiavam determinada marca em detrimento das demais quando da oferta aos clientes. Destarte, na forma do disposto no art. 457 da CLT, não se compreende na remuneração o pagamento de prêmios e vantagens, mesmo que habituais, que não eram quitados diretamente pelo empregador. (...) Desse modo, restando provado que os valores percebidos pelo reclamante a título de 'gueltas' não eram pagos pela recorrente, mas sim valores repassados pelos próprios fornecedores, não há como lhe conferir natureza salarial. Dou provimento ao apelo para excluir da condenação a integração das 'gueltas' na remuneração do reclamante. (TRT 3ª R – 7T – RO/16159/02 – Rel. Juiz Manoel Barbosa da Silva – DJMG 18.02.2003, p. 14)

Como se vê, embora a jurisprudência ainda seja conservadora, a inexistência de qualquer contrato de trabalho retira da guelta sua natureza salarial. O seu pagamento tem o intuito de fomentar vendas de certo fornecedor, sem qualquer relação com o contrato de trabalho, ao contrário da gorjeta.

As gueltas não se confundem com gorjetas. Estas correspondem a costume introduzido no setor hoteleiro e similares. Seu pagamento, espontâneo ou obrigatório, é expressão de satisfação por parte de terceiros, pelo serviço prestado. As gueltas, ao contrário, verificam-se em outros setores, visando a motivar empregados de terceiros, com intuito de fomento a venda de produtos de fornecedores.

II.   RESPOSTAS AOS QUESITOS

Enfrentadas as questões preliminares, passamos a responder, objetivamente, às questões formuladas, como segue.

1. Qual a natureza da relação que se estabelece entre agência, cliente e beneficiário?

A relação entre agência e empresa-cliente corresponde à obrigação de natureza civil sem qualquer reflexo sobre o vínculo entre empregador e empregado.

Obviamente, o contrato firmado entre a agência e a empresa-cliente acaba atingindo a pessoa do beneficiário, em função da obrigação da agência em honrar os prêmios previamente estabelecidos, sem qualquer relação jurídica direta entre agência e beneficiário.

2. Há incidência de reflexos trabalhistas sobre prêmios ofertados a empregados? Esses prêmios integram o salário?

Conforme esclarecido, é possível sustentar que os prêmios estão desvinculados do salário quando resultam de campanhas, as mais variadas, com o objetivo de motivar o empregado, com forte apelo a maior produtividade ou maior empenho no cumprimento do contrato.

Nessa situação, os prêmios não obedecem à lógica da contraprestatividade, requisito essencial para a integração de determinada parcela ao complexo salarial, nem criam no empregado qualquer expectativa de ganho permanente.

Contudo, tendo em vista ausência de posicionamento legal e, ao mesmo tempo, decisões jurisprudenciais vacilantes, há riscos de o judiciário trabalhista ou a auditoria-fiscal do trabalho considerarem salário tais pagamentos, principalmente quando presente a habitualidade.

Não obstante, os prêmios de incentivo não se confundem com prêmio-produção. Apresentam-se como novas ferramentas no novo cenário motivacional. A inexistência de caráter contraprestativo vincula-se à estrutura teleológica do prêmio-incentivo e à ausência de qualquer expectativa do empregado quanto ao recebimento de tais verbas.

Por sua vez, os prêmios de produção, quando pagos como complemento de salário básico, representam contraprestação pelo trabalho executado pelo empregado, proporcional à produção obtida. Tal não ocorre com os prêmios de incentivo, pagos como mera liberalidade, pois está ausente o caráter contraprestativo.

3. Há incidência de reflexos trabalhistas sobre prêmios ofertados a terceiros sem vínculo empregatício com o cliente? Esses prêmios integram o salário?

Há pagamento de valores e prêmios por intermédio dos cartões de gratificação, condicionados ao cumprimento de requisitos vinculados às vendas de produtos. Mesmo na ausência de contrato específico, essa relação, pode ser classificada como comercial. Trata-se de trabalho do tipo autônomo, cujos pagamentos apresentam com característica das denominadas gueltas. Ou seja, são pagamentos efetuados por terceiros a título de incentivo.

Há dois posicionamentos jurisprudenciais quanto à natureza das gueltas. O primeiro caracteriza-as como espécie de gorjetas e, por serem remuneração, integram o salário-de-contribuição. O segundo considera-as pagamento *sui generis*, desvinculado do contrato de trabalho, não submetido à incidência de contribuições sociais por ausência de previsão legal.

Nesta hipótese, corresponderiam as gueltas à modalidade de remuneração paga por serviços autônomos, quando habituais; se eventuais, poderiam ser enquadrados no artigo 28, § 9º, alínea *e*, item 7, da Lei n. 8.212/91, sem caráter remuneratório.

Não obstante isso, a falta de conceito mais preciso de "ganhos eventuais", torna-o demasiadamente sujeito a interpretações ambíguas por parte das autoridades fiscais.

De qualquer forma, em vista de precedentes análogos[52], entendemos como ganhos eventuais somente os pagamentos esporádicos.

---

[52]   Vide Súmula STF n. 207, que considera periódico o ganho auferido anualmente.

4. Há riscos trabalhistas para a empresa à qual os terceiros premiados estão vinculados sob o regime da CLT ou como prestadores de serviços?

A resposta seria positiva se considerados como forma de gorjeta, o que não é razoável. Nesta hipótese, incidiriam contribuições sociais, devendo-se aplicar às gueltas o mesmo regime das gorjetas.

Todavia, retirando-se das gueltas a natureza de gorjeta, é razoável destituir tais pagamentos de qualquer natureza salarial, quando eventuais.

Se na primeira hipótese o pagamento atinge a esfera da empresa para quem os premiados trabalham, na segunda, ou seja, quando o empregado recebe diretamente de terceiros o pagamento, é que se deveria investigar a natureza da verba previdenciária.

5. É importante ter uma campanha de incentivo com regras bem definidas, demonstrando que somente tem direito ao prêmio o empregado ou terceiro sem vínculo que se destaque e cumpra os objetivos previamente definidos?

As campanhas de incentivo constituem ferramentais importantes, mas por si não afastam a natureza salarial do prêmio, caso este seja pago com habitualidade ou tenham intuito fraudulento. Com efeito, em razão da inexistência de caráter contraprestativo e completa ausência de expectativa do empregado sobre tais verbas, sua natureza jurídica situa-se fora do complexo salarial.

Como os prêmios têm o sentido de estimular os empregados a retomarem suas obrigações com empenho próprio dos que agem com boa-fé, vinculam-se necessariamente a campanhas.

Para tanto, nada melhor que as empresas de incentivo para garantir legitimidade e transparência desse processo.

Ademais, a participação de empresa especializada tem a vantagem de conduzir referidas campanhas de incentivo com profissionalidade, atentando-se para questões como razoabilidade, além de finalidades específicas num contexto próprio.

Critérios claros e objetivos visam, da mesma forma, legitimar a temporalidade das metas, em sintonia com os resultados finais esperados e delineados previamente.

6. Há diferença no impacto trabalhista dependendo da forma de premiar (dinheiro, bens, cartões de premiação, *vouchers* substituíveis por bens ou pontos)?

É possível oferecer prêmio, tanto em dinheiro, quanto em utilidade.

Quando o prêmio é pago em utilidade, aparentemente a questão é mais simples, pois, em alguns casos, o próprio legislador antecipou-se para excluir a natureza salarial, como se infere do art. 458, da CLT, que exclui a natureza salarial de toda utilidade fornecida ao empregado, como as relacionadas à educação, em qualquer grau. Entretanto, o legislador enumerou apenas algumas hipóteses. Assim, quando a premiação envolver vantagem econômica não contemplada pelo art. 458, da CLT, impõe-se analisar a utilidade a ser oferecida, caso a caso.

Quanto a prêmios em dinheiro ou utilidades não excluídas expressamente do rol do art. 458, da CLT, aplicam-se os critérios previamente esclarecidos, quais sejam, a necessidade de desvinculação da contraprestatividade e inexistência de sucessividade no tempo apta a gerar expectativa do empregado ao seu percebimento.

7. As empresas de marketing de incentivo são prestadoras de serviços de intermediação em premiação, ora organizando campanhas e premiação, ora organizando somente a distribuição dos prêmios. Há responsabilidade trabalhista das empresas de marketing de incentivo sobre os prêmios ofertados pelos clientes a seus empregados e/ou a terceiros sem vínculo?

A responsabilidade da empresa de *marketing de incentivo* vincula-se exclusivamente às obrigações contratuais firmadas em face da empresa-cliente. Nesse sentido, pode ser inclusive responsabilizada por descumprimento de tais obrigações caso não pague corretamente os prêmios previamente designados pela empresa cliente.

Contudo, tal responsabilidade não se reflete aos aspectos trabalhistas, notadamente àqueles decorrentes da natureza jurídica do prêmio ou suposta incidência de verbas trabalhistas ou previdenciárias.

Nelson Mannrich

O marketing de incentivo sob o ponto de vista econômico

Luiz Gonzaga de Mello Belluzzo

I. DA CONSULTA

O Comitê de Incentivo da Associação de Marketing Promocional (AMPRO) questiona-me sobre a natureza econômica dos prêmios e incentivos destinados a estimular os trabalhadores na busca de objetivos fixados pelas empresas. Esses certames são organizados por empresas especializadas em planejar, desenvolver e gerenciar programas de marketing de relacionamento, motivação, incentivo e fidelidade.

O Consulente esclarece que a atividade de *marketing* de incentivo tem o propósito de motivar colaboradores internos (empregados da empresa contratante) e externos (terceiros, sem vínculo empregatício com o patrocinador). Os colaboradores que se destacam são reconhecidos e recebem prêmios que podem assumir as mais variadas formas: simbólicos, como troféus ou medalhas; por meio de cartões de débito utilizados para compras de bens e serviços em estabelecimentos afiliados ou saques em dinheiro junto a bancos credenciados; mediante cartões de débito utilizados para compras em certas redes de lojas que vendem bens e serviços; *vouchers* de compras com valor expresso em reais, utilizados somente para compras em rede de lojas credenciadas por empresas de *marketing* de incentivo; entrega de bens ou serviços, como televisores, refrigeradores, viagens etc.; e pontos, que podem ser acumulados e trocados por prêmios disponibilizados em catálogos específicos.

Para empreender campanhas desse tipo, as empresas contratam entidades especializadas em *marketing* de incentivo, as quais, com seu *know-how*, planejam, criam, organizam e desenvolvem campanhas motivacionais, conforme as necessidades e interesses do cliente.

Tendo em vista as particularidades do marketing de incentivo, bem como do prêmio concedido em função do atingimento das metas propostas aos colaboradores, o Consulente solicita que me manifeste sobre os seguintes temas:

(i)   Do ponto de vista econômico, salário e prêmio podem ser considerados retribuições da mesma natureza?

(ii) A concorrência entre as empresas, no estágio em que se encontra o capitalismo do século XXI, permite ao empresário deixar de adotar um modelo flexível de organização de trabalho?

(iii) Os programas de incentivos e premiações estão entre as novas formas de flexibilização da organização do trabalho imposta pela adoção de inovações tecnológicas?

II. DO PARECER

Para cumprir os objetivos propostos neste trabalho, trataremos inicialmente de demonstrar que o pagamento de salários é constitutivo do funcionamento das economias empresariais modernas, também denominadas por John Maynard Keynes de Economias Monetárias da Produção. Em seguida faremos considerações sobre as recentes transformações no regime de concorrência acarretadas pela maior integração financeira entre as economias nacionais. Finalmente trataremos de cuidar das mudanças organizacionais e nas relações de trabalho promovidas por estas alterações.

1. Introdução

As economias modernas são formações históricas que se caracterizam por organizar a vida social em torno do mercado. Em contraste com organizações sociais anteriores, o mercado não é um elemento entre outros, mas o centro do sistema, para o qual convergem todas as atividades de produção e os processos de reprodução da sociedade.

Nesta sociedade a produção é destinada diretamente para a troca e, portanto, é a lógica do intercâmbio generalizado de mercadorias que determina, em última instância, o comportamento dos agentes e não quaisquer outras motivações. Assim é fora de propósito, por exemplo, situar no mesmo contexto analítico modalidades pretéritas de organização da produção e do trabalho. O *putting out,* ou seja, o trabalho a domicílio é típico do capitalismo mercantil dos séculos XVI a XVIII, período em que as bases técnicas da manufatura e da grande indústria ainda eram embrionárias. Já a terceirização de atividades promovida pela empresa capitalista moderna – lócus do progresso técnico incrustado na natureza material dos instrumentos de produção – corresponde ao esforço de buscar maior eficiência na gestão do chamado "core business".

A expansão deste sistema se associa, portanto, a um avanço constante da divisão do trabalho, o que significa a generalização e ampliação das relações mercantis. Todo e qualquer produto que se apresenta ao mercado capitalista deve ter um valor – inclusive a força de trabalho humana. Esse valor é pretendido ou declarado em termos monetários pelo possuidor da mercadoria. Cabe ao mercado, mediante a operação de suas forças impessoais, decidir se o valor pretendido ou declarado é "justo". O conceito de justiça, no caso, está desprovido de qualquer "valoração" ética ou moral.

Os economistas clássicos Smith, Ricardo e Marx estabeleceram um valor mínimo para o salário, compatível com os custos de reprodução da força de trabalho, o que incluía não apenas o necessário para manter os trabalhadores em função, mas também o suficiente para a manutenção de sua família. Os "clássicos" tinham clareza a respeito das condições requeridas para a chamada *reprodução do conjunto do sistema,* e isso envolvia o pagamento de salários monetários no valor suficiente para cobrir os custos de subsistência do trabalhador e de sua família.

Ao longo da segunda metade do século XX, nos países desenvolvidos, os salários reais dos trabalhadores, impulsionados pela criação e expansão dos chamados direitos econômicos e sociais, cresceram de forma sustentada, *pari passu* com o crescimento rápido da produtividade do trabalho.

No manuscrito de 1933, descoberto tardiamente e incorporado ao volume XXIX das Obras Completas, Keynes faz um distinção crucial entre uma economia cooperativa (ou de salários real) e uma economia empresarial. No modelo de economia cooperativa, ou de salário real, a economia política neoclássica introduz procedimentos normativos e morais que falsificam a forma efetiva de funcionamento e reprodução da moderna economia do mercado. São os postulados da teoria "neoclássica": 1) o salário real é igual à produtividade marginal do trabalho, que declina à medida que o emprego aumenta, conforme o princípio dos rendimentos decrescentes; 2) a utilidade do salário, para um determinado nível de emprego, é igual à desutilidade na margem do esforço despendido pelo trabalhador.[1]

Keynes argumenta que tal economia só poderia existir se as decisões de produção fossem tomadas de forma centralizada e a distribuição dos recursos obedecesse a um plano racional e não à coordenação – executada através do mercado – de uma multidão de decisões privadas. Na economia cooperativa, o objetivo é a maximização do produto material.

A economia empresarial imaginada por Keynes funciona segundo o princípio do caráter originário do gasto monetário dos empresários, num duplo sentido: 1) uma classe social tem a faculdade de gastar acima de sua renda corrente e 2) esta decisão cria um espaço de valor (a renda nominal), mediante o pagamento dos salários sob a forma monetária. Ao contrário da lei de Say em que a oferta cria a sua própria demanda, é o gasto que cria a renda – *expenditure creates income*.

O que permite ao capitalista gastar acima de sua renda corrente é a existência do crédito. O crédito é uma aposta, uma antecipação, sujeita a perdas, do valor a ser criado mediante a contratação da força de trabalho e sua utilização no processo de produção.

Keynes inclui, de partida, em seu sistema teórico, a existência de relações de assalariamento como momento constitutivo das economias de mercado e de seu processo de reprodução. A troca reiterada de dinheiro por força de trabalho permite, mediante a formação da taxa de salário monetário, não só a fundamentação das relações mercantis e a validação do dinheiro criado pelo sistema bancário e de crédito, como também torna possível a determinação dos demais preços e da taxa de lucro sobre o capital investido. Keynes escreveu nos textos preparatórios da Teoria Geral que concebe

> *a organização da sociedade* consistindo de um lado, em um número de firmas ou empreendedores que possuem equipamentos de capital e comando sobre os recursos sob a forma de dinheiro e, de outro, em um número de trabalhadores buscando emprego. Se a firma decidir empregar trabalhadores para usar o equipamento de capital e gerar um produto, ela deve ter suficiente comando sobre o dinheiro para pagar os salários e as matérias-primas que adquirir de outras firmas, durante o período de produção até o momento em que o produto seja convenientemente vendido por dinheiro.

---

[1]   KEYNES, J. M. *Complete works*. Londres: Macmillan, 1975.

Keynes estabelece as conexões estruturais que configuram a economia empresarial capitalista: a divisão social do trabalho, a propriedade privada dos meios de produção e o caráter monetário da economia. Para descrever o que entende por economia empresarial, Keynes divide a sociedade em dois grupos fundamentais. Um deles tem a *propriedade* dos meios de produção e o *comando* sobre o dinheiro e sobre o credito. O outro só consegue obter acesso aos meios de vida vendendo a sua força de trabalho e recebendo, em troca, um salário monetário. Os capitalistas detêm o comando dos meios de produção e dos mecanismos de criação do crédito e da moeda. A idéia de comando supõe não apenas que o capitalista tenha a *propriedade* dos meios de produção mas que ele tenha acesso aos meios capazes de mobilizá-los. Nessa economia, a demanda de trabalho é derivada, no sentido de que a renda e os gastos dos trabalhadores dependem da decisão de gasto dos capitalistas.

2. Crédito, concorrência e globalização

As economias monetárias da produção exigem a existência de capitais sob a forma "livre" e líquida e, ao mesmo tempo, crescentemente centralizada. Apenas desta maneira os recursos podem fluir sem obstáculos para colher novas oportunidades de lucro e, concomitantemente, reforçar o poder do capital produtivo imobilizado nos circuitos prévios de acumulação.

A análise da concorrência e dos sistemas financeiros e de crédito é fundamental para a compreensão da evolução recente da economia capitalista contemporânea e suas metamorfoses. A concorrência como mecanismo de seleção dos vitoriosos e de punição dos "ineficientes" só pode se realizar no âmbito da circulação dos direitos à riqueza. São estes mercados que permitem a transferência da propriedade e estimulam a concentração e a centralização do capital. O sistema de crédito e de circulação dos direitos garante o dinamismo da economia monetária da produção, ao mesmo tempo em que coloca sob ameaça permanente a sobrevivência das empresas que não conseguem acompanhar a corrida imposta pelas normas de eficiência sistêmica. A concorrência entre as empresas é o ponto de intersecção entre o plano da microeconomia e a esfera dos agregados macroeconômicos.

O professor José Carlos Braga introduziu o conceito de *meso-estrutura* para definir a natureza das mediações que se estabelecem nas economias de mercado entre cada empresa e o movimento do geral da economia. Neste plano ocorrem os movimentos recorrentes de natureza patrimonial como as fusões e aquisições financiadas pelo sistema de crédito e pelos mercados de capitais – ou seja, pela capacidade de dispor do capital social e não apenas do capital particular.

Como já foi dito, a dinâmica dessa economia se realiza mediante concorrência generalizada que, ao contrário da concorrência perfeita da teoria ortodoxa, não decorre da ação racional dos agentes, mas se impõe sobre eles como uma força externa, irresistível, que os obriga a realizar a "ratio" desse processo permanente de transformação estrutural. Por isso é preciso reduzir os custos, inovar para bater o concorrente, tentar ganhar a dianteira sempre, porque é quase impossível mantê-la. As estratégias de concorrência envolvem, necessariamente, a concentração da produção e a centralização do comando empresarial.

As normas da concorrência afetam as decisões de gasto dos empresários na contratação de trabalhadores e na colocação em funcionamento dos meios de produção – insumos e equipamentos já adquiridos ou em processo de aquisição. Esse passo crucial depende da expectativa dos empresários a respeito do comportamento das receitas líquidas, deduzidos os custos salariais e o *custo de uso* do empreendimento em seu conjunto. A noção de *custo de uso* não se confunde com o de depreciação, mas envolve o risco não calculável de obsolescência econômica da empresa. Trata-se, na verdade, de incerteza decorrente da incapacidade de se antecipar ou prevenir a entrada no mercado de *concorrentes* mais competitivos, dotados de novas tecnologias, novos produtos ou novas formas organizacionais. Assim, o processo de concorrência na economia monetária da produção exige dos empresários não só manter a empresa "no estado da arte" mas obriga, simultaneamente, à busca sem descanso da violação e da superação das normas de produção existentes.

Isso significa que, na busca do enriquecimento, a classe empresarial goza da prerrogativa de gastar acima de sua renda corrente, mas simultaneamente deve se submeter à disciplina implacável do movimento do conjunto, sobretudo do avanço da produtividade e das mudanças organizacionais das empresas-líderes. Estas últimas dizem respeito particularmente às inovações nas relações de trabalho – hierarquias empresariais e processos motivacionais – na procura incessante de padrões de gestão mais ajustados ao objetivo de suplantar os padrões estabelecidos.

As leis de movimento das economias de mercado estão voltadas para a revolução permanente das bases técnicas – inclusive das relações de trabalho no interior das empresas – com o propósito de conquistar novos mercados ou de ampliar a participação nos mercados já existentes.

Na era da globalização, *a generalização e a intensificação da concorrência* são protagonizadas pela grande empresa, que opera em múltiplos setores e nos mais variados mercados. As questões relativas às estratégias de localização da corporação transnacional moderna ou de suas mutações morfológicas (constituição de empresas-rede, com concentração das funções de decisão e de inovação e terceirização das operações comerciais, industriais e de serviços em geral) devem ser avaliadas a partir desta perspectiva.

O fenômeno se apresenta, *prima facie,* sob a forma de "contestação" das estruturas oligopolistas "estabilizadas" que regularam a concorrência entre os anos 50 e 80. Analisada com mais profundidade, essa generalização e ampliação das relações de mercado explicita a emergência de dois fenômenos correlacionados e aparentemente contraditórios: 1) uma nova etapa de reconcentração e recentralização dos blocos de capital; 2) a terceirização das funções não-essenciais à operação do *core business,* o que aprofunda a divisão social do trabalho e propicia a especialização e os ganhos de produtividade.

A economia mundial está atravessando um momento de intensificação da rivalidade entre as grandes empresas (o que não exclui acordos e coalizões, mas os supõe) e, neste clima, nenhum protagonista é capaz de garantir a posição conquistada. Todos se sentem compelidos a ganhar a dianteira.

Por isso, a grande empresa que se lança às incertezas da concorrência global, necessita cada vez mais de apoio de condições institucionais e legais que a habilitem para a disputa com os rivais em seu próprio mercado e em outras regiões. As instituições e o marco legal estão cada vez mais envolvidos na sustentação das condições requeridas para o bom desempenho das empresas na arena da concorrência generalizada e universal. Elas dependem do apoio e da influência política de seus Estados Nacionais para penetrar em terceiros mercados (acordos de garantia de investimentos, patentes, etc.), não podem prescindir do financiamento público para suas exportações nos setores mais dinâmicos, não devem ser oneradas com encargos tributários excessivos e correm o risco de serem deslocadas pela concorrência sem o benefício dos sistemas nacionais de educação e de ciência e tecnologia.

O novo paradigma empresarial vem acentuando sobremaneira a importância destas vantagens. Entre elas devemos destacar: a) processos cumulativos de aprendizado (*learning by doing* na produção flexível, no desenvolvimento de produtos); b) economias de escala dinâmicas (ganhos de volume associados ao tempo e ao aprendizado); c) estruturação de redes eletrônicas de intercâmbio de dados que maximizam a eficiência ao longo das cadeias de agregação de valor (economia de capital de giro – sobretudo minimização de estoques, de custos de transporte e armazenagem); d) novas economias de aglomeração (centros de compras e de assistência técnica e formação de pólos de conhecimentos técnicos e gerenciais); e) economias derivada da cooperação tecnológica e do co-desenvolvimento de produtos e processos.

A literatura relevante na área de estratégias empresariais (Porter, Drucker) ou no âmbito da economia industrial (Dosi, Freemann, Arcangeli, Zysmann, Tyson, Malerba) reconhece o caráter decisivo desses processos e, sem exceção, observa que conformam um padrão de concorrência radicalmente distinto do paradigma anterior. Este último era baseado em produção padronizada, tecnologia codificada, escalas rígidas, aversão à cooperação. Os autores, em sua maioria, assinalam que a construção institucional e legal foi muito importante para acelerar a mudança de paradigmas, particularmente nas economias que estavam em processo de industrialização rápida.

Esta concepção de políticas de competitividade coloca no centro das preocupações a indução das sinergias baseadas no conhecimento e na capacidade de resposta à informação. O novo papel das políticas estruturais deve estar concentrado na indução da cooperação, na coordenação dos atores e na motivação competitiva dos quadros de trabalhadores e funcionários. Não se trata de "escolher vencedores", mas de criar condições para que os vencedores apareçam.

3.   Concorrência e novos padrões organizacionais

A mudança nas condições de concorrência ocorridas nas últimas três décadas suscitaram alterações profundas na organização interna das empresas. Como já foi dito, entre as décadas dos 40 e dos 70 do século passado, o padrão de concorrência estava fundado na estabilidade das estruturas de mercado oligopolizadas (concentradas, no caso de produtos homogêneos ou diferenciadas no caso de bens duráveis) e "defendido" por fortes barreiras tecnológicas, financeiras e comercias que dificultavam a entrada de novos concorrentes.

A esse modelo de concorrência correspondia uma estrutura organizacional burocrática, rigidamente hierárquica, fruto da separação – que começa a ocorrer nas três últimas décadas do século XIX – entre propriedade e controle. *O administrador profissional,* com formação científica, é o principal protagonista do processo de gestão ancorado na burocracia. A administração por objetivos surge como uma forma adequada para conferir aos administradores a liberdade requerida para a tomada de decisões. De outra parte, a descrição minuciosa de funções permitia especificar os limites à liberdade concedida.

Nas camadas inferiores da pirâmide burocrática, a definição da carreira – incluída a escala salarial – era guiada por critérios meritocráticos. A ascensão aos cargos superiores desempenhava papel de mecanismo de controle, disciplina e, ao mesmo tempo, de incentivo aos funcionários dos escritórios e aos trabalhadores do chão de fábrica.

As transformações financeiras e organizacionais recentes foram acompanhadas de mudanças na estratégia da concorrência entre as empresas dominantes. Particularmente significativas são implicações sobre a *governança corporativa,* os regimes de previdência, a natureza e a direção do investimento direto estrangeiro e a divisão internacional do trabalho.

A dominância da "criação de valor" na esfera financeira expressa o poder do acionista, agora reforçado pela nova modalidade de remuneração dos administradores, efetivada mediante o exercício de opções de compra das ações da empresa. Esta lógica financeira suscitou surtos intensos de re-engenharia administrativa, flexibilização das relações de trabalho, enfim, a obsessão com a de redução de custos.

Estas foram, sem dúvida, mudanças de comportamentos e práticas de gestão que estimularam simultaneamente a cooperação e a iniciativa individual. As empresas envolvidas no processo de competição-cooperação cuidam de desenvolver um clima de auto-organização criativa para os funcionários, em torno de projetos específicos. Como mostra Luc Boltanski, em seu livro *The New Spirit of Capitalism,* não se trata mais de seguir as ordens de chefes hierárquicos, marca registrada do período anterior. Na nova modalidade de concorrência, o que importa é a *liderança* e a *visão.* São estas virtudes que garantem aos trabalhadores o compromisso com os resultados, sem recorrer à compulsão, tornando o trabalho de todos mais estimulante e produtivo.

O envolvimento no projeto – seja um programa de qualidade, de redução de custos, aumento de vendas ou a busca de um novo produto – supõe que o trabalhador esteja disposto a assumir riscos. *Risk taking* é uma inclinação motivacional valorizada na formação de jovens candidatos a um emprego nas empresas submetidas à compulsão da concorrência na economia de mercado contemporânea.

Essas mudanças estruturais na economia mundial, nas condições de concorrência e na natureza da matriz tecnológica provocaram alterações correspondentes na divisão do trabalho, suscitando o rápido crescimento da participação direta e indireta do setor de marketing promocional na formação da renda e na criação de empregos.

Em 1985, a *American Marketing Association,* uma das maiores associações para profissionais da área de *marketing,* adotou o seguinte conceito: "*Marketing* é o processo de planejamento e execução da concepção, preço, promoção e distribuição de idéias, bens e serviços, organizações e eventos para criar trocas que venham a satisfazer objetivos individuais e organizacionais." Em outras palavras, num ambiente competitivo, o marketing (planejar e gerenciar) é fundamental para que uma empresa obtenha sucesso, mas é preciso que seus dirigentes fiquem atentos às mudanças e pensem de forma rápida e crítica em relação aos seus objetivos.

No Brasil, com a exploração comercial da Internet em meados dos anos 90, o *Mercado de Marketing Promocional* – que além das agências, abrange empresas de eletro-eletrônicos, as "ponto.com", viagens de incentivos, hotelaria, produtoras de vídeos, editoras, mercado cultural, etc.– recebe impulso adicional, pois com a comunicação digital, os limites geográficos são rompidos (há um bombardeio diário de mensagens promocionais) e a informação on-line cria um número cada vez maior de consumidores ativos, mas ao mesmo tempo exigente e informado.

As empresas precisam manter e satisfazer seus consumidores e, para isso, têm que administrar com eficiência seus recursos, direcionando-os com precisão na busca dos seus objetivos de mercado. O marketing promocional vem assumindo papel preponderante no planejamento estratégico de algumas empresas, buscando novas alternativas de encarar o negócio, com uma perspectiva dinâmica para as transformações que estão ocorrendo dentro e fora da organização. No mundo globalizado é preciso manter o foco nos consumidores – reais e potenciais – acompanhar os diversos mercados, analisar os modelos de competição e distribuição de produtos, já que o padrão de concorrência é imposto pela grande empresa que atua em múltiplos setores e nos mais variados mercados.

A utilização de campanhas privilegiando o *marketing* de incentivo para incrementar resultados, desenvolver e conscientizar pessoal, agilizar mudanças e melhorar a comunicação com clientes e fornecedores é hoje uma realidade, no Brasil e no exterior. A prova disso são as campanhas que as empresas promovem para mobilizar seus funcionários e colaboradores, oferecendo de forma democrática, prêmios que incrementam a renda daqueles que decidem participar dos certames – sem violar os contratos de trabalho – além de proporcionar reconhecimento pessoal e profissional, melhorar o ambiente de trabalho, e promover a integração entre a empresa e a família dos participantes.

É importante deixar claro que essa nova forma de atuação das empresas de marketing promocional convive, pacificamente, com a estrutura tradicional de organização e gestão das empresas e das agências de propaganda. Mas não é incorreto afirmar que o mercado de marketing promocional é responsável por grande parte da alavanca estimuladora de produtividade, integração pessoal entre equipes, e outros aspectos humanos que refletem de forma positiva na produção da riqueza de diversos setores da economia nacional.

Com o propósito de alcançar resultados rápidos e flexíveis, o trabalhador ou o funcionário deve estar *motivado* para o trabalho em grupo e, ao mesmo tempo, para o exercício da autonomia e da criatividade individual. Estabelecidos os objetivos a serem atingidos, os times de funcionários competem entre si. Na visão *taylorista-fordista* essa seria uma forma ineficiente de se alcançar o objetivo comum, porquanto esse procedimento incorreria no vício da duplicação de esforços e, portanto, no desperdício de recursos. Mas, as normas da flexibilidade e da concorrência no interior da empresa garantem o melhor resultado no menor tempo possível. Essa forma de competição no interior da empresa só pode funcionar se ao time vencedor, somente ao time vencedor, for concedido um "prêmio". Neste jogo não há prêmio de consolação: o vencedor leva tudo.

4.   Motivação: algumas das principais teorias

Há uma infinidade de publicações na área de Administração de Empresas que trata de temas como gestão do trabalho, organização, produtividade, eficiência, qualidade, motivação, etc. E, como é de conhecimento geral, é no final do século XIX – em resposta ao avanço industrial – que a administração considerada científica começa a se desenvolver. Mas é com os trabalhos de Taylor e Fayol que o estudo da Administração de Empresas é feita de forma sistemática, pois a produção e o consumo em massa impõem às empresas um crescimento muito grande e, as formas tradicionais de organização e gestão se tornam inviáveis. Neste momento da industrialização, em especial na França, Estados Unidos e Inglaterra, a preocupação maior era com o trabalho nas fábricas – Taylor desenvolve estudos para racionalizar tarefas e melhorar a produtividade – enquanto Fayol (sem perder de vista a produção) coloca ênfase nas funções administrativas de planejamento, organização, direção e controle do negócio (POCCC- prever, organizar, comandar, coordenar e controlar).

Mais tarde, além da preocupação com o processo de produção e a gestão do negócio, os teóricos da administração passam a estudar o comportamento das pessoas dentro das empresas. É nesse momento, com o propósito claro de se contrapor à Teoria Clássica, e dar uma abordagem mais humana e democrática à Administração, que surge a Escola das Relações Humanas.

A Escola Humanística substitui a concepção de *homo economicus* pela concepção de *homo social*, e entre seus teóricos mais representativos podemos citar: George Mayo, Kurt Lewin, Herbert Alexander Simon, Abraham H. Maslow, Frederick Herzberg e Douglas McGregor. Segundo estes teóricos, as pessoas são incentivadas e motivadas pela necessidade de aprovação social e de participação, por reconhecimento pelo seu trabalho e não por estímulos salariais e financeiros.

George Elton Mayo, cientista australiano que foi considerado fundador do movimento das Relações Humanas e da Sociologia Industrial, com a ajuda de pesquisadores de Harvard, realizou entre os anos de 1927 e 1932, em Chicago, pesquisas na empresa Western Electric Company, localizada no bairro de Hawthorne, com a finalidade de estudar os efeitos das condições físicas do trabalho sobre a produtividade.

Durante os experimentos em Hawthorne, alguns operários foram selecionados como grupo de referência, e isolados em uma sala. Eles receberam condições de trabalho bem mais favoráveis que o restante da fábrica e a produtividade do grupo foi bem mais elevada do que a produtividade dos demais operários. Depois de algum tempo as melhorias nas condições físicas foram retiradas e, mesmo assim, a produtividade não se alterou, levando os pesquisadores a concluírem que a melhoria dos resultados deveu-se a um sentimento de importância desencadeado pelo programa.

As principais conclusões dessa experiência (conhecidas como efeito Hawthorne) questionavam as formulações da Teoria Clássica e da Administração Científica, afirmando: que é a capacidade social do trabalhador que determina o seu nível de produção e eficiência (e não a sua capacidade física); que as recompensas e sanções impostas pelo grupo tinham maior significado para o operário do que aquelas aplicadas pela empresa, ou seja, o comportamento do indivíduo se apóia no comportamento do grupo, que estabelece e define as regras de comportamento; que o conteúdo e natureza do trabalho exercem grande influência sobre o estado de ânimo do trabalhador, e tarefas repetitivas e monótonas afetavam negativamente o indivíduo, reduzindo sua capacidade produtiva.

A experiência de Hawthorne levou Mayo a concluir ainda que a fadiga e a produtividade baixa do trabalhador não eram resultado apenas da monotonia do trabalho, mas, principalmente, da alienação do indivíduo em relação aos aspectos sociais do trabalho que executava. Com base em suas descobertas, e diferentemente das teorias da época, Mayo deu ênfase ao estudo da gestão nas pessoas, observando que o trabalho é uma atividade tipicamente grupal e que fatores psicológicos afetam bem mais a produtividade do que as condições físicas.

A experiência de Mayo em Hawthorne serviu como base para outros autores e, desde então, a motivação humana vem sendo objeto de estudo por psicólogos e administradores, e é possível dizer que não há divergências sobre o fato de que ela está relacionada à energia, a uma força psicológica que conduz o homem à ação. As necessidades, aspirações ou motivos são os responsáveis pela manifestação desta força interna das pessoas e, como cada pessoa tem desejos e necessidades particulares, também se move (motiva) de forma individualizada, podendo este motivo para agir ter sido provocado pelo ambiente externo (fatores extrínsecos), ou por razões internas (fatores intrínsecos).

Inúmeras pesquisas foram feitas a respeito da motivação humana e diversas teorias foram elaboradas, sempre tentando entender e explicar como essa energia surge e, principalmente, como as pessoas a mantêm e direcionam na busca de seus objetivos e sonhos. Entre as teorias motivacionais existentes a mais difundida é a Teoria da Hierarquia das Necessidades de Maslow.

4.1 Teoria da hierarquia das necessidades de Maslow

Abraham Maslow, psicólogo e estudioso do comportamento humano, é autor de vários artigos e trabalhos sobre técnicas de gerenciamento e motivação, mas é com o desenvolvimento da teoria da motivação baseada numa hierarquia das necessidades que ele firmou o seu prestígio. Ele afirmava que o ser humano é movido por necessidades (biológicos, psicológicos e sociais) e, a cada momento ou situação da vida, existe uma necessidade predominante a ser satisfeita que motiva e impulsiona seu comportamento.

Maslow acreditava que a motivação é intrínseca e não extrínseca, e que as necessidades podem ser hierarquizadas de acordo com sua importância e prioridade – formando uma espécie de pirâmide – onde as necessidades mais baixas (fisiológicas e de segurança) ocupam a base, e nos níveis mais elevados da pirâmide ficam as necessidades mais elevadas (sociais, estima e auto-realização).

Necessidades fisiológicas: estas necessidades (alimentação, repouso, abrigo, conforto físico, sexo etc.) aparecem na base da pirâmide e são fundamentais para a sobrevivência. A urgência é a principal característica destas necessidades e, se uma delas não está sendo satisfeita, toda a atenção e motivação da pessoa são direcionadas para a sua satisfação. Uma pessoa com sede ou fome, por exemplo, dificilmente terá motivação para fazer alguma coisa que não seja comer ou beber.

Necessidades de segurança: elas constituem o segundo patamar da pirâmide, e estão ligadas a autopreservação, sobrevivência. Estas necessidades dizem respeito à integridade física no sentido de afastar o perigo (real ou imaginário), à busca de proteção (fuga do perigo), ao desejo de estabilidade. As necessidades de segurança são muito importantes na relação empresa/funcionários pois, decisões e/ou ações gerenciais sem consistência ou incoerentes podem causar sentimento de insegurança e refletir negativamente na motivação dos funcionários.

Necessidades sociais: estas necessidades dizem respeito às relações afetivas (amor, amizade, companheirismo, solidariedade). As pessoas querem e precisam ser aceitas pelo seu grupo social (no trabalho, na família, na vizinhança). Quando estas necessidades são frustradas, em geral a pessoa se isola, podendo até mesmo desenvolver um comportamento hostil em relação às pessoas que o cercam, o que não é nada motivador para o trabalho em equipe.

Necessidades de estima: neste patamar da pirâmide (e já satisfeitas necessidades mais básicas) as pessoas passam a sentir necessidade de estima (reconhecimento por parte dos outros), de prestígio, status e também de auto-estima. Uma boa imagem de si mesmo tem reflexo na autoconfiança e, consequentemente, influenciará no desempenho de tarefas no ambiente de trabalho. A frustração dessas necessidades pode acarretar sentimentos de inferioridade, de fraqueza, de rejeição, comprometendo a motivação da pessoa.

Necessidades de auto-realização: no topo da pirâmide de Maslow (todas as demais necessidades de menor importância foram atendidas) predominam as necessidades de realização do ser humano. Agora a busca é pela satisfação pessoal, as necessidades dos trabalhadores neste momento são bem mais elevadas – o que se busca é o prazer na realização do trabalho. As pessoas querem satisfazer sua potencialidade para desempenhar tarefas que contenham desafios, querem desenvolver e demonstrar suas habilidades e talentos individuais – testar a capacidade e ter acesso a resultados. O trabalhador quer liberdade para criar e experimentar, procura ter autonomia para inovar.

Pode-se dizer que a motivação para realizar determinada tarefa está relacionada com objetivos pessoalmente relevantes ou exclusivamente pelo prazer que o indivíduo sente em realizá-la (motivação intrínseca), ou seja, a motivação para agir é dada pelo valor da atividade em si mesma, pelo prazer que proporciona a quem a desempenha, a ação não está ligada a um reforço externo (extrínseco), mas a uma energia interna (intrínseca).

Ele acreditava que a hierarquia das necessidades é um padrão típico e, portanto, comporta exceções. Isso quer dizer que as pessoas podem saltar patamares na hierarquia, ou seja, passar de um nível de necessidade de segurança para um nível de auto-realização. As circunstâncias de vida de cada pessoa, além das condições que lhe são oferecidas, irão influenciar na forma como ela fará a "escalada da pirâmide".

A motivação é dinâmica e o ciclo motivacional pode ser repetido várias vezes ao longo da vida de uma pessoa, como também pode não chegar a se completar. Segundo Chiavenato, o ciclo motivacional pode ser resolvido a partir de três maneiras diferentes: 1) satisfação da necessidade: neste caso o indivíduo fecha completamente o ciclo motivacional e seu comportamento foi eficaz na busca de seu objetivo. É o que acontece com o funcionário que deseja e consegue a tão sonhada promoção; 2) frustração da necessidade: neste caso há um bloqueio no ciclo motivacional, alguma coisa impede que o ciclo motivacional se complete, e o sentimento de frustração toma conta da pessoa. Neste caso o comportamento não foi eficaz e o indivíduo não consegue a desejada promoção até o final da sua carreira; e 3) compensação da necessidade: neste caso não há satisfação da necessidade, houve um bloqueio no ciclo motivacional, mas a pessoa encontra um desvio, uma compensação para sua frustração. Ela não consegue a tão sonhada promoção, mas consegue um aumento salarial.

"O conhecimento do mecanismo de ação das necessidades humanas é fundamental para a condução das pessoas e equipes de trabalho, no sentido de evitar frustrações e de encaminhar soluções positivas para o alcance dos objetivos individuais. O gerenciamento de pessoas precisa levar em conta todos os aspectos relacionados com a motivação humana", afirma Idalberto Chiavenato, em seu livro *Gerenciando Pessoas*.

4.3 Teoria da motivação de Frederick Herzberg

A Teoria de Frederick Herzberg, diferentemente de outros pensadores da sua época que trataram da motivação, baseia-se no estudo das atitudes e motivações dos funcionários dentro da empresa. Ele desenvolveu um trabalho (*The Motivation to Work*, 1959) para tentar entender quais são os fatores responsáveis pelos sentimentos de satisfação e insatisfação dos trabalhadores no ambiente de trabalho.

Aos fatores que agradavam o trabalhador Herzberg denominou de fatores motivadores e, aos que desagravam, chamou de fatores de higiene, razão pela qual sua teoria ficou conhecida como "Teoria dos Dois Fatores: Motivação e Higiene".

Para Herzberg a satisfação das necessidades básicas não acontece por meio da motivação, mas apenas de movimento. A motivação é fruto da satisfação das necessidades mais complexas, como estima e auto-realização.

Os fatores de higiene ou fatores extrínsecos (condições ambientais, segurança, salários, etc.) são necessários para evitar a insatisfação no ambiente de trabalho, mas não são suficientes para provocar satisfação. No entanto, se não atendidos, eles podem diminuir o interesse e a produtividade do empregado e, consequentemente, causar prejuízos à empresa. Para Herzberg os fatores higiênicos não influenciavam de forma relevante a produtividade, mas a ausência desses fatores diminuía os índices de produtividade considerados normais.

Os fatores motivacionais ou fatores intrínsecos, segundo Hersberg, representam fonte de estímulo para o trabalhador e podem influenciar sua produtividade e, consequentemente, aumentar os lucros da empresa. Estes fatores de motivação estão diretamente relacionados com a tarefa ou o trabalho desempenhado pelo trabalhador, e dizem respeito às necessidades de desenvolvimento e realização de aspirações individuais. Eles decorrem da necessidade de reconhecimento e crescimento profissional. Enriquecer as tarefas, aumentando o desafio e a responsabilidade no trabalho é a fórmula para a motivação.

Enfim, para que um funcionário se sinta motivado, afirma Herzberg, não basta apenas que os fatores de insatisfação estejam ausentes, é fundamental que os fatores de satisfação estejam presentes. Ou seja, a eliminação de elementos que tornam um trabalho monótono ou desagradável, e causam insatisfação ao trabalhador, não necessariamente o tornarão satisfatório.

4.4 Teoria X e Teoria Y de McGregor

Como já vimos em item anterior, com a globalização a concorrência sofre modificações profundas e radicais, impondo às empresas grandes investimentos em conhecimentos tecnológicos e uma constante busca por maior eficiência para garantirem sua sobrevivência. Neste cenário, mudanças significativas vêm ocorrendo no mercado de trabalho, onde o desemprego cresce em todo o mundo, e novas formas de organização do trabalho são criadas, surgindo, inclusive, a idéia de um novo trabalhador, bem mais qualificado e flexível.

É nesse sentido que as empresas estão abrindo espaço cada vez maior para que seus funcionários possam desenvolver e demonstrar com maior liberdade suas potencialidades individuais, tais como: criatividade, iniciativa e liderança e, na busca constante da eficiência, lançam mão de teorias da administração que sistematizam conceitos e conhecimentos de outras ciências sociais, como a sociologia, a economia, a antropologia e a psicologia.

Em recente trabalho apresentado pela COPPE – Coordenação dos Programas de Pós-Graduação em Engenharia da Universidade Federal do Rio de Janeiro é feita a seguinte afirmação: "apesar de todos os avanços tecnológicos, ainda não se conseguiu equacionar e resolver o problema relacionado com um gerenciamento inteligente. Isso decorre, a nosso ver, principalmente pelo fato de os autores das teorias administrativas e os seus executores, mesmo quando encaram os aspectos humanos na administração – e vimos que isso, ultimamente tem sido feito, até exaustivamente – o fazem considerando os seres humanos tão somente como indivíduos, fatores de produção como outro qualquer, e não como pessoas, vendo nos empregados máquinas tanto quanto possível bem lubrificadas para render o máximo. Independendo desse aspecto ético, apesar de todas as mudanças sociais, culturais, econômicas e tecnológicas de uma sociedade em constante transformação, as nossas empresas não se conseguem livrar das peias burocráticas da autocracia, da hierarquização rígida, da centralização e da imposição coercitiva de ordens e comandos. A melhor maneira de caracterizar essa arcaica e ultrapassada cultura empresarial é ainda a conhecida e popular abordagem utilizada por McGregor no início da década de 1960, segundo a qual existem duas concepções diametralmente opostas de estilos de direção, baseadas em concepções antagônicas acerca da natureza humana: a Teoria X e Teoria Y."

De forma resumida, a teoria de Douglas McGregor (1960) apresenta dois modelos distintos de administrar. De um lado (Teoria X) a forma tradicional de administrar, autocrática e coercitiva, e com uma visão negativa sobre o comportamento humano. Aqui os trabalhadores são vistos como meros meios de produção, além de preguiçosos, imaturos, pouco ambiciosos, incapazes de dirigir seu trabalho e, por esta razão, devem ser coagidos, controlados, dirigidos e ameaçados de punição para que se obtenha algum resultado.

Do outro lado (Teoria Y) tem-se o moderno estilo de administrar, democrático e participativo, onde não existem preconceitos sobre a natureza humana. Os pressupostos dessa teoria é que as pessoas aceitam responsabilidades, há uma visão positiva das pessoas. Esta teoria assume que a média dos seres humanos não é avessa ao trabalho e o controle externo e a ameaça de punição não são os únicos meios de atingir os objetivos organizacionais, em condições adequadas a maioria das pessoas não só aceita a responsabilidade, mas a procura. McGregor argumentava que a liberdade é fundamental para a realização do potencial criativo e produtivo dos trabalhadores.

Segundo Idalberto Chiavenato "a Teoria X representa o típico *estilo de administração da Administração de Taylor, da Teoria Clássica de Fayol e da Teoria da Burocracia* de Weber em diferentes estágios da teoria administrativa. Busca bitolar a iniciativa individual, aprisionar a criatividade e a estreitar a atividade profissional através do método da rotina do trabalho."

Em suma, a Teoria X nega a existência de qualquer potencial na força de trabalho e a administração deve ser feita por meio de controles externos – o medo de sofrer sanções pode ser motivador. Já a Teoria Y é a administração moderna, participativa, com base nos valores humanos e sociais, e a criação de trabalhos desafiadores e um bom relacionamento no grupo constituem excelentes motivadores para os trabalhadores.

"Há mais de quarenta anos, Douglas McGregor – o lendário criador da Teoria X e Teoria Y – já apregoava que o melhor sistema de avaliação do desempenho dentro de uma cultura democrática e participativa é uma simples folha de papel em branco. O mais importante para ele era a discussão franca e aberta entre superior e subordinado a respeito do desempenho passado e presente em relação ao desempenho futuro esperado. O monólogo tradicional seria substituído por um diálogo franco e troca de idéias e sugestões mútuas. A periodicidade anual seria substituída por um relacionamento contínuo e ininterrupto. Mas, o melhor mesmo para McGregor era a auto-avaliação: uma reflexão espontânea e sincera a respeito do próprio desempenho do funcionário. Este parece ser o sonho de todos os modelos de avaliação do desempenho: fazer cada pessoa consciente do seu próprio desempenho para cuidar do gerenciamento de sua carreira e focalizar as metas e os resultados a serem alcançados." (Chiavenato, *As novas idéias em avaliação de desempenho,* artigo escrito para Empregos.com.br.).

5.   Prêmio *vs.* castigo: algumas considerações

"A Terceira Revolução Industrial, a globalização econômica e a liberalização dos mercados financeiros internacionais mudaram o próprio padrão de concorrência intercapitalista, pressionando as grandes empresas a adotar medidas para aumentar a competitividade, buscando mais agilidade e eficiência no processo produtivo e na distribuição, assim como reduzir o custo do trabalho." (Coutinho, 1992).

Na economia globalizada, as empresas mais dinâmicas e inseridas em mercados externos começaram a experimentar um novo modelo de gestão dos negócios, adequado às características de organizações transnacionais, que precisam obter vantagens comparativas e explorar ao máximo todos os benefícios da expansão global. Ao mesmo tempo, a transformação do cenário empresarial tem modificado a organização do processo de trabalho. Nesse sentido, pode-se afirmar que o antigo fordismo – entendido como padrão de organização do trabalho e produção – passou a combinar-se com ou ser substituído pela flexibilização dos processos de trabalho e produção, dando lugar a um padrão mais compatível com as novas exigências do mercado mundial, combinando produtividade, capacidade de inovação e competitividade (Ianni, 1996).

O surgimento de novos setores produtivos e de inovações comerciais, tecnológicas e organizacionais, de um lado, e a expansão dos mercados financeiros com menor ritmo de crescimento econômico, de outro, tiveram várias conseqüências sobre o funcionamento dos mercados de trabalho nacionais."[2]

As empresas modernas, como já foi dito em item anterior, estão submetidas à concorrência intensa na economia de mercado contemporânea, e buscam melhores

---

[2]   PRONI, Marcelo W.; CONCEIÇÃO, Patrícia. Mudanças na gestão do trabalho no Brasil: levantamento de diferentes visões. *Revista Gestão Industrial,* Universidade Tecnológica Federal do Paraná, 2006.

resultados de forma compulsiva – a produtividade tem que ser alcançada fazendo mais e melhor, com cada vez menos – pois em momentos de crise ou dificuldades, ganhos na produtividade pode significar a própria sobrevivência da empresa.

Este fenômeno é mundial e as empresas necessitam mudar internamente, mudanças que são marcantes e profundas em todos os países industrializados e desenvolvidos, mas não apenas as empresas do Primeiro Mundo precisam se adaptar ao novo padrão organizacional, essas mudanças estão ocorrendo também nas empresas brasileiras que, ao importar equipamentos de países economicamente mais desenvolvidos importam também design, projetos e know how e se vêm diante da necessidade de adotar modelos de organização do trabalho mais flexíveis.

Desse modo, a modernização das empresas, para atingir padrões produtivos semelhantes aos melhores padrões internacionais existentes, passou a ser imprescindível com a globalização da economia mundial. Com novas bases tecnológicas, causada principalmente pela revolução na microeletrônica, novos arranjos na organização do trabalho se faz necessária, onde prevalece o trabalho em grupo de trabalhadores multifuncionais.

> O século XXI está trazendo inovações sociais, culturais, econômicas, políticas e, principalmente, tecnológicas. Todas essas inovações em um ambiente dinâmico esbarrarão com o problema da educação e da capacitação profissional das pessoas. Para adaptar-se a essa nova realidade cambiante, a empresa deverá ser adaptativa, inovadora e totalmente aberta ao mundo exterior. Mais que isso, a empresa precisará investir pesadamente em seu pessoal, tanto em educação e desenvolvimento profissional como em criatividade e participação efetiva no trabalho. Tanto a educação quanto a participação das pessoas constituirão a chave do sucesso da empresa. Iniciativas como os círculos de controle de qualidade, qualidade total, grupos de trabalho, equipes interdisciplinares, módulos de produção, células de trabalho serão altamente compensadoras às empresas.[3]

Mas como investir no seu pessoal? Como fazer para que os empregados tenham efetiva participação no trabalho? As empresas modernas têm adotado *sistemas de recompensas e punições*. No primeiro, como o próprio nome diz, adotam-se incentivos e premiações para obter o que se deseja do empregado e, também, valorizar sua participação. No segundo sistema, punições, castigos e penalidades

---

[3] CHIAVENATO, Idalberto. *Gerenciando pessoas: como transformar gerentes em gestores de pessoas*. São Paulo: Prentice Hall, 2004. p. 19-20.

são aplicados (de forma real ou potencial) para inibir comportamentos e atitudes indesejáveis. Essa última é uma prática bastante nociva e, infelizmente, bem mais utilizada que o sistema de incentivos, e vem sendo objeto de ações trabalhistas de indenização por dano moral.

> Dano moral. Práticas motivacionais. O constrangimento e a humilhação sofridos pelo empregado exposto a situações vexatórias empreendidos pela empresa a título de 'práticas motivacionais', autorizam a indenização de dano moral postulada. (TRT 18ª R – RO 00278.2003.010.18.00.7 – Rel. Juiz Octávio J. Magalhães Drummond Maldonado – DJGO 12.08.2003)."

> Dinâmica grupal. Desvirtuamento. Violação ao patrimônio moral do empregado. Assédio moral. Indenização. A dinâmica grupal na área de Recursos Humanos objetiva testar a capacidade do indivíduo, compreensão das normas do empregador e gerar a sua socialização. Entretanto, sua aplicação inconseqüente produz efeitos danosos ao equilíbrio emocional do empregado. Ao manipular tanto a emoção como o íntimo do indivíduo, a dinâmica pode levá-lo a se sentir humilhado e menos capaz que os demais. Impor pagamentos de prendas publicamente, tais como, 'dançar a dança da boquinha da garrafa', àquele que não cumpre sua tarefa a tempo e modo, configura assédio moral, pois o objetivo passa a ser o de inferiorizá-lo e torná-lo 'diferente' do grupo. Por isso, golpeia a sua auto-estima e fere o seu decoro e prestígio profissional. (TRT 17ª R. 1294.2002.007.17.00.9 – Rel. Juíza Sônia das Dores Dionísio – DJES de 19.11.03)."

> Dano Moral – pagamento de prendas – Caracterização: a realização de reuniões nas quais os vendedores que não atingem as metas fixadas pela reclamada são submetidos ao achincalhe por parte de seus colegas, sob a coordenação do empregador, tanto de pagar prendas que vão desde contar uma piada até vestir roupas de mulher, caracteriza existência de dano moral – (TRT. 18ª Região – RO1637.2001 – Rel. Juíza Ialba – Luza G. de Mello).

Temos, portanto, um desvirtuamento de práticas motivacionais e, certamente, estas práticas devem ser coibidas, eliminadas das empresas. Como lamenta Fredric Jameson, no livro A *cultura do dinheiro* (Vozes, 2001), os quatro pilares ideológicos, jurídicos e morais do alto capitalismo – constituições, contratos, cidadania e sociedade civil – são, hoje, vadios maltrapilhos, mas sempre lavados, barbeados e vestidos com roupas novas para esconder sua verdadeira situação de penúria.

A civilização ocidental, disse Ghandi, teria sido uma boa idéia, mas desgraçadamente suas promessas foram substituídas pelas realidades do encarceramento do indivíduo-cidadão às cadeias de um sistema social e econômico que se move sob o impulso impessoal e implacável da concorrência.

Na vida real, a concorrência é uma corrida infernal. Os indivíduos – capitalistas e trabalhadores – estão quase sempre sob a ameaça de abstrações despóticas e incontroláveis ("derrame sangue", ordena o chefete ao desditoso funcionário, mas não deixe que o concorrente nos deixe para trás). Em sua forma aguda a concorrência sem peias deixa desesperados trabalhadores e abonados.

O prêmio, diferentemente do castigo ou de meta compulsória de trabalho impossível de ser alcançada, constitui uma recompensa pelo alcance de determinado objetivo e, envolve determinado risco e incerteza para o empregado – mas não representa assédio moral aos seus funcionários.

A premiação – que pode ser gratificação tangível ou intangível – representa investimento por parte das empresas e, diferentemente dos salários, que são gastos correntes, pagos mediante contraprestação de determinado trabalho previamente estabelecido e contrato escrito e bilateral (empregado e empregador têm obrigações) não tem caráter compulsório (o empregado é livre para participar ou não), e pode ser oferecida aos empregados da empresa ou a terceiros (sem vínculo ou subordinação). O prêmio – diversamente do salário ou remuneração – envolve risco, pois como se sabe, não necessariamente o empregado irá recebê-lo. Tem por objetivo suscitar as potencialidades do trabalhador.

O salário constitui a base do contrato de prestação de serviço com vínculo empregatício, formalizado entre empregado e empregador e, a ele, agregam-se os benefícios e serviços sociais que a empresa proporciona aos seus subordinados que, somados ao salário, constituem a remuneração total do empregado.

O prêmio – que jamais pode ser confundido com salário – faz parte do que Skinner denomina de "reforço positivo", e é diretamente orientado para resultados positivos. "As teorias do reforço positivo partem da pressuposição de que uma pessoa se comporta por uma das duas seguintes razões: a) porque um tipo de desempenho é sempre recompensador; b) porque um padrão de desempenho foi alguma vez recompensado, ele deve ser repetido na expectativa de que a recompensa se repita."[4]

As empresas e seus empregados estão relacionados por um complexo sistema de intercâmbio – as pessoas fazem contribuições (esforço adicional) às empresas e, delas, recebem incentivos ou prêmios. Essas contribuições envolvem risco, e representam um investimento pessoal do empregado que, o faz, porque acredita e espera (não tem certeza, nem recebe garantia da empresa) que conseguirá seu objetivo, ou seja, um retorno por parte da empresa (em forma de recompensa). É preciso

---

[4] Ibidem. p. 228-9.

salientar que o empregado não está obrigado a participar das campanhas motivacionais das empresas, a sua participação deve ser espontânea e mais, se ele executar 99% da tarefa a empresa não está obrigada a lhe entregar o prêmio.

Como já dito, não há prêmio de consolação, o vencedor leva tudo, mas só ele leva tudo. E para vencer é preciso realizar 100% da tarefa, do objetivo proposto. Por isso, fica bem claro que o prêmio não é salário, pois se o empregado deixa de cumprir parte do seu contrato de trabalho – faltar um dia ou uma semana ao trabalho, por exemplo, dele é descontado apenas o correspondente ao descumprimento do contrato. O empregador está obrigado – por contrato escrito e prévio – a pagar-lhe o que é devido. O empregado não corre o risco de perder tudo, tem direito a receber os outros dias trabalhados, tem garantia que o contrato firmado será cumprido.

Já o prêmio tem caráter eventual, particularizado e aleatório. Não há garantias que o empregado irá recebê-lo – mais do que o risco, a incerteza está presente sempre. Os sistemas de recompensas, segundo Chiavenato (Prentice Hall, 2004), devem possuir quatro características básicas:

(i) Importância: deve ser relevante para quem recebe; certas recompensas são relevantes para determinadas pessoas e irrelevantes para outras, o que acentua o caráter individual da recompensa ou prêmio. (Algumas empresas deixam a critério de cada empregado a escolha de seu prêmio.)

(ii) Flexibilidade: prêmios devem ser flexíveis, pois, se rígidos, fica difícil variá-los de acordo com o desempenho de cada pessoa (empregado ou terceiro).

(iii) Freqüência: a frequência ou repetitividade da recompensa está ligada a sua flexibilidade. Para causar satisfação e motivação o prêmio deve ser frequentemente concedido e, mais, sem perder sua importância para o empregado. É preciso manter a motivação.

(iv) Visibilidade: a visibilidade influencia a satisfação das necessidades de estima e reconhecimento. Ela reforça a relação desempenho/recompensa e, baixa visibilidade tende a ser menos valorizada.

Os prêmios podem ser oferecidos individualmente ou em grupo, para determinado setor da empresa ou para a empresa toda. Eles podem ser oferecidos para empregados ou para terceiros, pela empresa diretamente ou por contratação de empresa especializada em marketing de incentivos, que funcionará como mero intermediário, pois o desembolso será feito pela empresa contratante e não pela contratada.

Enfim, é preciso estar atento para a distinção entre prêmio e castigo. A forma genérica do trabalho ignora as diferenças qualitativas das atividades produtivas, compreendendo tanto o trabalho do alfaiate como o do pedreiro, através de uma abstração: dispêndio humano produtivo de cérebro, músculos, nervos, etc., e desse modo, ambos são trabalho humano. Os salários são uma forma de diferenciação deste trabalho humano através das categorias profissionais.

Os prêmios e incentivos são um passo adiante no processo de individualização, inseridos agora dentro das próprias categorias profissionais, não podendo ser confundidos com salários, pois vão privilegiar características individuais (aptidões e habilidades) e intrínsecas do trabalhador. Só aquele que reunir competências individuais como: atitude, interesse, aptidão e garra, ou seja, o vencedor conseguirá levar o prêmio. Mais uma vez é preciso dizer que não se trata de criar artificialmente um vencedor, ou desvalorizar quem não consegue, mas criar estímulos e condições para que naturalmente o vencedor apareça.

III. DAS CONCLUSÕES

O mundo globalizado vem impondo uma concorrência intensa entre as empresas e, consequentemente, exige melhor desempenho e preparo dos seus trabalhadores ou funcionários, pois o propósito é alcançar resultados rápidos e flexíveis, e, para isso, eles devem estar motivados para o trabalho em grupo e, ao mesmo tempo, para o exercício da autonomia e da criatividade individual.

Por esta razão, as empresas estão cada vez mais inclinadas a investir em treinamentos, desenvolvimento profissional e pessoal de cada membro da equipe, como também em benefícios e atrativos salariais. As normas da flexibilidade e da concorrência no interior da empresa, com certeza, garantem melhor resultado em tempo cada vez menor.

Os programas de incentivos e premiações são liberalidades que as empresas concedem aos seus funcionários ou colaboradores (terceiros sem vínculo empregatício), em reconhecimento pelo esforço adicional, extraordinário, fora da rotina e, portanto, que não é objeto do contrato de trabalho firmado entre empregado e empregador.

O prêmio não pode ser confundido com salário, pois além das razões acima apontadas, o seu pagamento pode ser suprimido pela empresa, a qualquer tempo, e visando unicamente os interesses da empresa. Em contrapartida, os empregados não estão obrigados a participar das campanhas de incentivo promovidas pela empresa, não podendo sofrer qualquer tipo de pressão ou constrangimento pela não participação.

É o meu parecer.

Luiz Gonzaga de Mello Belluzzo